AF325303

Les 3. derniers tomes contenus dans ce 8e volume ont
été impr.[imés] pour la 1ère fois in 8° à Paris en 1543.
Il faut remarquer que le Cinquième contient l'histoire
de Splandian fils d'amadis et qu'il est __ en
Espagnol d'un auteur different de celui de la
première.
Le Sixième contient l'histoire du Th. Florisande
et est encore d'un auteur different.
Voyez ma note sur l'amadis Espagnol.

ce 2em volume renferme les ~~3~~ 4. 5. 6eme volumes
in douze, et contient les mêmes avantures, il ni a aucune
difference dans toutes ces editions, que pour la forme,

LE QVATRIESME

liure d'Amadis de Gaule, auquel

ON PEVLT VOIR QVELLE ISSVE EVT

LA GVERRE ENTREPRISE PAR LE ROY LISVART
contre Amadis. Et les mariages & aliances qui
depuis en auindrent, au contentement de
maintz amoureux, & plus de
celles qu'ilz aymoient.

Acuerdo Oluido.

Auec priuilege du Roy.

A' PARIS.

Par Estienne Groulleau Libraire, demourant en la rue Neuue
nostre Dame à l'enseigne saint Iean Baptiste.
1555.

Il est defendu par lettres paten-

tes du Roy noſtre Sire, à tous Imprimeurs, Libraires, & marchans, de
non imprimer en ce Royaume, ou expoſer en vente les quatre premiers liures d'Amadis de Gaule dedans ſix ans, à côter du iour qu'ilz
ſeront acheuez d'imprimer, ſur les peines contenuës audit priuilege
ſur ce depeſché, ſigné. par le Roy, De la Cheſnaye: Si n'eſt par le congé & permiſſion du ſeigneur des Eſſars. N. de Herberay, qui les a
traduitz, & eu la charge de les faire imprimer par ledit ſeigneur.

Au Roy.

PAr le discours de ce quatriesme Liure
Vous y verrez (Sire) que par grand heur
Vostre Amadis sceut si tresbien poursuyure
Ses ennemys qu'il deffit l'Empereur:
  Or ce Gaulois ce gentil conquereur
A figuré l'heur qui vous est promis,
Car vous vaincrez en fin voz ennemys,
Dont vostre loz courra la terre ronde
N'y laissant rien sans estre à vous souzmis,
Portant le nom du plus grand Roy du monde.

A ij

LOYS DE MASVRES, SECRETAIRE
de monseigneur le Cardinal de Lorraine.

Tovs nobles cueurs qui desirez sçauoir
Ce qui vous soit gloire & honneur d'ensuyure,
Et vous amans qui voulez lire & voir
Les passions telles qu'amour vous liure
Vous trouuerez l'vn & l'autre en ce liure
Que detenoit l'espagnole arrogance.
Mais à la fin la Françoyse elegance,
Nous l'a rendu, & en le rendant fit:
Que le lisant en sa langue de France
Vous y prendrez & plaisir & proffit.

Douzain.

Celvy qui fist son nom & bruit espandre
Par tout le monde, apres auoir deffait
Le Roy de Perse, & qu'on luy fit entendre
Qu'en tous ses biens & tresors en effet
Il n'auoit point plus riche butin fait
Que d'vn escrain : lors fit commandement
Que lon y mist, les œuures du parfait
Poete Grec : Mais ie croys fermement
Que s'il viuoit & goustoit bien comment
Cest Amadis les Essars a traduit,
Il penseroit comme plus dignement
Garder pourroit œuure de si grand fruit.

VN AMY DV SEIGNEVR DES
Essars sur le suiet des quatre liures
d'Amadis de Gaule.

EN ce quart liure outre les precedens
Vn point y a pour plaire & contenter,
Car tant de maux vn seul bien retardans
Cessent en fin de nuire & tourmenter,
Le cueur qui vient librement à gouster
Ses grands plaisirs par malheurs interditz
Les troys premiers c'est l'enfer d'Amadis
Plains de douleur d'infortune & souffrance
Ce quart luy donne amoureux paradis,
L'heureuse fin de plaine iouyssance.

EN ce discours. ou la vertu descœuure
Est acomply vn singullier chef d'œuure
Ce qu'ignorance a tousiours tant caché
Qui tout esprit a demy esbauché
Rendra parfait, tant soit il peu touché
Des riches fleurs proprement assorties
Qui du translat d'Amadis sont sorties,
Et si dedans (comme il n'est rien sans si)
Il se trouuoit quelque reste d'orties
De ce terrouër, elles ne sont parties,
Mais l'Espagnol en est remply ainsi.

Sic aliquando lusit inter suas tristicias.
Triss.

A iii

IEAN DE COVCHES DE VA-
lence en Dauphiné sur le quatriesme
liure d'Amadis.

TOn beau quart liure (ò Seigneur des Essars)
  Non pas tout rien d'Amadis en partie
Est presque plein de guerres & hazars,
Mais à la fin grand ioye en est sortie,
Et tout ainsi que la cuysante ortie
A ie ne sçay quelle estrange nature,
Soit à bien faire ou soit à faire iniure:
Aussi ton œuure estimée tant belle
Rire & pleurer fait toute creature
En concluant que paix vient de querelle.

AVTRE EPIGRAMME DV-
dit de Couches.

SIle Roy lit(ò Seigneur des Essars)
  De long à long, d'Amadis le quart liure,
Il y verra le triumphe de Mars
Qu'il ayme tant, & qui le fait tant viure,
Et s'il luy plaist encor' plus outre suyure
Tost trouuera vn palais, vne chasse.
Aussi son bruit immortel se compasse
En guerre, en chasse, & en architecture,
Qui sont trois cas de bien grand' efficace,
Car il les prise & ayme de nature.

TV te fais tort (des Essars cher amy)
  D'intituler Amadis translaté,
Car le suiet tu n'as prins qu'à demy,
Et le surplus tu l'as bien inuenté:
Et qu'ainsi soit trouuera lon planté
En l'Espaignol vn tel parc, vn parterre,
Vn tel palays, & vne telle guerre,
Que la descriz? voire si promptement
Que quand ie lis les combatz, les faitz d'armes,
Ie pense ouyr sonner certainement
De toutes parts, trompettes & alarmes.

Orlyon suauius.

SQuallentem sanie, sole atrum & puluere, Martem
  Cypria formoso fouit amica sinu
Mulciber hos rudibus manicis & compede vinxit:
  Artifici captis sol tulit igne diem.
Mars Amadis, Venus Orianæ, Vulcanus Iberæ,
  Phœbus hic est gallæ conditor historiæ.
Qui nunc herois spoliis titulisque superbi
  Virginis in gremio colla reuincta canit.
Omnia (dic) Marti cedunt, Mars cedit Amori,
  Vtrique à Phœbo ne moriantur habent.

A iiii

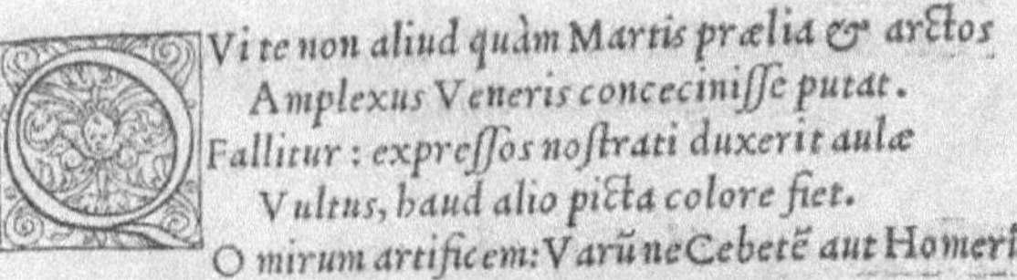

Vi te non aliud quàm Martis prælia & arctos
    Amplexus Veneris concecinisse putat.
Fallitur: expressos nostrati duxerit aulæ
    Vultus, haud alio picta colore fiet.
        O mirum artificem: Varũ ne Cebetẽ aut Homerũ
Prætulere? iniusto cesseris arbitrio.
Dulcis vena tibi quum lacteo ab vbere manet:
    Artibus instructus non minus ipse venis.
Tectona nam Herberium qui nesciat ecce: pœta est
    Venatórque, deæ cingite fronde caput.

Thæmis.

Qui variam philomuse stoam depingis, habes dum
    Martem cum Paphia stoicus esse potes.

Hendecassyllabi.

I. PP.

Ormosi Pueríque, Virginésque,
    Bellonæque truces Deæ ministri,
    Vobis istud opus nouum mouetur.
Cui par historiæ suauitate:
Verborum sale, gratia, lepòre,
Nondum preteriti tulere soles.
    Dum bellum canit audias tubarum
Clangore & litui stridere cœlum.
Dum dixit veneres cupidinésque,
Spirant corde graues amoris æstus,
Nec tantos animi excitare motus,
Diuinum potuit melos Tymothæi.
    Si in his motibus omnis est voluptas,
Cur tanti fera bella vel Puelle?
Nullo sanguine, sumptibus, dolore,
Armórum hic tibi fructus atque Amòrum.
                Finis.

Ensuyt la Table du Quatriesme LIVRE D'AMADIS DE GAVLE.

Et premierement

Fin de la Table.

Le quatriesme liure d'Amadis

DE GAVLE, AVQVEL SERA DESCRIT AM-
PLEMENT QVELLE FIN EVT LA GVERRE COMMENCEE
entre le roy Lisuart & les Cheualiers de l'Isle Ferme,
auec les mariages & aliances qui suruindrent, au
contentement de plusieurs amoureux &
de leurs amyes.

Du grand dueil que fist la roy-
ne Sardamire, apres qu'elle sceut la mort du prince Saluste Quide,
& de l'arriuée d'Oriane en l'Isle Ferme.

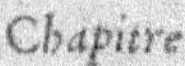

Chapitre   premier.

Ar le discours de nostre troysiesme liure il vous a
esté recité, comme le roy Lisuart liura aux ambassadeurs de l'Empereur la princesse Oriane, contre
l'opinion de tous les Princes & Seigneurs de son
royaume, laquelle & les autres dames & Damoyselles (qui l'acompagnerent) furent recousses par
Amadis & ses compagnons, l'armée des Romains deffaite, Branda-

iel de Rocque prisonnier, le Marquis d'Ancone, l'Archeuesque de Tarente, & plusieurs autres. Grande fut ceste destrousse, & telle que nul d'eux n'en reschapa sans estre mort ou prins. Mais apres le conflit passé, & toutes les Dames mises ensemble. Amadis (pour tousiours couurir discretement les amours de luy & d'Oriane) rentra en sa nauire, leur laissant pour compagnie Angriote & quelques autres Cheualiers. Et trauersant de vaisseau en vaisseau, pour pouruoir à ce qui estoit necessaire, arriuant pres de celuy ou estoit Agraies, il entendit vn bruit de gens faisans le plus grand dueil du monde. Lors demanda que ce pouuoit estre. Et on luy respondit que les Romains pleuroient la mort du prince Saluste Quide, sans qu'il fust possible les faire taire ou apaiser. Lors Amadis trouuant le corps estendu sur le tillac, commanda que lon le mist en vn cercueil, atendant qu'ilz eussent prins terre pour luy donner sepulture. Adonc ceux qui au parauant le pleuroient, se voyans priuez de sa presence, augmenterent leurs crys si haulx, qu'ilz furent entenduz par la Royne Sardamire, qui estoit lors au plus pres d'Oriane: laquelle auertie de l'ocasion de leur dueil, fut tellement surprinse de grand tristesse, qu'elle se laissa tomber du hault d'elle. Et pleurant tendrement, disoit: Helàs fortune monstre bien maintenant qu'elle veult tendre, non seulement à la ruïne de nous miserables captifz: ains à celle de l'Empereur & de toute son Empire. Ha a pauure Prince, malheur à bien couru sur toy. Las quelle perte, & quel regret auront à iamais ceux qui t'aymoient, quand ilz sçauront la fin de toy si soudaine. Ie ne sçay pas comme ton maistre la pourra suporter: mais ie croy bien qu'il n'en aura plustost nouuelles, qu'il ne meure de trop grand courroux, & à bon droit, ayant perdu si à coup tant de vaisseaux, & de gens de bien. Mesmes vous ma Dame (disoit elle à Oriane) qu'il desire plus que chose de ce monde, & pour laquelle s'esmouueront d'oresnauant si estranges guerres, que force sera à maintz bons Cheualiers y finir cruellement leurs iours. Ce qui ne se peult retarder, si toy Empereur trop hay de bon heur, ne te veulx monstrer le plus lasche & pusillanime Prince qui fut oncques né de mere. Durant telz propos elle assise contre terre tenoit ses bras croisez l'vn sur l'autre, & fondoit quasi en larmes. Dont Oriane eut telle compassion que pleurant tendrement fut contraincte de se retirer. Lors Mabile plus constante que nules d'elles vint dire à la Royne: En bonne foy ma Dame, il siet mal (ce me semble) à vne Princesse si sage comme vous auez tousiours esté reputée, de tomber en telle exttemité: car la vertu d'vne personne prudente ne se peult cognoistre, sinon au temps que la tribulation luy suruient. Et d'auantage vous qui portez tiltre de Royne, deuez estre par raison plus constante, que ne seroit vne simple Damoyselle,

ou autre

ou autre perſonne indigne du lieu, & ranc que vous tenez. Ne ſçauez vous que fortune eſt muable, & quelle octroye ſes faueurs à qui
il luy plaiſt, les reuoquant auſſi quand bon luy ſemble? Par ainſi,
doncques eſtant auenu que l'armée de l'Empereur ſoit deffaite, &
vous à preſent es mains des Cheualiers de l'Iſle Ferme: s'enſuyt il que
ne deuez prendre patience, & ſupporter prudemment ceſt accident.
quand vous n'y pouuez autrement dónner ordre, meſmes eſtant aſ-
ſeurée que vous eſtes au pouuoir de ceux qui vous feront tout l'honneur, ſeruice, & bon traitement dont ilz ſe pourroient auiſer. Et ſi le
prince Saluſte eſt mort, quel remede? Vous ne le pouuez rapeller par
voz pleurs, ce ſont tours de guerre communs à ceux qui la cherchent.
Et pourtant ma Dame ne vous contriſtez d'auantage, s'il vous plaiſt:
mais en vſant de voſtre vertu acouſtumée, prenez les choſes ainſi
qu'elles peuuent venir. Helàs, reſpondit elle, il eſt aiſé à celuy qui eſt
en ioye de reconforter (comme vous faites) la perſonne comblée de
deſplaiſir. Et neantmoins ſi vous ſentiez la douleur qui me preſſe, vous
me plaindrez (peult eſtre) plus que vous ne faites: toutesfois ie cognois bien que vous dites la verité, & auſſi qu'il m'eſt impoſſible de
pouuoir tant commander à moymeſmes pour croyre à preſent voſtre
conſeil: parquoy ie vous prie en l'honneur de Dieu que excuſant les
imperfections qui ſont en moy, vous m'aydez vous meſmes, & toutes ces autres Dames auſſi, à plaindre mon malheur irreparable. Ma
Dame, diſt Mabile, ſi pour nous douloir de ce que vous nous priez, il
vous en eſtoit de mieux, ie vous iure ma foy qu'il n'y a celle en ceſte
compagnie (comme ie penſe) qui ne s'y employaſt de bien bon cueur:
mais vous ſçauez que quand la choſe eſt faite, le conſeil en eſt pris:
par ainſi vous pouez cognoiſtre qu'il eſt de neceſſité mettre fin à voz
pleurs, ſoit auec le temps, ou pluſtoſt par voſtre prudence. Et comme elle vſoit de telles remonſtrances, Oriane retourna vers elles.
Deſia eſtoit la Royne apaiſée, & ce pendant Amadis donnoit ordre
que lon hauſſaſt les voilles pour tirer droit en l'Iſle Ferme, laquelle
ilz deſcouurirent le troyſieſme iour enſuyuant. Au moyen dequoy
il depeſcha incontinent Gandalin, qui s'embarqua en vn eſquif pour
auiſer Graſinde de leur retour. Ce qu'entendu par elle fut ſi aiſe que
rien plus, meſmement quand elle ſceut leur victoire, & la conqueſte
qu'ilz auoient faite de tant de Dames & Damoyſelles: principalement d'Oriane qu'elle deſiroit voir plus que nulle autre. Et à ceſte
cauſe ſe mit au meilleur equipage qu'elle peut pour la receuoir, preſumant tant de ſoy-meſme, que ſans doute elle pourroit acheuer l'a-
uenture du palays d'Apolidon, & paruenir en ſa preſence au plus
grand honneur que receut oncques Dame ou Damoyſelle. Puis les
voyant aprocher ſe miſt en vne naſſelle pour aller au deuant. Lors

A ii   Oriane

Oriane demanda à Bruneo qui elle estoit. Ma Dame, respondit il,
ie pense que ce soit Grasinde, celle qui nouuellement a obtenuë (par
le moyen de monseigneur Amadis) le pris de beauté sur toutes les
belles filles de la court du Roy vostre pere . Et croyez que c'est bien
l'vne des plus sages Dames que ie cogneuz de ma vie . Adonc luy recita l'honneur, les bons traitemens , & la faueur qu'elle leur auoit
monstrée durant le seiour qu'ilz firent en ses païs . Vrayement, dist
la Princesse , vous seriez doncques bien ingratz enuers elle , si ne le
recognoissez quand il luy plaira de vous employer . Et comme elle
acheuoit ceste parolle, Grasinde aborda à leur nauire : Lors Angriote s'auança & luy ayda à monter, puis la presenta à Oriane , luy disant : Ma Dame voicy celle de qui mon seigneur Amadis, Bruneo , &
moy tenons la vie . A ceste parolle la Princesse , & Grasinde se firent
la reuerence . Et ainsi qu'elles s'embrassoient l'vne l'autre , entrerent
dadans le port , & descendirent à terre ou il leur fut amené maintes
belles haquenées richement enharnachées , sur lesquelles elles monterent : puis (en la conduite des Cheualiers) prindrent le chemin du
palays d'Apolidon, & en cheminant ainsi qu'elles parloient de l'honneur qu'Amadis auoit acquis nouuellement en la court du Roy Lisuart souz le nom du Cheualier Grec, Oriane dit à Grasinde : Ie vous
prometz, ma Dame , que si i'en eusse esté auertie vous n'eussiez eu tel
contentement sans moy : mais ie n'en sceu oncques rien que la chose ne fut auenuë : C'est en quoy ie cognois, respondit Grasinde , que
fortune m'a porté toute la faueur qu'elle a peu : car si vous y eussiez
esté presente , veu la grande & singuliere beauté qui est en vous , ie
ne fais doute que monseigneur Amadis (pour bon Cheualier qu'il
soit) eust peu paracheuer ce qu'il auoit entreprins à son honneur &
au mien . Car la coronne vous estoit deuë par raison deuant toutes
autres : mais vous absente il la conquise pour moy , comme vous sçauez . Et acheuant ceste parolle aperceut Amadis si pres d'elle qu'elle
eut crainte de l'auoir offensé , par le propos qu'elle auoit tenu de luy.
Pourquoy s'en voulans excuser le pria de luy pardonner : Car oncques mes yeux , dit elle , ne penserent voir chose tant belle comme est
ma dame Oriane , qui est cause de m'auoir fait ainsi parler si affectu-
sement & à son auantage . Amadis trop content, & plus aise d'ouïr
ainsi estimer celle qu'il aymoit sur toutes choses , se mist à souzrire, &
luy respondit : Sur mon ame ie serois bien hors de tout bon iugement
prenant à mauuaise part l'honneur que vous faites à ma Dame Oriane le meritant comme la plus vertueuse Princesse que ie sçache . Oriane vn peu honteuse de si grande louenge, ne se peut lors si bien conte-
nir que la couleur vermeille luy embellist le visage . Et toutesfois
pensant plus à sa fortune presente , qu'au merite de sa beauté, dist à
Grasinde:

Grafinde : Ie ne veux point contredire au bien qu'il vous à pleu dire
de moy : car ie faudroys grandement à contefter contre perfonnage
de fi bon iugement, il me fuffit de vous affeurer, que telle que ie fuis
ie defireray toute ma vie voftre bien & auancement, autant que pourroit faire vne fimple Damoyfelle desheritée, comme vous me voyez. Et tant continuërent leurs propoz qu'ilz arriuerent au palays de
Apolidon, ou fut defcenduë la Princeffe, & pource que c'eftoit l'vn
des plus fumptueux edifices du monde, il m'a femblé bon le vous re-
diger par efcrit.

A iii   Le plant

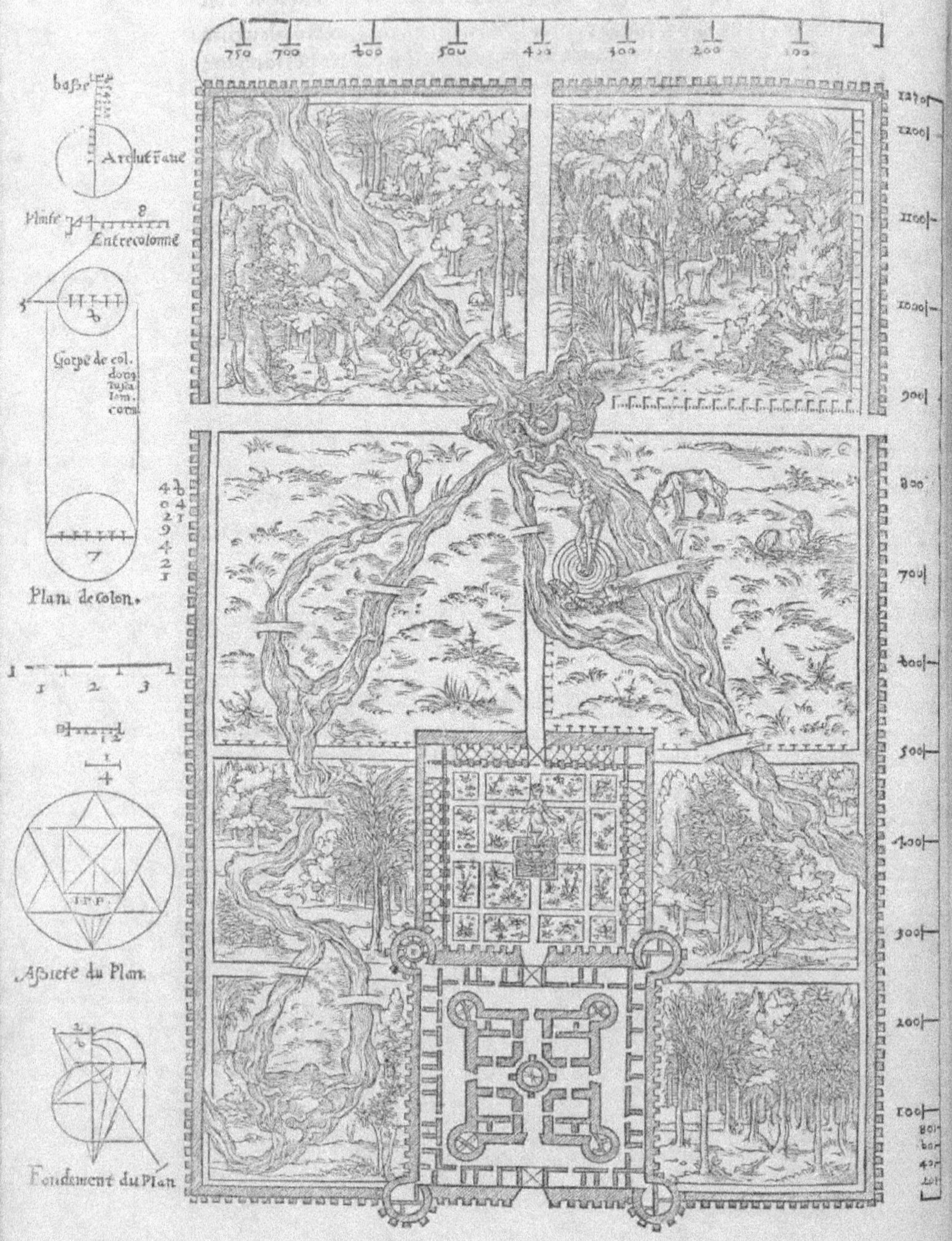
basse
Architraue
Plinte
Entrecolomne
Corps de col.
dong
Tusca
Iom.
corm.
Plan de Colon.
1 2 3
Assiete du Plan
Fondement du Plan
750 700 600 500 400 300 200 100

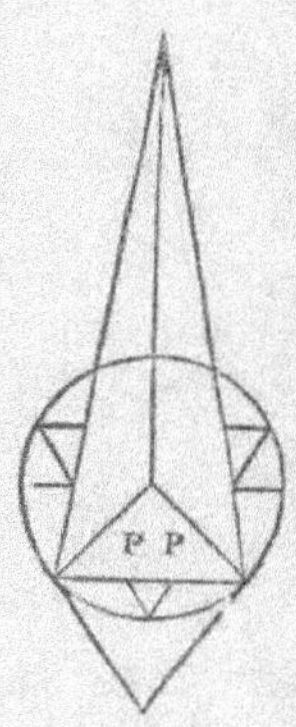

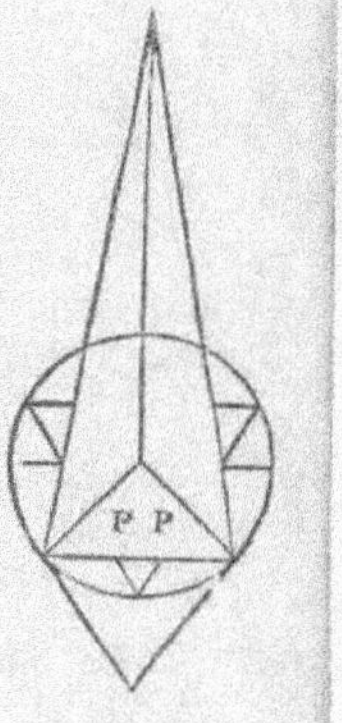

Ce bastiment ne vient à la raison
De nostre plant, pour n'auoir placé entiere
Puis le masson n'a pas eu la matiere
Pour eriger vne telle maison.

Description de l'ignographie &
plant du palays qu'Apoli-
don auoit fait construyre
en l'Isle Ferme.

Chapitre   II.

E Plant de ce Palays tant magnificque parc , & iardin enſemble eſtoit quadrangle, & côtenoit en longueur ſix cens vingt cinq toyſes, & en largueur trois
cens ſoixante & quinze, à prendre la toyſe pour ſix
piedz, le pied de douze poulces , & le poulce de ſix
grains d'orge , cloz de haute muraille de marbre
noir, auec colônes doriques de marbre blanc. Au fronc d'iceluy plant
eſtoit aſsis le palays qui auoit en ſon carré cent quarante& vne toyſes,
au quatre coings duquel eſtoient eſleuées quatre groſſes tours. L'vne
de pierre d'Azur, l'autre de pierre d'Iris, la tierce de Griſolite , & la
quarte de Iaſpe : leſquelles auoient en leur dyamettre de la circonfe-
rance du dedans huyt toyſes deux piedz trois poulces . En chacune y
auoit deux chambres, quatre garderobes, & autant de cabinetz, en ce
comprins la châbre deffenduë : laquelle eſtoit dedans la tour de pierre d'Azur . Et pource que c'eſtoit la plus excellente de toutes, ie vous
deſcriray par le menu les ſingularitez d'icelle . Elle auoit le lambris
de licorne à culz de lampe, renforcé d'alloucz, Baſme, & cedre, le tout
fait en manequinage de fin or, & fleurôs diuerſifiez par pluſieurs ſor-
tes deſmaulx. Le paué eſtoit de Griſolite en las d'amour , enrichy de
coural & cypres taillé en eſcaille, retenuë par filletz d'or . Les huys &
feneſtrages d'ebenne enchaſſées de moulures d'argent, auec les vitres
de criſtal. Et voyoit on les cloyſons des garderobes & cabinetz eſtof-
fées d'agathes , taillées en lozenges , dedans leſquelles ſe repreſen-
toient naturellement inſinies figures de tous animaux . Au plancher
de ceſte chambre pendoient deux lampes d'or , au cul deſquelles e-
ſtoient enchaſſées deux eſcarboucles qui donnoient telle clarté au
circuit du lieu , qu'il ny eſtoit beſoin d'autre lumiere . Mais telles richeſſes eſtoient de peu deualeur au reſpec d'vn miroir de ſaphir blâc,
le plus oriental que lon vid oncques , qui auoit trois piedz en carré,
aſsis ſur vne lame d'or , tant bordée & garnie de gros Dyamens , Eſ-
merauldes, Rubis, & Perles, que c'eſtoit choſe plus qu'admirable. Entre ces quatre tours deſquelles ie vous parle , eſtoient aſsis quatre grâs
corps d'hoſtelz d'vn ſeul eſtage , faitz en plate forme de ſix toyſes en
largeur , dedans œuure tous de pierre de Porphire , auecques colonnes doriques eſleuées de trente piedz en hauteur , aſsiſes ſur baſſes
de bronze , coeffées de chapeaux d'or , deſſouz architraues de por-
ſeline , ſur leſquelz eſtoient frizes d'yuoire , marquetées de pluſieurs
deuiſes en tous langages. Et ſur icelles frizes cornixes de Topaze . enrichies de Turquoyſes. Et vis à vis du portail de ce palays auoit Apolidon autreſfois aſsis les perrons, deſquelz il vous a eſté parlé au pre-
mier& ſecond liure, & tout ioignant l'arc des loyaux amans. Puis paſ-
ſans outre entroit on en vne bien belle court, côtenant cinquante trois
toyſes

toyses en son carré, sur lignes ortogonelles, laquelle estoit pauée de
Iaspe, en carreaux brisez à la mosaïque. Et vn donion ayant aussi
en son carré cinquante vne toyse & demye. Au mylieu duquel estoit
assis vne viz double, contenant neuf toyses en son diamettre. Et à
l'entour quatre autres sumptueux corps d'hostelz de vingt toyses en
profundeur, separez de tours non moins belles & excellentes que les
premieres. Et estoit ceste viz de cuyure doré, faite en forme de lanterne, retenuë d'arcs-boutans, & soustenuë de colonnes attiques de
pierre de crateritte fort dure, taillée à l'antique: & ne se rencontroient
aucunement les deux montées d'icelle viz, en ligne ortogonne ny
ambligonne. Ce donion auoit quatre estages souz vne platte forme, ou estoient seize grandes salles. Et au mylieu la viz esleuée, &
quatre pauillons outre les quatre tours, dont nous auons parlé cy
dessus, lesquelles auec lesditz pauillons surmontoient ladite plate
forme de deux estages souz leur couuerture. Et pour vous declarer la
matiere de laquelle estoit ce donion, fault entendre que le premier
estage estoit de Calcidoyne, enrichy de colonnes doriques de bien
blanc albastre, auec les moulures & apartenances de la hauteur des
autres precedentes. Le second estage estoit de marbre verd aporté
d'Alexandrie, enrichy de colonnes Yoniques de fine Topaze, moulures, chapiteaux, bases, & assiettes telles que les premieres. Le tiers
estage estoit de marbre rouge griuollé à colonnes de Corinthe, d'Y-
uoire: & le quart de Iacinthe auecq' colonnes Tuscanes du proësme
d'Esmeraude: Et voyoit on aisément les plates formes dont cy dessus nous auons parlé, au dessouz desquelles estoient ces quatre estages pauées de Porselaine, & celles des quatre pauillons & tours qui
surmontoient icelles plates formes, faites de boys de Cypres, Cedre,
& Cethin non corruptible, couuertes de Nacque de perle, & la reste
d'icelles de mirouërs de fin acier retenuës par filletz d'or. Tous les
portaux de ce palays estoient d'Albastre demasquin, auec moulures,
Timpannes & Frontissonnes de pierre d'Ambre, Agathe & vermeil-
les, le tout taillé auec ouurage antique, auquel lon pouuoit voir
maintes batailles & hautx faitz, tant des Grecz, Romains, que Gauloys. Et au dessus les ymages de Priapus, Bacchus, Mars, & Apollo,
auec celles de Venus, Ceres, & Minerue, du plus polly marbre blanc
que lon vid oncques. Et auoit Apolidon expressement fait faire les
moulures d'iceux portaux d'aymant, & les portes d'acier, à ce que
ainsi que lon les ouuriroit elles se refermassent d'elles mesmes par
la vertu de ceste pierre. Or estoient les pauillons & tours garnies chascun de cinquante six chambres, quatre vingtz garderobes, & autant de cabinetz doubles, les mieux dorez & estoffez qu'il seroit
possible de penser: puis sortant hors de ceste seconde court, entroit
dedans

on dedans vn iardin ou parterre de mesme mesure en son carré que
tout l'edifice cy dessus descrit, planté par nature de toutes sortes de
fleurs & bonnes herbes que lon sçauroit souhaiter, au mylieu duquel
sortoit la grosse fontaine, qui tomboit(par les tetins d'vne Venus da-
gathe, esleuée sur vn hault pillier de proesme d'Esmeraude) dedans
vn grand bassin de pierre d'Azur, & estoit ceste ymage si bien taillée qu'il n'y restoit que la parole, par ce que l'Agathe auoit en soy
tant de naturel, que Venus visue ne fut oncques plus belle : laquelle
tenoit en sa main dextre (vn peu plus auancée que l'autre) la mesme
pomme que Paris luy adiugea, lors qu'il fut esleu arbitre par les trois
Déesses en la forest de Yda, dont depuis sortit la malheureuse guerre d'entre les Grecz & les Troyens, & l'auroit autresfois Iuno desro-
bée à Venus par le moyen de Vulcanus ialoux, & par despit donnée
à Agamenon, & depuis tombée de main en main iusques à Apolidon, qui la trouua entre les grans Thresors du Roy son pere, auecq'
la perle autrement dite Lunion, que Cleopatra eut si long temps en
sa possession depuis qu'elle eut humée l'autre en la presence de Marc
Anthoine : laquelle aussi il auoit fait pendre à l'aureille gauche de
ceste Déesse, par tel art, qu'elle ne luy pouuoit estre ostée, tant que
la belle qui entreroit en la chambre deffenduë eut beu de l'eau de ceste claire fontaine. Et lors cest ymage luy deuoit presenter, & la perle
& la pomme, comme digne du premier lieu de parfaite beauté. En
l'autre aureille luy pendoit l'anneau de Pirrus, auquel estoit enchas-
sé l'Agathe, en laquelle par vne tresgrande admiration & varieté de
nature, estoient representées au vif les neuf muses auecq' Apollo tenant sa Harpe, duquel anneau Vespasian faisoit si grand cas, qu'il n'e-
stimoit bague tant que ceste là, ainsi que Pline l'a tesmoigné. Ce iardin la duquel ievous parle estoit clos de galleries doubles de dix toyses & demye de large, soustenuë par arceaux souz grosses colonnes
doriques, & tuscanes de Cassidoine & amatiste de trente piedz de
hault, aux deux angles desquelles(regardans directement le parc)on
auoit gaigné vne chambre, garderobe & cabinet en double estaige.
Et estoit la plus basse de ses galeries au modelle du parterre, painte
d'excellentes paintures de toutes sortes de venerie, chasse & faulcon-
nerie: car on y veoit pourtrait au vif, le plaisir que preignent gentilz
hommes, Dames, & Damoyselles estans à l'assemblée, couchez sur
l'herbe fresche & deuisans ensemble, atendans le raport du veneur,
lequel peu apres on veoit retourner sur sa brisée auec son limier, que-
rant ses voyes à route, tant qu'il faisoit lancer le cerf. Et à voir la contenance de cest homme, il sembloit proprement qu'il sonnast vn
long mot, pour auertir qu'il auoit trouué le repos de la beste. Puis
estoient paintz en manequinage les autres chiens qui luy bailloient
la meutte

la meutte & route , & les picqueurs lefquelz couroient apres à bride
aualée, tenans leurs trompes contre leurs bouches(à ioues enflées)de
fi bonne grace , que lon fe perfuadoit quafi d'entendre l'air retentir,
comme fi la chofe euft efté vraye. Mais ou eft celuy qui ne prendroit
vn plaifir extrefme à defcouurir ce cerf fommé de feize cors fortant
du fort, broffant les hayes & buyffons : puis trauerfer la lande tenant
la tefte haulfée,& la langue tirée gaignant à diligence l'eau prochaine, tandis que les chiens font en deffault par les rufes & faultz qu'il a
faitz . Et neantmoins celà n'eft riens au pris que de le voir fortir de
l'eftang,& à force eftre mis aux aboys, lors que les chiens courans luy
pendent aux feffes, en forte qu'ilz l'abatent & rendent mort , par le
moyen dequoy à l'inftant mefmes leur en eft fait curée . Et vn peu à
cofté voyoit on le fanglier ou laye que le vaultroy auoit contraint
habandonner le buyffon , trauerfant vn cours ou eftoient atiltrez le-
üriez , parquoy cefte befte trop fiere , entendant le fon des trompes
paffe entre chiens & veneurs, ronflant, grongnant,& ietant par terre
tout ce qu'elle rencontre . Et qui pis eft auec fes deffenfes rompt, de-
coupe, & trenche les plus hardis leüriers qui s'aprochent pour l'arre-
fter . Et nonobftant la force de leurs iaques en deffait les aucuns fans
partir de fa place : mais le veneur prompt & adroit d'vne grande affeurance luy prefente l'efpieu & l'enferre en le tombant fur l'herbe.
Lors n'a il plus pouoir de refifter à l'effort des chiens qui font au tour
de luy , dont les vns le pinffent aux fuytes , les autres aux aureilles &
cuiffes, tant qu'ilz le font mourir . Certes ce feroit chofe trop longue
à defcrire par le menu tant de fortes de venerie, & de chaffe que lon
veoit pourtraites le long de cefte galerie fi plaifante , & eft le paintre
digne de trefgrande louange qui fit œuure de telle excellence , & a-
uec fi grande perfpectiue , mefmes en ce qu'il figuroit le deduict de
la fauconnerie : car il reprefentoit tant au naturel (entre autres)le vol
du Heron buffeté par trois facres tyrans à mont , lors qu'il veult faire fa montée fi hault que lon les voyoit dedans les nues : puis tout à
coup l'aperceurent on fondre, & eux quand & quand , qui le forcent
fe rendre entre les dents du leürier qui l'atendoit de pied quoy . Et
neantmoins fi telles paintures aportoient plaifir aux regardans trop
plus leur en donnoient celles de la galerie plus haute , en laquelle e-
ftoient figurez la plus part des batailles de Semiramis & de Ninus,
la deffaite d'Aftiages par les Perfes , la mort de Marchefie Royne
des Amazones au païs d'Afie . La defconfiture de Cyrus par la Royne Thomiris . Les affaux d'Hercules contre Antroge & Otrera . La
fuyte de Vexores Roy d'Egypte affaillant les Scythes, & infiniz au-
res combatz dignes de memoire perpetuelle. Ainfi eftoient ces galeries decorées par la fingularité du paué d'icelles, qui eftoit de Tera-

cotte

cote plus noire que meure, & le l'embrissement en forme d'Ouale de
Zedrosus os de poisson, que les Roys d'Arabie ont en tresgrande e-
stime. La couuerture estoit de Gestz, & la reste de dessus de pur argent à figures de petis mennequins & Animaulx esmaillez, auec gou-
stieres & eschinaux d'Albastre, qui sortoient le long de la muraille
entre les croisées, enrichies de fueillages & ouurages taillez à la da-
masquine. Là veoit on les huys & fenestraiges des boys du deluge, &
les vitres de Strin. Sortant de ce parterre entroit on au parc : auquel
estoit en crouppe de montaigne vn buysson de trois cens arpens de
bois ou enuiron, planté de Pins, Cypres, L'auriers, Houx francs,
Palmiers, & Trebentins. Et le bas estoit partie aproprié pour vn verger tant plaisant & delectable qu'il sembloit nature auoir mis toute
son industrie à le faire singulier : car lon y veoit vne infinité d'Oren-
gers, Grenadiers, Cytronniers, & Myrtres tous plantez à la ligne, a-
uec les plus doux fruytages qu'il est possible de souhaiter. Et l'autre
partie estoit prairie arrousée par vne infinité de petis ruysseaux. Au
moyen dequoy la terre fresche & deliée produisoit la petite herbe
verde auec violettes, Marguerites, Pensées, & autre fleurs odoriferantes. Là venoit iardiner par chacun an au moys de May le Phœnix,
lequel pour l'amenité du lieu y prenoit tel plaisir, qu'il y mua quasi
aussi tost qu'Apolidon eut parfait les enchantemens de son Palays :
parquoy faisant soigneusement recueillir son pennaige l'apropria à
vn Euentail enrichy d'vn Dyament si large qu'il seruoit aysément de
miroir, acompaigné de la plus belle Esmeraude & gros Ruby que
lon vid oncques. Et ordonna iceluy Apolidon quand il partit pour
aller en Constantinople, que ce pennaige si precieux fust gardé auec
les singularitez de l'Isle, comme la chose plus excellente d'icelle : Parquoy Amadis le presenta à Oriane le iour mesmes qu'elle se desem-
barqua. Et affin que le lieu tant plaisant demeurast embelly de tout
ce qu'il estoit possible, iceluy Apolidon y auoit laissé deux Licornes
que le prince de Quisay luy enuoya, lesquelles y vesquirent tant, que
le Roy Lisuart les y trouua encores apres le mariage solennisé de la
princesse Oriane & d'Amadis. Et y auoit d'auantage maintes Cyuet-
tes & musqs, qui rendoient l'air si odoriferant que rien plus : Au
moyen dequoy le Pelican y faisoit quelquefois son ayre. Assez d'autres bestes viuoient au lieu si delectable, comme Cerfz, Daings, Che-
ureux, Lieures, & Connins, & tant de diuersité d'oyseaux s'y bran-
cherent que c'estoit chose diuine de les ouyr desgoyser : specialement
le Rossignol & le passe solitaire. D'vn hault Rocher ioignant des-
cendoit vn ruysseau qui enfloit le Lac, duquel il vous a esté parlé au
second liure, ou se perdoit le Cerf poursuiuy par les chiens comme il
vous a esté recité, & là se tenoit ordinairement le Castor baignant sa

B   queuë,

queuë, & vne infinité de Cignes, Grues, Sigoignes, Corbeaux de mer
& Aygrette, auec toute autre espece de telz oyseaux. Mais celà ne le
rendoit tant singulier comme la frequentation d'vne Scraine, laquelle on y oyoit quasi continuéllement chanter, si doucement qu'oncques plus grande melodie fut ouye. De ce lac sortoit vne infinité de
ruysseaux qui faisoient diuerses petites Isles en ceste prairie : En l'vne
desquelles y auoit vn Dedalus contenant seulement quatre arpens en
carré, planté du plus precieux baulme que creut oncques en Anga-
dy, lequel estoit ordinairement gardé par deux Serpens de l'espece
de celuy qui veilloit les pómes d'or au iardin des Esperides. Et droit
au mylieu de ce Dedalus estoit vn colloce de bronze doré, de la hauteur de six vingt couldées, tenant en la main gauche (esleuée sur sa
teste) vne lanterne de Cristal : & au deuans la verge bruslante enco-
res(auec laquelle Prometheüs garda le feu qu'il auoit desrobé au ciel)
rendant tant de clarté iour & nuict sans diminuer, que de cent licuës
à la ronde les Mariniers y prenoient leur adresse, comme ilz faisoient au Pharos pres Alexandrie, & auoit Apolidon recouuert icelle
verge par grande industrie des prestres & magiciens de Caldée. Et
quiconque pouuoit voir ce feu inextinguible au naturel, & sans autre couuerture, il acqueroit vne tresgrande prouidence. Mais les Serpens gardoient trop bien le lieu, sans toutesfois faire autre nuysance
à ceux qui prenoient plaisir au parc, pourueu qu'ilz n'entre prinssent
entrer au Dedalus, lors iectoient feu & flamme si aspre qu'ilz espou-
uentoient les plus hardis. Et tout ce auoit esté ainsi ordonné par A-
polidon, qui estoit (comme vous auez entendu) l'vn des plus grans
enchanteurs du monde : Mais quand la belle qui entroit en la chambre deffenduë en aprocheroit, les enchantemens deuoient finir, &
pourroit voir à son ayse ce feu tant requis. Or iugez doncques en
voz espritz gentilz lecteurs, si facilement lon pourroit au iourd'huy
trouuer vn Palays semblable, ny acompagné de tant de singularitez que y vid Oriane, laquelle apres estre descenduë de cheual fut
conduite auec ses Dames & Damoyselles en l'vn des plus sumptueux
corps d'hostel de leans, ou les Cheualiers de l'Isle Ferme la laisserent,
luy donnant tous le bon soir : car il estoit ia tard, & heure de reposer. Et toutesfois elle ne peult dormir la nuict ensuyuant, tant pour
le trauail qu'elle auoit eu sur la mer, que pource qu'elle ne cessa de
penser au mal qui pouuoit auenir de l'entreprinse qu'auoit faite A-
madis. Au moyen de laquelle elle preuoyoit vne guerre intestine entre le roy Lisuart & luy : Et en ceste pensée se và auiser, que pour couurir les amours d'eux deux, il estoit tresnecessaire qu'elle se gouuer-
nast de là en auant plus discretement qu'elle n'auoit fait par lepassé,
ostans toute ocasion aux mal parlans de mesdire d'elle. Et a ceste cause le

ſe le lendemain matin enuoya luy dire, & aux autres auſsi, que voluntiers elle leur diroit vn mot. Lors eux qui ne deſiroient qu'a la ſeruir & honorer vindrent incontinent à ſon mandement, & apres la reuerance faite d'vne part & d'autre, Quedragant, qui auoit charge de
toute la compagnie d'entendre ſon vouloir, luy dit : Ma dame vous
nous auez fait dire que deſirez parler à nous, vous plaiſt il nous commander quelque choſe. En bonne foy, reſpondit la Princeſſe, ie
vous voudrois bien humblement ſuplier : car il me ſierroit mal d'v-
ſer de commandement enuers ceux es mains deſquelz ie ſuis priſon-
niere. Ma Dame, diſt il, vous direz ce qu'il vous plaira : mais il n'y a
celuy de nous, qui n'ait deſir de vous faire ſeruice, treſaffectueuſement
les remercia Oriane, puis leur diſt : Ie vous ſuplie doncques eſtre contens que durant mon ſeiour par deça, moy & mes femmes ſoyons ſe-
parez de toute autre compagnie, & nous promettez que nul de vous
quel qu'il ſoit, ne nous verra ſans noſtre congé & permiſsion : car vous
ſçauez qu'eſtant la deſtrouſſe que vous auez faite de nous ſur les gens
de l'Empereur diuulguée, il ſera malaiſé que mains qui n'entendront
la fin de voſtre intention, & noſtre innocence n'en parlent à noſtre
deſauantage : mais quand ilz entendront la religion, en laquelle nous
deſirons viure iuſques à ce que le Roy mon pere m'ayt r'apellée en ſa
bonne grace, ie croy que aiſéement ilz conuertiront ce mal parler en
excuſes pour nous toutes, qui enſemblément vous faiſons ceſte requeſte tant raiſonnable, de laquelle ne ſerons, s'il vous plaiſt, refu-
ſées, eſtant la premiere que nous vous auons demandée. Ma Dame,
reſpondit Quedragant, nous ne ſommes icy que pour vous obeïr, &
croy qu'en celà & toutes autres choſes que vous nous commanderez,
nul ne ſera retif à vous complaire, & chacun d'eux luy en dit autant
ſur l'heure, eſtimans beaucoup ſa grande prouidence & prudence. Et
combien qu'Amadis trouuaſt la ſeparation d'eux deux trop rigou-
reuſe, n'ayant plaiſir en ce monde plus grand que la preſence d'elle, ſi
la diſſimula il lors, eſtant force de choſe tant raiſonnable pour la con-
ſeruation de l'honneur de celle qu'il aymoit plus que ſa vie, eſperant
neantmoins ſi le iour luy deſnyoit tel bien, que la nuit l'en recompen-
ſeroit quelquesfois, encores que ce ne fuſt ſi ſouuent comme il deſiroit.

B ii   Du con-

Du conseil que tindrent les

Cheualiers de l'Isle Ferme sur l'affaire d'Oriane, & de ce
qu'ilz en delibererent.

Chapitre   III.

Ous auez cy deuant entendu la victoire d'Amadis
sur les Romains, par le moyen de laquelle il eut en
sa possession la princesse Oriane, & celles qui l'a-
compagnoient, dont il s'estimoit heureux entre les
plus fortunez, combien qu'il preueust en son esprit,
que mal aisément se pourroit rapaiser l'iniure qu'il
auoit faite, non seulemét au roy Lisuart, mais à l'Empereur. Au moyén
dequoy discourant en son esprit les affaires qu'il auroit à soustenir si
grand puissance que la leur, armé toutesfois d'esperance, conduite par
force d'amour, delibera pour toute resolution de mourir plustost, que
de iamais rendre au Patin celle, sans laquelle nullement pourroit il viure, bien trouueroit il moyen s'il pouuoit de la remettre en la bonne
grace du Roy son pere, & rópre l'alliance qu'il auoit prise auec l'autre
pour à quoy paruenit fit entendre au prince Agraies & Quedragant,
que la Princesse l'auoit enuoyé prier de ce faire : car autrement disoit
il, elle se delibere plustost faire sacrifice de soy-mesmes, que de tumber au pouuoir de celuy qu'elle hayt plus qu'hóme viuant, & aussi ne
seroit

feroit ce pas noſtre honneur de le ſouffrir ayant fait vn ſi hault &
grand commencement pour l'en deliurer. Ie vous diray, reſpondit
Quedragant, nous voyons à veuë d'œil ſi grand feu allumé, que nous
pouuons ayſément preſumer qu'il eſt impoſsible l'amortir ſans vne
forte & dure guerre, laquelle nous ne pourrions longuement ſouſtenir que par l'ayde & ſecours de noz amys & compagnons, & partant
ie trouuerois bon que lon en parlaſt à tous les autres qui ſont icy, pour
en ſçauoir leur fantaſie, à celle fin qu'ilz ſoient plus enclins à ſouſtenir les affaires s'ilz concluent à la guerre. Ie vous prie donc, dit Amadis, que nous nous aſſemblions tous demain, & prenez, s'il vous plaiſt
la charge de les faire apeller, à quoy Quedragant ſ'acorda. Et à ceſte
cauſe le iour enſuyuant ſe trouuerent enſemble. Et eſtant Amadis au
mylieu d'eux, commença à leur dire: Meſſeigneurs, hyer ma Dame
Oriane enuoya vers moy me prier que nous trouuions moyen de la
remettre en la bonne grace du Roy ſon pere, luy oſtant, s'il eſt poſsible, la fantaſie qu'il a de la marier auec le prince du monde, à qui elle porte moins d'amytié: car autrement la mort luy ſera plus agreable. Et pourtant il ma ſemblé (bon apres en auoir parlé à aucuns de
ceſte compagnie particulierement) d'entendre de vous tous en general ce que vous en penſez: car puis que nous auons eſté compagnons
pour la mettre en liberté, il eſt plus que raiſonnable que le ſoyons
auſſi pour la y maintenir. Mais premier que d'entrer plus auant en
propoz, ie vous ſuplie auoir deuant les yeux que deſia voſtre renommée eſt tant cogneuë par tout le monde, à cauſe des hautes cheuale-
ries que vous auez faites, qu'il n'y a auiourd'huy Roy, Prince, ne
Cheualier de qui ne ſoyez craintz & redoutez, cognoiſſans que pour
acquerir louenge immortelle vous auez meſpriſé, non ſeulement les
grandes richeſſes & bons traictemens que vous euſsiez peu auoir en
voz maiſons: mais le ſang de voz propres corps, que n'auez eſpargné
pour faire ſentir aux plus hardiz le trenchant de voſtre eſpée au treſgrand danger de voz perſonnes, dont les playes que vous auez en
pluſieurs endroitz (marques & teſmoings de voſtre prouëſſe) peuuent rendre telle foy, que fortune meſme ſ'en tient obligée à vous,
dequoy vous voulant recompenſer, par l'vne des plus grandes faueurs
qu'elle eut peu, vous a mis es mains ceſte glorieuſe victoire, que nous
auons euë ſur les deux plus grans Princes de la Chreſtienté: non que
ie vueille parler de la deffaite de leurs gens ſeulement, eſtant de trop
peu de merite enuers vous: mais pour le ſecours que vous auez fait à
la plus ſage debonnaire & vertueuſe Dame de la terre, laquelle eſtoit
ſur le poinct d'endurer (au plus grand tort du monde) vn traitement
pire qu'on ne pourroit penſer: & par ainſi vous auez fait ſeruice treſagreable à Dieu, executant la choſe à laquelle vous eſtes expreſſé-
B iij   ment

ment apellez, qui eſt ſecourir les affligez des forces que lon leur fait
ſouffrir ſans raiſon. Or ſ'en courrouſſent ſe bon leur ſemble l'Empereur & le Roy Liſuart. Car puis que le droit eſt noſtre, Dieu qui eſt
iuſte, ſera pour nous auſſi, en ſorte que ſi d'eux meſmes ilz ne co-
gnoiſſent la raiſon, & cuydent par leur puiſſance nous forcer, ie me
prometz bien que nous y pourrôs tellement reſiſter, qu'il en ſera memoire tant que le monde ſera monde. Pourtant chacun de vous auiſe
ce qu'il luy ſemblera bon de faire, ou de paracheuer la guerre commencée, ou de moyenner la paix, rendant ma dame Oriane au Roy
ſon pere ainſi qu'elle deſire: car quant à moy entendez que ie ne veux
ſinon ce qu'il vous plaiſt, & ne ſera ma fantaſie en ceſt endroit autre
que la voſtre, vous cognoiſſans telz, & la vertu vous eſtre ſi grande,
que pour mourir vous ne la voudriez eſtráger de la magnanimité de
voz couraiges, n'endurer choſe dont noſtre hóneur fuſt (tant ſoit peu)
abaſtardy. Puis ſe teut laiſſant les eſpris des aſſiſtans treſcontens & ſa-
tisfaitz pour tant humble & gracieuſe remonſtrance qu'il leur auoit
faite. Lors Quedragant aduoué de toute la compagnie print la parole, & reſpondit à Amadis: Seigneur Amadis, il eſt tout certain que
l'entrepriſe qui a eſté faite ſur l'Empereur, n'a eſté pour inimytié que
nous luy portons: mais ſeulement pour garder la foy que doit tout
bon Cheualier à ſouſtenir & deffendre les perſonnes affligées à tort,
ſpecialement les Dames, deſquelles nous tous deuons eſtre prote-
cteurs. Et pourtant ie ſuis bien d'auis premier que d'entreprendre la
guerre que lon enuoye vers le roy Liſuart, luy faire entendre l'ocaſion qui nous à meu d'auoir aſſailly les Romains, & le plus doucement qu'il ſera poſsible le rapaiſer ſ'il en eſt mal content, luy remon-
ſtrant auec toute gracieuſeté le tort qu'il faiſoit à ma Dame ſa fille la
desheritant ſouz couleur de la marier auecq' vn Prince eſtrange, ce
qui n'eſt agreable à Dieu n'à nul de ſes ſuieƈtz, & pourtant que ſon
bon plaiſir ſoit la receuoir en ſa bonne grace, & oublier le mal talent
ſi aucun en a contre elle: Offrant ſouz ceſte condition de la luy rendre & non autrement. Et ſ'il refuſe ou deſdaigne le deuoir en quoy
nous nous mettons, qu'on luy declaire reſolument que nous le dou-
tons peu, & que ſ'il nous fait la guerre nous ſommes preſtz de nous
deffendre. Et ce pendant il eſt neceſſaire que nous nous fortifions de
tout ce qu'il eſt requis à choſe de telle importance comme eſt ceſte
cy, au moins qu'il ne nous preigne au deſpourueu, ſil ſe delibere
nous aſſaillir: Combien qu'a mon auis il ſera plus prompt à la paix
qu'à autre choſe: mais celà ne doit retarder de nóus mettre en tout
deuoir, & a deſpeſcher gens vers noz amys & alliez, pour les prier
de nous ſecourir quand nous leur feront ſçauoir. Telle fut la reſponce de Quedragant & aprouuée par tous les Cheualiers preſens. Au
moyen

moyen dequoy il fut resolu, qu'Amadis ennoyroit vers le Roy Perion de Gaule . Agraies en Escosse, Bruneo au Marquis son pere, &
Quedragant vers la Royne Dirlande, de laquelle il se feroit fort recouurer gens si le Roy Cildadan son mary menoit ceux qu'il estoit
tenu fournir au Roy Lisuart . Ce que lon feroit entendre à la Princesse Oriane, & la deliberation qu'ilz auoient prinse pour essayer de
paruenir à la paix . Et comme ilz estoient sur ce propoz, aucuns mettans la teste aux fenestres qui auoient veuë sur les champs, auiserent
descendre le lóg de la coste, par laquelle lon entroit en l'Isle, vn Cheualier armé de toutes pieces, acompaigné de cinq Escuyers : lequel
aprochant plus pres, cogneurent que c'estoit Brian de Moniaste filz
de Lazadan Roy d'Espaigne, dont ilz furent tresioyeux : car il estoit
Cheualier aymable, preux, hardy, & autant courtoys que nul autre
qu'ilz eussent oncques veu. Lors furent pour le receuoir, lequel voyant si grande compagnie ensemble, eut crainte qu'il leur fust suruenu quelques mauuaises nouuelles d'Amadis, pour lequel trouuer il
estoit expressément party du païs de son pere . Mais il l'auisa à l'heure mesmes qui s'auançoit pour le venir saluer : parquoy mettant pied
à terre, courut l'embrasser, luy disant : Par Dieu monseigneur la
queste que i'auoys entreprinse pour auoir de voz nouuelles à eu plustost fin que ie n'esperois : car lon m'auoit fait entendre que vous estiez si bien caché, qu'il estoit impossible de vous rencontrer . Or
Dieu mercy ie vous voy en tresbonne santé, comme il me semble.
Mon cousin, respondit Amadis, vous soyez le tresbien venu, vous asseurant que si fortune vous a releué d'vn trauail, qu'elle vous en a
apresté vn plus prompt, estant arriué en temps & lieu ou nous auons
tous affaire de vous, ainsi que vous pourrez sçauoir. Mais ce pendant
ie suis d'auis que vous en alliez desarmer, puis nous vous conterons
de noz entreprinses. Lors le print par la main, & le conduyt en son
logis. Et ainsi qu'il ostoit ses armes, voyant que de plus en plus la
compagnie des Cheualiers se renforçoit autour de luy, dit à Amadis:
Ie croy monsieur que si bonne troupe de tant de preud'hommes n'est
point assemblée sans grande necessité, ie vous suplie me dire qu'elle
elle est . Adoncq' Amadis luy recita par le menu, comme les choses
estoient passées, mesmement l'ingratitude dequoy le Roy Lisuart
auoit vsé, non seulement enuers les Cheualiers qui estoient pour
luy faire seruice . Ains aussi contre ses propres enfans, voulant par
force, & d'vne trop aspre & grande auarice desheriter ma Dame
Oriane, pour l'enuoyer à Rome maugré elle estre femme de l'Empereur . Qui est la cause, dist il, que vous nous trouuez ensemble.
Comment, respondit Brian, ma Dame Oriane est elle à Romme?
Non, dist Amadis, nous l'auons ostée par force aux Romains qui la

B iiii   conduy-

conduyſoient, & eſt de preſent en ce palays, auecq' les Dames & Damoyſelles qui eſtoient en ſa compagnie, leſquelles nous ne rendrons
pas ayſément, ſi le Roy Liſuart ne ſe delibere les mieux traicter qu'il
n'a fait le temps paſſé. Puis luy declaira la reſolution qu'ilz auoient
prinſe, que Brian trouua tresbonne, encores qu'il eſtimaſt bien que
peu facilement lon pourroit apaiſer les deux Princes iniuriez par ceſte deſtrouſſe : touteſfois pource que lon ne pouuoit reuoquer ce qui
eſtoit ia fait, il diſſimula ſa penſée, & reſpondit ſeulement : Ie cognois le roy Liſuart pour l'vn des plus vindicatifz Princes de la terre,
& qui auſſi peu voudroit endurer vne iniure, parquoy vous deuez
promptement auiſer à luy reſiſter ſ'il eſſaye de vous forcer, de ſorte
qu'à ce que ie voy il eſt plus requis maintenant donner ordre aux inconueniens qui ſe pourroient offrir, qu'a conſumer le temps en paroles. D'vne choſe ie loue grandement ma dame Oriane, de s'eſtre ainſi retirée auec ſes femmes, leſquelles ie verroys volontiers ſ'il vous
plaiſoit. Ie vous diray, diſt Amadis, mon couſin Agraies & Floreſtan mon frere ſont ordonnez pour luy faire entendre noſtre deliberation, vous pourrez bien aller quant & eux, eſtant aſſeuré qu'elle
ſera treſayſe de conferer auec vous de ſes infortunes, & de fait ne tarderent gueres apres à executer ceſte entreprinſe : touteſfois auant que
ilz entraſſent au logis d'Oriane, on luy vint dire qu'ilz eſtoient enuoyez vers elle de par toute l'aſſemblée, parquoy commáda que lon
les fit venir, & fut au deuant les receuoir, ſpecialement Brian, qu'elle
n'auoit veu de long temps, & ainſi qu'il luy faiſoit la reuerance, elle
luy diſt : Mon couſin vous eſtes venu bien à propoz pour deffendre la
liberté d'vne Damoyſelle qui a bien beſoin de tel ayde que le voſtre.
Madame, reſpondit il, ie n'euſſe tant differé à venir en ce païs, n'euſt
eſté que toſt apres la deffaite des ſept Roys en la grand' Bretaigne, le
Roy mon pere me manda retourner vers luy, pour ſouſtenir la guerre que luy faiſoient ceux du païs d'Affrique : & à peine à elle eſté finie, que i'ay ſceu que mon couſin Amadis ſ'eſtoit tant eſloigné de ſes
amys par faſcherie, que lon n'en ſçauoit nouuelles, & craignant qu'il
fuſt du tout perdu, i'ay deliberé entreprendre ſa queſte, pour l'amytié & reuerance que ie luy porte, & ſuis pour ceſte ocaſion ainſi ſeul
ſorty d'Eſpagne, & penſant bien en auoir icy nouuelles pluſtoſt qu'en
nul autre lieu, ie m'y ſuis de fortune acheminé, ou Dieu mercy ie l'ay
trouué, auec ocaſion de luy faire ſeruice, & à vous auſſi ma Dame,
dequoy Oriane le remercia affectueuſement. Mais auant que de paſſer outre il ma ſemblé bon vous declairer qui eſtoit la cauſe pour laquelle tant de grans perſonnages & bons Cheualiers, portoient tel
honneur & bon vouloir à ceſte Princeſſe. Aſſeurez vous que ce n'e-
ſtoit pour preſentz qu'elle leur fiſt, n'ayant encores nul moyen de
donner,

donner, & moins pour faueur que luy portaſt Amadis, eſtant les a-
mours d'eux deux ſi ſecrettes, comme vous auez peu entendre es liures precedens, mais elle eſtoit ſi humble, tant ſage, & debonnaire,
que pour ceſte humilité & courtoyſie, elle ſçauoit deſrober les cueurs
& voluntez d'vn chacun, choſe tant propre aux perſonnes heroï-
ques & de grand lieu, qu'il n'eſt auoir ou puiſſance, qui les rende
plus honorez, priſez, & eſtimez. Penſez doncq' en quelle reputation doiuent eſtre ceux, qui par trop eſtrange preſumption veulent
tenir vne grauité immodeſte, ilz s'apreſtent (quand tout eſt bien
conſideré) vne deffaueur enuers le peuple, vn meſpriſement ſecret
entre tous, & vn meſcontentement de pluſieurs, qui deſirent particulierement leur ruïne pour abatre l'outrecuydance qui les tient en
telle malheureté. Le parler gracieux, la grauité legere, & l'humble
modeſtie ſont tant propres aux plus grands, que par là ilz aquierent
l'amour de leurs ſuietz, l'obeïſſance entiere, aueeq' la crainte d'vn
chacun, & le contraire leur eſt tant mortel & dangereux, qu'il ſeroit impoſſible de plus. Eſtimez donc comme il eſt bien ſeant à vn
tas de petis compagnons de faire les braues, penſans par leur gloire
extreſme, ſe faire craindre & plus redouter. Sur mon Dieu il me ſemble qu'ilz deüroient penſer quelz ilz furent, & quelz ilz ſeront, lors
d'eux meſmes cognoiſtroient ayſément qu'ilz ont tort & mauuaiſe
grace, & pour telz ſuis ie content de les laiſſer, à fin de retourner à
mon premier propos, & vous faire entendre qu'apres qu'Oriane eut
longuement deuiſé auec Brian, elle apella la Royne Sardamyre, & luy
diſt: Ma Dame, voicy le filz du Roy d'Eſpaigne que vous ne cognoiſſez encores, lors ſ'aprocha la Royne, & apres que Brian l'eut ſaluée
entrerent ſi auant en deuis, qu'Oriane eut moyen de les laiſſer enſemble: parquoy ſe retirant à part, apella Agraïes & Floreſtan, leſquelz
elle pria affectueuſement de luy declarer ce qu'ilz auoient à luy dire.
Adonc luy reciterent par le menu les propos qui auoient eſté tenuz au
conſeil, l'honneur & bonne volunté que tous les Cheualiers luy portoient, & finablement la reſolution qui auoit eſté prinſe ſur ſon affaire
la ſupliant qu'elle leur declaraſt ſi elle eſtoit ſelon ſon intention ou
non. Helàs, diſt elle, ilz ſont tous ſi ſages & vertueux, qu'ilz ne pourroient mal auiſer, d'vne choſe les ſupliray-ie humblement: C'eſt que
pour Dieu ilz treuuent moyen, ſ'il eſt poſſible, & à leur honneur, de
faire ma paix enuers le Roy mon pere. Et faignant dire quelques parolles en l'aureille d'Agraïes, Floreſtan (comme bien auiſé) ſe retira, les laiſſant eux deux ſeulz. Lors voyant Oriane qu'elle pouuoit
parler en liberté, commença à luy faire ſes doleances de telle ſorte:
Mon couſin, ie encores que i'ay grande eſperance à la prouidence de
voſtre couſin Amadis, & au bon vouloir que tous ces Cheualiers me

portent

portent, si me semble il que i'ay quelque raison d'auoir en vous vne fidelité speciale , tant pour l'obligation en laquelle ie me treuue redeuable enuers le Roy vostre pere , & la Royne aussi , par le bon traitement qu'ilz me firent en Escosse , que pour m'auoir donné pour com-
pagne vostre seur Mabile , de laquelle seulle ie tiens la vie apres Dieu:
car sans le reconfort qu'elle m'a fait maintesfois au plus fort de mes infortunes , il y a bien long temps que ie fusse enseuelie , & priuée de
ce monde. Et combien que ie n'aye moyen pour le present de pouuoir
recognoistre enuers eux ny vous tant d'obligations, si esperay-ie auec
le temps de m'en mettre en tout deuoir . Et ce pendant vous ne trouuerez mauuais (s'il vous plaist) que ie vous face entendre familieremét
les ennuiz que ie porte , & pour y commencer , ie vous suplie que laissant à part le tort que mon pere vous a fait , vous moyennez à vostre
pouuoir la paix d'entre vostre cousin & luy : car ie ne sais doute, veu
l'ancienne hayne qu'ilz ont ensemble , & l'ocasion que vous tous a-
uez de luy vouloir peu de bien, que mal aisément se pourront les choses commencées acheminer à autre fin , qu'à vne tresgrande ruïne &
malheur d'vne part & d'autre , si ce n'est par la resistence que vous y
pourrez faire , vsant en celà de vostre prudence & bon conseil, dont
de rechef ie vous suplie , tant pour euiter à tel inconuenient , que
aussi pour ne me rendre suspecte enuers les nations estranges , qui
pourroient cy apres douter de mon innocence , & maculer ma bonne renommée, qui m'est de telle consequence que vous pouez estimer
Ma Dame , respondit il , quant au bon traitement que vous auez receu en Escosse le Roy mon pere , & la Royne aussi , n'ont fait en celà
que ce qu'ilz deuoient, & si suis seur qu'ilz vous ont en telle affection,
que es choses ou leur puissance se pourra estendre , ilz s'employeront
pour vous , comme pour leur meilleure parente & alliée . Et pour le
regard de ce que vous dites de ma seur & de moy , l'effait tesmoigne-
ra tousiours du bon vouloir que nous vous portons, vous supliant
croire , que vous nous pouez commander comme à ceux qui desirent
vostre bien , & honneur autant que le leur propre . Et quant au desir
que vous auez de me faire oublier l'iniure que le Roy vostre pere a
faite , non seulement à moy seul : mais à tous mes parens & amys , asseurez vous ma dame que la playe est si grande , qu'elle seignera tant
que i'auray vie au corps, cognoissant l'ingratitude dont il a vsé enuers
nous , esconduisant mon seigneur Amadis , moy , & plusieurs autres
bons Cheualiers , de la requeste que nous luy fismes pour donner à
mon oncle Galuanes l'Isle de Mongaze, qui la meritoit & mieux, veu
mesmement qu'elle auoit esté conquise par la vertu & prouësse de celuy qui l'en suplioit : Toutesfois pour l'honneur de vous , ie suis content de dissimuler , & me forcer iusques là , de differer pour quelque
temps

temps la iuſte ocaſion que i'ay de luy vouloir mal, ſpecialement pour
nous auoir chaſſez de ſa court auſsi eſtrangement, que ſi nous euſsions
eſté ſes ennemys mortelz, apres auoir receu de nous tant de grans ſer-
uices: & pour vous monſtrer que ie me veux du tout employer à vous
complaire, ie vous prometz ma Dame que i'eſſayeray à mon pouuoir de faire ce dont vous me priez: mais il ne ſeroit raiſonnable, que
ce fuſt ſi promptement, pource que ſi i'en entame la parole, maintenant, eſtant les choſes diſpoſées à la guerre, au lieu de donner cueur
à tant de bons Cheualiers qui ſont en ceſte Iſle, i'en pourroys attimi-
der la plus part, m'oyant parler de paix, preſumant, peult eſtre, que
ie tinſe telz propoz, comme ayant la premiere paour. Ainſi ie ſerois
deux maux enſemble, qui ne pourroient cy apres tourner qu'au dom
mage de nous tous, & au grand deshonneur de moy ſeul. Mais ayant
eu la reſponſe du Roy voſtre pere, ie prieray mes compagnons de faire ainſi qu'auez auiſé, ce pendant il me ſemble que vous deuez me-
lancolier le moins que vous pourrez, & prendre le temps & la fortune le plus patiemment, & conſtamment qu'il vous ſera poſsible. Mon
couſin, diſt elle, i'en ſuis contente, cognoiſſant tresbien que vrayement il n'eſt pas requis d'oſter le cueur à ceux qui ſont icy aſſemblez
pour mon affaire, ains pluſtoſt les entretenir en ceſte volonté, reme-
tant le ſurplus à voſtre diſcretion. Durant ce propoz Agraies auoit
continuëllement l'œil ſur Olinde, qu'il aymoit de tout ſon cueur,
ainſi qu'il auoit bié fait cognoiſtre paſſant (pour l'amour d'elle) ſouz
l'Arc des loyaux amans, neantmoins preferant la vertu à ſes paſsioins,
il ſçauoit diſsimuler ſagement, la laiſſant enfermée auec Oriane, ſans
parler à elle ne la frequenter aucunement, combien que ce luy fut v-
ne peine inſuportable : mais il ſ'y reſolut, iuſques à ce qu'il viſt quelle fin prendroient les choſes encommencées. Et reſpondit à la Princeſſe: Madame, ie feray entierement ce que vous auez auiſé. Or vous
en retournez doncques, diſt elle, & me recommandez affectueuſement à la bonne grace de tous voz compagnons, autant en dit elle à
Floreſtan, & à Brian, leſquelz prenant congé d'elle vindrent trouuer
Amadis, & les autres qui les atendoient auſquelz ilz reciterent ce que
ilz auoient fait: parquoy fut arreſté, que lon enuoyroit vers le Roy
Liſuart le pluſtoſt qu'il ſeroit poſsible, & furent Brian & Quedragant priez par toute la compagnie de prendre ceſte charge, ce qu'ilz
ne peurent refuſer tant ilz en furent importunez.

Du pro-

Du propos que tint Amadis à

Grasinde, & de la responce qu'elle luy fit.

Chapitre   IIII.

R ne sçauoit Amadis quelle deliberation prendroit
Grasinde, ou de retourner en ses païs, ou d'atendre
que les choses fussent plus apaisées, parquoy voulant sentir d'elle ce qu'elle en pensoit, la fut voir en
son logis. Et apres quelques propos qu'ilz eurent
ensemble, Amadis luy dit : Madame, ie suis merueilleusement desplaisant que ie n'ay meilleure oportunité de vous
faire en ce lieu l'honneur & bon recueil que vous meritez : mais le
temps, si mal à propoz, en oste l'ocasion, parquoy ie vous suplie en
m'excusant, ne le prendre ou imputer à faute de bon vouloir : car
vous m'auez tant obligé à vous par le passé, qu'il ne sera iour de ma
vie que ie ne m'en sente vostre redeuable, quelque grand seruice que
ie vous puisse faire, & pource qu'il y a desia bien long temps que vous
estes partie de vostre païs, & que peult estre le long seiour que vous
auez fait en ceste contrée vous a aporté quelque desplaisir, ie desire-
rois grandement sçauoir vostre deliberation, affin que i'aye moyen,
s'il est possible, de vous obeyr en ce qu'il vous plaira commander.
Seigneur Amadis, respondit elle, ie seroys bien de pauure iugement,
si ie ne

ſi ie ne ſçauois certainement que de la compagnie & faueur que vous
m'auez faite, ne me fut ſorty le plus grand honneur qu'il m'euſt peu
auenir, & que le bon traictement que vous dites auoir receu en mes
païs (ſi aucun vous a eſté fait) ne ſoit deſia pour plus que recompenſé: touteſſoys pour vous mettre hors de peine ie vous diray ce que
i'en penſe, ie voy tant de bons Cheualiers aſſemblez pour le ſecours
de ceſte Princeſſe, leſquelz tous enſemble ont mis leur eſperance &
conduyte ſur vous, pour l'amytié & bonne eſtime qu'ilz vous portent, qu'il vous ſeroit impoſſible les habandonner, ſans en eſtre grandement blaſmé. Et par ainſi puis que telle charge eſt remiſe du tout
ſur vous, vous deuez trauailler à enuoyer de tous coſtez recouurer
gens pour voſtre ſecours, en ſorte que l'honneur de ſi grande entreprinſe vous demeure par le moyen de voz amys, du nõbre deſquelz
ie m'eſtime premiere, ainſi que vous auez peu & pourrez encores cognoiſtre par l'effet. A ceſte cauſe i'ay deliberé de faire partir demain
maiſtre Helizabel pour aller en la Romanie aſſembler le plus de gens
qu'il pourra, tant de mes ſuietz qu'autres: & auſſi toſt les faire embarquer & a conduire par deça, ce pendant ie tiendray, s'il vous plaiſt
compagnie à ces autres Dames, ſ'elles me veulent faire tant d'honneur de me receuoir auec elles, en eſperance de ne les habandonner,
que ceſte guerre commencée n'ayt prins autre fin. Sur mon Dieu ma
Dame, diſt Amadis, vous auez bonne enuie (à ce que ie voy) de me
faire cognoiſtre de combien vous me voulez rendre plus voſtre que
ie n'auray iamais de moyen pour y ſatiſſaire: mais puis que ſi bon vou
loir vous vient de telle liberalité, ie ne le refuſeray pas, ains (en vous
remerciant treshumblement) ie l'accepte, & ſ'il vous plaiſt commander à maiſtre Helizabel paſſer iuſques en Conſtantinople, & porter
lettres de creance de par moy à l'Empereur, ie ſuis ſeur que ſuyuant
la promeſſe qu'il m'a faite autrefois, & l'inimytié qu'il a à l'Empereur
de Rome, qu'ayſément il nous aydera. Ie croy, reſpondit Graſinde,
que maiſtre Helizabel ſe tiendra pour bien heureux, de vous faire
ſeruice: car il en a grand deſir, comme il m'a aſſeuré par pluſieurs fois
ainſi il ne reſte plus qu'a prier Oriane de me receuoir auec elle. Madame, diſt Amadis, puis qu'il vous eſt agreable, i'enuoyeray preſentement vers elle, & croy que ne luy ferez moins de plaiſir, qu'elle à vous, tenant compagnie l'vne à l'autre. Adonc fit apeller Gandales auquel il donna ceſte charge: mais il ne retarda gueres à retourner leur dire qu'Oriane remercioit affectueuſement Graſinde, & que
elle l'atendoit en bonne volonté de luy faire l'honneur qu'elle meritoit: touteſſoys premier que de partir elle commanda à maiſtre Helizabel d'aller tant en ſes païs leuer gens, que vers le Marquis ſon frere: Et ce pendant qu'ilz s'aſſembleroient, qu'il paſſaſt iuſques en Con

C

ſtantinople,

stantinople, faire ce qu'Amadis luy ordonneroit, & luy de retour en
la Romanie, qu'il se diligentast de faire embarquer ceux qu'il trouueroit prestz pour les amener en l'Isle Ferme : ce fait Amadis la conduyt vers la Princesse, ou il la laissa pour aller despescher maistre
Helizabel, auquel il bailla vne lettre adressante à l'Empereur dont
la teneur ensuyt.

Lettre d'Amadis à l'Empereur

de Constantinople.

Reshault & excellent prince, le Cheualier à la verde Espée (le propre nõ duquel est Amadis de Gaule) vous enuoye treshumble salut. Et pource sire,
que trauersant païs apres la deffaite de l'Endriague
il vous pleut me receuoir en vostre ville de Côstan-
tinople, là ou apres l'honneur & bon recueil que
vous m'y donnastes, m'offrites (par vostre liberalité) de m'ayder &
donner secours ou le cas si offriroit, en faueur des seruices que ie vous
auoys faitz par la reduction de la contrée, qui par vous mesmes fut
nommée depuis l'Isle saincte Marie. Or est l'ocasion auenuë, que
vous auez moyen, s'il vous plaist, d'acomplir ceste vostre promesse,
auec la plus iuste querelle qu'il est possible d'entreprendre, ainsi que
vous dira maistre Helizabel, lequel ie vous suplie, Sire croire entierement, de la part de celuy qui baise les mains de vostre maiesté.

Telle fut la depesche d'Helizabel: parquoy il s'embarqua incontinent, & faisant voille tira en Grece, ou il arriua peu apres : & le iour
mesmes Amadis commanda à Tantiles maistre d'hostel de la Royne
Briolanie aller au royaume de Sobradise vers sa maistresse, & luy dit:
Tantiles mon amy, tu scez cõme nous sommes sur le point de soustenir la guerre, & de combien mon honneur seroit endõmagé si la fin
de ce commencement ne sortoit selon nostre intention: va ie te prie
trouuer la Royne, à laquelle apres auoir presenté mes affectueuses recommandations à sa bonne grace, diras que ie la suplie qu'elle m'enuoye le plus de gens qu'elle pourra, tu luy reciteras bien au long les
choses passées, & l'estat auquel elles sont, & peuuent tõber: & au surplus qu'il luy souuiéne que ce qui me touche luy aproche de bien pres
estant sien cõme elle sçait. Monseigneur, respondit Tantiles ma maistresse aura encores plus de plaisir, que ne pensez, d'auoir moyen de
vous faire cognoistre combien elle desire de faire chose qui vous soit
agreable : & croyez qu'aussi tost qu'elle entendra ces nouuelles, elle
mettra

mettra tel ordre à ce que vous luy mandez, que vous me verrez en
brief de retour par deça, auec telle puissance qu'elle pourra finer. Tu
luy porteras, dit Amadis, ceste lettre, & feras la meilleure diligence
que pourras, lors luy bailla, & contenoit ce qui s'ensuyt.

Lettre d'Amadis à la Royne

Briolanie.

IE croy ma dame, apres qu'aurez entendu par Tantiles vostre maistre d'hostel, la cause qui m'a meu vous l'enuoyer
en telle diligence, que vous donnerez faueur à ce qu'il
vous dira de ma part, asseuré qu'en vsant de vostre gentille nourriture, vous ne me voudriez faillir, non plus que vous
croyez que ie serois prest à mettre le pied en l'estrier pour vous, ou la
necessité si offriroit, & pource qu'il a esté present aux choses, qui depuis mon retour en ces païs m'ont esté occurrentes, & que ie luy ay
donné charge vous les faire entendre bien au long. Ie ne vous en-
nuyray à vous donner peine de lire plus longue lettre: mais ie vous
prieray bien (apres l'auoir creu) me tenir tousiours en vostre bonne
grace, à laquelle desire tant qu'il viura auoir bonne part,

Cestuy Amadis qui est vostre.

Ainsi s'en partit Tantiles, lequel sans seiourner fit tant qu'il arriua
au royaume de Sobradise. Et d'autre part Gandalin fut ordonné pour
aller en Gaule, & à ceste cause Amadis le tirant à part, luy dist: Gandalin, tu es celuy qui tousiours as eu la garde de mes plus priuées affaires, pour la grande amytié que de noz premiers ans nous sommes
portez, comme si nature nous eust d'elle mesmes apellez en vne parfai
te fraternité. Tu sçez que mon honneur est le tien, & que le tien me
touche comme mien. Tu voys les affaires ou ie suis, & de quelle consequence elles me sont, mesmes la conclusion qui a esté prise (par tous
ces Cheualiers) d'employer noz amys & aliez, pour auoir secours puis
sant à soustenir les forces du roy Lisuart s'il essaye de nous assaillir, au
moyen dequoy, i'ay desia depesché vers plusieurs princes, desquelz
i'espere recouurer vne bien bonne & grosse troupe de gens, & combien que l'absence de toy me soit grieue, toutesfois me fiant plus en ta
diligence qu'à nul autre, i'ay pensé de t'enuoyer vers le roy Perion
mon pere, qui te cognoist de long temps, & auquel seras entendre
mieux que nul autre, de quelle importance m'est ceste guerre, si le roy
Lisuart l'entreprent: car comme tu luy pourras dire, elle luy touche
en partie, ayant ce Roy ingrat fait tant de deffaueur à tous ceux de

C ii   nostre

noftre lignage que de les chaffer de fa court apres qu'il a receu d'eux
vne infinité de grands feruices. Tu luy reciteras par le menu ce que tu
fçez & as veu, & la necefsité en laquelle tu nous laiffes, & neantmoins
affeure lay, que ie ne crains puiffance aucune, ayant auec moy tant de
droit & de bons Cheualiers, & que ie n'euffe aufsi fait fi grande en-
treprife, n'euft efté que depuis que Dieu me voulut apeller à l'ordre
de cheualerie, ie n'ay eu en penfée autre chofe, finon faire l'eftat de
Cheualier, deffendant à mon pouuoir le tort que lon faifoit à plufieurs, fpecialement aux Dames & Damoyfelles, lefquelles doiuent
eftre preferées à toutes perfonnes, & pour lefquelles i'ay mis fouuent
ma perfonne au hazard de mort, fans en efperer autre recompenfe
d'elles, finon complaire à Dieu, & augmenter ma renommée par le
monde, qui fut la caufe feule qui me meut dernierement m'abfenter
ainfi de fes pais, pour aller chercher (entre les nations eftranges) ceux
qui auoient affaire de mon ayde, ou i'ay eu maintes perilleufes auentures que tu as veuës, & que tu luy pourras conter, mefmement que
arriuant en cefte Ifle, ie fus auerty comme le roy Lifuart (oubliant
l'honneur de Dieu, le droit des perfonnes, le confeil des fiens, & l'in-
ftinct naturel que tout bon pere porte communément à fon enfant)
vouloit quafi par vne maniere de cruauté extrefme, chaffer de fes
pais, ma Dame Oriane fa propre fille, & principalle heritiere, la donnant maugré elle pour femme à l'Empereur Patin, dequoy elle faifoit complainte, non feulement à ceux du royaume de la grand' Bretaigne : mais requeroit ayde & fecours à tous Cheualiers portans armes, tant par lettres, meffages, que autrement, les fuppliant à iointes mains, & abondance de larmes auoir pitié & compafsion de fa
mifere, & tant a fceu faire de prieres & humbles oraifons, que le feigneur de toutes chofes la regardée de fon œil mifericordieux, donnant adreffe aux Cheualiers qui font de prefent en ce lieu, d'eux y
affembler quafi par miracle, ou ie les trouuay, comme tu fçais, en
propos de hazarder leurs vies, pour la mettre en liberté, & les autres
qui l'acompagnoient par force, confiderans que faifans autrement
ilz en euffent efté blafmez à l'auenir, donnant occafion à plufieurs
de prefumer, que couardife feule euft deftourné cefte ayde tant recommandée, & pour perfonnes de la qualité qu'elles font, au moyen
dequoy le conflit eft auenu aux Romains tel que tu l'as veu, defquelz nous en tenons plufieurs prifonniers, & les Dames hors de leurs
mains : mais pour moyenner leur apointement enuers le Roy Lifuart, Quedragant & Brian de Moniafte mon coufin, partiront de
brief auec charge expreffe de par nous tous de le fuplier prendre à
bonne part ce que nous auons fait & receuoir en fa bonne grace ma
Dame Oriane, & celles de fa compagnie, eftans toutesfois bien deliberez,

liberez, ou il ne voudroit accepter cest offre, & faire l'audacieux, de
nous deffendre contre luy, moyennant l'ayde de noz bons amys &
alliez, du nombre desquelz (Gandalin) tu luy diras que nous tous ensemble l'estimons premier, le supliant treshumblement, qu'il nous
secoure à ce besoing si raisonnable : Voy aussi la Royne ma mere, &
luy baise les mains de par moy, dis luy que ie luy prie d'enuoyer par
deça ma sœur Melicie, pour tenir compagnie à ces autres Dames, auec
lesquelles elle pourra voir & aprendre beaucoup : mais deuant que
partir il fault que tu sçaches de ma cousine Mabile, s'il luy plaist rien
mander par delà, & quand & quand que tu essayes de parler à Oriane, laquelle ne se trouuera si estrange de toy, que tu n'entendes d'elle
en quel estat est sa santé, & le bon vouloir qu'elle me porte. Or si Amadis trauailloit pour son secours, Agraies d'autre costé ne dormoit
pas : car il enuoya incontinent Gandales en Escosse, auec charge expresse de faire entendre au Roy son pere, le besoin qu'ilz auoient de
son ayde. Desia aussi estoit party Landin pour aller en Yrlande, par
lequel Quedragant suplyoit la Royne sa niece, le secourir de gens au
plus grãd nombre qu'il luy seroit possible, sans toutesfoys que le roy
Cildadan son mary en sceust rien : car il n'eust esté raisonnable qu'il
s'en fust meslé, veu les conuenances & alliances qu'il auoit auec le roy
Lisuart, il eut d'auantage commandement de faire armer le plus de
nefz qu'il pourroit recouurer, & amener quant & luy bonne troupe
de ses vassaulx. Brunco d'autre part (qui tant aymoit Melicie sœur
d'Amadis) escriuit pour semblable affaire au Marquis son pere, & à
Branfil son frere, & baillant les lettres à Lasinde son Escuyer, luy dit:
Lasinde mon amy, tu voys icy grand nombre de Cheualiers assemblez, neantmoins il fault que tu penses, que la plus part de cest affaire
touche principalement à Amadis, à qui (outre la grand amytié que
ie luy porte) ie desire ayder de tout ce qui est en ma puissance, pour
l'amour de Melicie, à laquelle ie suis, & non à autre, estant certain
que faisant autrement ie luy causeroys vn mescontement de moy, qui
me seroit vn mal pire à suporter que la mort, & pourtant tu pourras sagement persuader mon pere de nous secourir, luy remonstrant
que ce fait m'est d'importance autant qu'a nul autre, sans toutesfoys
parler aucunement de Melicie : mais seulement de l'obligation que
i'ay à Amadis, m'ayant honoré par sa compagnie, aussi que Branfil
mon frere y pourra plus acquerir de gloire, qu'a demeurer si ordinairement aux cendres, comme il fait. Monseigneur, respondit Lasinde, i'espere d'acomplir si bien vostre cõmandement que mon voyage aura l'effect que vous desirez, & prenant congé de luy entra en
son chemin. Pas n'oublia Amadis les offres que luy auoit faites le roy
Tafinor de Boesme, au temps qu'il entreprint pour sa querelle le cõ-
C iii   bat con-

bat contre Garadan qu'il deffit, & depuis les vnze autres Cheualiers
de l'Empereur Patin : & à ceste cause pensa en soymesme, qu'il seroit
bon enuoyer vers luy Ysanie l'ancien gouuerneur de l'Isle Ferme, sage & prudent Cheualier, pour le suplier de luy donner quelque ayde, & executant sa pensée fit apeller ce bon vieillart, auquel il dist:
Ysanie sçachant la fidelité qui est en vous, & cognoissant le bon vouloir que vous auez à me faire seruice, ie me suis aduisé de vous prier
vouloir prendre quelque peu de trauail pour chose qui m'est de grande consequence, ne cognoissant gentilhomme plus propre en cest affaire que vous. Cest que vous alliez en Boesme trouuer le Roy Tasinor, auquel vous porterez de par moy vne lettre de creance, & luy
ferez entendre bien au long le grand besoing, & l'esperance que i'ay
en son ayde : il est Prince magnanime & liberal, & croy qu'il ne me
faudra, s'estant autresfois tant offert enuers moy. Monseigneur, respondit Ysanie, ie vous prometz que i'y feray mon deuoir. Or bien,
dist Amadis, il vault mieux doncques que vous partez demain, & sur
tout Ysanie mon amy, ie vous prie faire diligence. Lors luy bailla
lettres de creance telles que vous entendrez.

Lettre d'Amadis au Roy Ta-

finor de Boesme.

Ire, si oncques ie vous fis seruice qui vous ayt esté a-
greable, l'honneur & le bon recueil que ie receuz
de vous, & des vostres, tout le temps que ie seiour-
nay en vostre court, m'ont rendu d'auantage à demourer tant que viuray prest à n'espargner ma personne pour vous obeyr & seruir, parquoy ie vous
suplie treshumblement, n'estimer que ce qui m'a fait despescher ce
Cheualier present porteur vers vous, soit pour en auoir aucune recompense : toutesfoys me souuenant des honnestes offres que vous
me fistes à mon partement de Boesme, ie me suis enhardy le vous enuoyer, pour vous requerir affectueusement me donner secours en vne
affaire qui m'est si prochaine qu'il vous dira, vous supliant, Sire, le
croire comme moy mesmes, & commander sa depesche la plus pron-
pte qu'il seroit possible, pour mettre hors de peine celuy quivoudroit
pour vous hazarder la vie, qui est Amadis de Gaule surnommé en
plusieurs lieux le Cheualier à la verde Espée.

Des propoz

Des propos qu'Oriane & Ma-

bile eurent auec Gandalin, & de ce qu'il fit entendre
de par elles à Amadis.

Chapitre   V.

Es embassadeurs despeschez de toutes parts, com-
me vous auez entendu, Gandalin estant prest de
partir pour aller en Gaule, vint au logis d'Oriane,
suyuant ce que son maistre luy auoit commandé.
Et pource que nul homme n'entroit dedans sans le
commandement de la Princesse, estant la porte
gardée par l'vne des plus anciennes de ses femmes, fit dire à Mabile
qu'il vouloit sçauoir d'elle, s'il luy plaisoit escrire à la Royne sa tante, ou à Melicie sa cousine. Mabile auertie par la Damoyselle de ce
que luy mandoit Gandalin vint dire à Oriane si hault que chacun
l'entendit : Ma Dame, Gandalin s'en va en Gaule vers le roy Perion,
vous plaist il mander aucune chose à la Royne, ou à ma cousine. Ouy
vrayement, respondit Oriane, faites le venir, que ie parle à luy. Lors
entra Gandalin en la chambre de la Princesse, laquelle l'auisant se
leua aussi tost, & le tirant à part (faignant luy vouloir parler seulement de recõmandations) se print à souspirer, en luy disant: Gandalin
mon amy que te semble de fortune qui m'est si contraire qu'elle priue
C iiii   la per-

la personne du monde, de laquelle i'ayme le plus la frequentation, e-
stant si pres de moy, & moy du tout en sa puissance, ce nonobstant
nous ne pouuōs auoir moyen de parler priuément ensemble, sans offencer grandement mon honneur, dequoy mon cueur endure tant de
peine, que si tu le cognoissoys, ie croy certainement que tu auroys encores plus de pitié de moy que tu n'as, ce que ie te prie luy dire à ce
qu'en me plaignant il se resiouysse de l'affectiō tresgrande, qui s'aug-
mente en moy de iour en iour à luy vouloir bien, aussi qu'il treuue
façon que nous nous voyons, dressant quelque partie auec ses compagnons, souz couleur de ton voyage & de mon reconfort. Ma Dame, respondit Gandalin, vous auez grande raison de luy porter telle amytié, & vous souuenir ainsi du remede, auquel il aspire sur toutes choses : car si vous sçauiez l'extremité en laquelle ie l'ay trouué
cent foys, vous ne pourriez croire auec quelle puissance il est gouuer-
né par amour. Ie l'ay veu mile foys mourir pensant aux faueurs passées que vous luy auez faites, & autant de foys recouurer vie par la
souuenance d'icelles, & si l'ay veu entre les plus grans dangers du mō-
de faire tant d'armes en vous apellant à secours, qu'il est mal aysé de
croire que Cheualier peult auoir en soy tant de prouësse. Pourtant
ma Dame ie vous suplie auoir pitié de luy, & le traiter comme il merite, vous asseurant qu'oncques Cheualier ne fut plus loyal ne plus
vostre qu'il est, ny oncques Dame n'eut telle puissance sur hôme com
me vous l'auez sur luy : car en voz mains se peult traiter de sa mor t ou
de sa vie ainsi que bon vous semblera. Haa Gandalin, dist Oriane, ie
le croy certainement, sentant en moy mesmes tout ce que tu dis estre
en luy, & que sa vie est la mienne, tellement que par luy seul ie vis entre les personnes : mais ie te prie ne me faitz mourir cōme tu seiz l'autre fois, quand tu m'aportas les premieres nouuelles de son retour de
Gaule en la grand' Bretaigne : car n'ayant le moyen à present de faire pour luy ce que ie voudrois, ie luy pourrois bien faire tort, & à
moy aussi par vn desir trop affectionné : pourtant donc ne m'en parle plus : mais retourne & le prie de par moy que ie le voye le plus tost
qu'il sera possible. Sur ce poinct Gandalin print congé, & comme il
sortoit de la chambre luy dit assez hault : Ne faux à venir querir mes
lettres deuant que tu partes. Or l'atendoit Amadis en bonne deuo-
tion, parquoy aussi tost qu'il l'auisa, il luy dist : Et bien Gandalin, as
tu veu ma Dame ? Ie te prie contes moy ce qu'elle t'a dit : lors il luy
recita de mot à mot, mesmement le desir qu'elle auoit de parler à luy,
& pour resolution, qu'elle le pryoit de la venir voir auec quelques
vns des autres Cheualiers souz couleur de la reconforter : Mais quand
il luy declaira les propoz d'amytié qu'elle luy auoit tenuz, il demeura quasi comme transi, puis reprenant ses espritz, luy respondit :
Helàs

dit : Helàs comme pourroys ie faire ce que tu dis, & aussi tost se va a-
uiser, il fault que tu ailles trouuer Agraies, & luy dis, que pource que
ie t'enuoye en Gaule, tu as voulu sçauoir de ma cousine Mabile, si elle
vouloit escrire à ma seur Melicie, & qu'apres plusieurs propoz qu'elle
t'a tenuz, elle t'a fait entendre qu'il seroit bien raisonnable que nons
vissions plus souuent ma dame Oriane, pour essayer de luy faire oublier partie de la grande melancolie quelle se donne, autrement qu'elle pourra tumber en grande maladie tant elle est triste, & garde bien
de luy descouurir que tu m'en ayes parlé, ne que i'en sçacher ien : mais
ie te prie dis moy, ne se trouue elle pas bien ennuyée maintenant ?
Vous la cognoissez de long temps, respondit Gandalin, pour l'vne
des plus sages & vertueuses Dames qui nasquit oncques, & qui autant
prudemment sçait dissimuler ses passions, en sorte qu'on iugeroit mal
aisément à voir sa contenance si elle porte douleur ou non, toutesfois ie croy bien qu'interieurement elle a vne melancolie merueilleuse. O' Dieu, dit Amadis, s'il vous plaist me prester la grace de pouuoir tant faire pour elle, que ses desirs sortent effet, ie ne me souciray
iamais de mort ou de vie que fortune me puisse dóner. Ne vous chail-
le, respondit Gandalin, i'espere que tout ainsi que nostre seigneur
vous a preserué par le passé, & preferé à tout autre Cheualier, qu'il
ne vous oublira maintenant, & auec si grande ocasion. Or t'en va
doncques vers mon cousin, dist Amadis, & m'en raporte des nouuelles le plustost que tu pourras. Lors s'en partit Gandalin, lequel trouuant Agraies à propos fit si bien ce qu'il auoit entreprins, qu'Agraies
pensant qu'il dit vray, luy respondit : vrayement ma seur est tresbien
auisée, & sera fait ainsi qu'elle me mande, combien que si iusques icy
la visitation d'elles ayt esté differée, ce n'a esté pour autre raison, que
nous tous pensions que ce fust le plaisir de ma dame Oriane, & pourtant i'en parleray à mes compagnons, qui seront tous (comme ie
croy) aussi promptz que moy à leur obeir. Et sans tarder vint trouuer Amadis, auquel il recita tout ce que Gandalin luy auoit fait entendre de la part de sa seur. Lors Amadis faignant n'en auoir oncques
ouy parler, luy respondit qu'il s'en raportoit à luy, & aux autres, pour
en faire ainsi que bon leur sembleroit : parquoy Agraies leur en fit
parler sans toutesfois leur declarer que celà vint de Mabile : ains d'vn
auis qui luy sembloit raisonnable pour reconforter Oriane, laquelle Gandalin auoit trouué la plus melencolique du monde : & croyez
(disoit il) qu'en telles extremitez les cueurs plus fors & magnanimes ont besoin de consolation, par plus forte raison donc ces pauures
femmelettes, qui d'elles mesmes sont debiles & foibles, ne doiuent
elles estre visitées & reconfortées, à quoy s'acorderent tous les Cheualiers de l'Isle Ferme, & pour commencer le iour mesmes enuoye-

rent

rent vers la Princeſſe, ſçauoir ſi elle l'auroit agreable : lors fut reſpon-
du par elle, qu'ilz ſeroient les tresbien venuz, & à ceſte cauſe vindrent
la trouuer , & ainſi qu'ilz entrerent de propos en propos , Quedragant & Brian luy dirent : Ma Dame, s'il vous plaiſt mander quelque
choſe au Roy voſtre pere ou à la Royne, nous ſommes ordonnez par
ceſte compagnie d'aller vers eux en la grand' Bretaigne , pour voſtre
affaire. Or c'eſtoit deſia Amadis retiré à part auec Mabile, tandis que
Agraies parloit à Olinde, Floreſtan & Angriote à Graſinde, & croyez
qu'Amadis eſtoit lors en vne eſtrange peine , voyant ſi pres de luy la
choſe qu'il aymoit le plus en ce monde, ſans touteſfois oſer non ſeulement parler à elle , ains la regarder d'œil aſſeuré , & ſembloit ſelon le
peu à propos qu'il reſpondoit à ce que luy diſoit Mabile , qu'il fuſt y-
ure ou hors de ſoy : mais elle qui cognoiſſoit le ſaint ou il le falloit
vouër, pour le guerir de ceſte maladie, s'auiſa d'vn moyen le plus hon
neſte qu'il eſtoit poſsible pour luy donner remede , diſant à Oriane:
Ma dame vous promiſtes hyer à Gandalin d'eſcrire à la Royne Eliſe-
ne & à Melicie , & à ce que i'entens il doit partir tantoſt , & auez oublié voz lettres . Oriane qui entendoit aſſez ou elle vouloit tumber,
luy reſpondit, faites le venir, ie luy diray de bouche ce que i'auois deliberé de leur eſcrire. Lors ſe leua l'vne de ſes Damoyſelles, & ſortant
de la chambre apella Gandalin qui entra auſsi toſt . Or auoit il eſté
inſtruit par Amadis de ce qu'il auoit affaire , ſi la Princeſſe vouloit
parler à luy deuant ceſte compagnie , parquoy entrant ou elle eſtoit
fit la reuerance & s'aprocha de ſon maiſtre qui parloit, comme ie
vous ay dit , à Mabile : mais il n'y fut longuement qu'Oriane (qui e-
ſtoit aſsiſe entre Quedragant & Brian) ſe leua, & prenant Brian par
la main luy dit : Ie vous prie , mon couſin, eſtre teſmoin de ce que ie
manderay à la Royne de Gaule & à Melicie par Gandalin , à fin d'en
dire des nouuelles au Roy mon pere s'il s'en enquiert à vous , & ce
pendant le ſeigneur Quedragant demeura auec la royne Sardamire
qui la ſçaura bien entretenir : mais Brian qui eſtoit des plus gentilz &
facetieux Cheualier du monde, ne voulut la ſuyure, ains en ſe ſouz-
riant, luy reſpondit : Ma dame vous me pardonnerez, s'il vous plaiſt,
car eſtant ordonné comme ie vous ay dit à aller vers le Roy pour voſtre affaire , mes compagnons me tiendroient pour ſuſpect , & auroient cauſe de douter que ie fuſſe tellement ſuborné de voſtre parler gracieux, que ie me rendiſſe plus doux enuers luy que ie n'ay char
ge ou deſir de me monſtrer. Voylà, dit Oriane, pourquoy ie vous prie
d'entendre ce meſſage, à fin qu'en oyant reciter par moy-meſmes
partie de mes tribulations (leſquelles ie deſire eſtre cogneuës non
ſeulement en la grand' Bretaigne , ains auſsi en toutes les autres contrées de la terre) vous ſoyez plus ententif à moyenner ma paix & à

faire de-

faire deliurer de prifon ces pauures Damoyfelles que vous voyez icy,
toutesfois ie croy bien que vous n'eftes tant affectionné à nulles d'elles, qu'elles vous puiffes diuertir de voftre deliberation, & ce difoit
Oriane de tant bonne grace, que tous y prenoient plaifir, fpecialement Brian, lequel combien qu'il fuft ieune, beau, & de belle taille,
fi eftoit il plus adonné à fuyure les armes que l'amour, encores qu'il
fe trouuaft peu de Cheualiers plus preft à mettre l'efpée au poing que
luy pour deffendre les Dames ou elles auoient befoing de fon ayde,
eftant par ce moyen aymé de toutes en general, & milles feruices de
luy particulierement, ce que voulant bien faire entendre à Oriane,
luy refpondit: Par ma foy ma Dame vous aurez de moy telle eftime
qu'il vous plaira: mais fi ie demeuroys plus gueres en fi bonne compagnie, ie craindrois grandement perdre en peu de temps ce que i'ay
gaigné fur moy depuis que ie me cognois, ainfi i'ayme trop mieux
m'en eflongner & laiffer en ma place monfeigneur Amadis, & voftre coufine, qui vous feruiront pour tefmoings fi bon leur femble.
De cefte parolle chacun fe print à rire: car il fe retira de telle grace
qu'il fembloit proprement qu'il euft crainte de ce qu'il difoit, & laiffa
Oriane tout ioingnant Amadis, lequel n'auoit parlé priuément à elle depuis qu'il fortit du feruice du Roy Lifuart, au moyen dequoy la
voyant lors fi a propoz pour luy dire ce qu'il penfoit, deuint tant ef-
perdu qu'il commença à trembler, fans pouuoir proferer vn feul mot:
mais Oriane qui auoit auancé fa main dextre fouz fon manteau, print
la fienne, & en la luy ferrant pour tefmoignage de l'affection qu'elle luy portoit, luy dift: Mon amy encores que ie ne pourrois auoir
en ce monde plus grand ayfe que la continuëlle iouyffance de voftre
prefence, mon malheur veult pourtant, qu'eftans fi pres l'vn de l'autre nous foyons priuez de tel bien, & toutesfoys ie me fens fort o-
bligée à fortune pour m'auoir fait mettre en voftre puiffance, ainfi
que i'ay toute ma vie defiré, & de laquelle auffi ie n'efpere partir
tant que l'ame me refidera en ce corps, qui ne nafquit oncques (comme ie croy) que pour eftre dediée à vous feruir & obeyr, & neantmoins ie cognois bien qu'en frequentans l'vn auec l'autre, ainfi que
nous foulions faire en la grand Bretaigne, mon honneur en pourroit
eftre endommagé: car la nouuelle de ma prinfe eft defia tant diuulguée, que fi ne diffimulons noz paffions, il nous en pourra trop auenir de mal: & par ainfi il eft bien meilleur de nous gouuerner plus
par prudence que par force d'affection, ce faifant lon prefumera toufiours que l'ayde que vous nous auez faite, à efté fuyuant la couftume de tous les Cheualiers, qui n'efpargnent leurs vies pour fecourir
les perfonnes affligées, principalement les femmes fi mal traictées
comme i'ay efté, & croyez, mon amy, que fi ne fuyuez en ceft endroit
mon

mon conseil, en nous cuydant aprester en quelque ayse & grand contentement, nous nous formaliserons contre le bien, auquel nous as-
pirons de si long temps. Madame, respondit il, ie ne pensay oncques
qu'à vous obeyr ny ne feray tant que viuray, estant certain que ie ne
pourroys pas viure autrement : mais pour Dieu ayez pitié de moy :
car si vous m'eslongnez ainsi sans que ie vous voye plus souuent, il est
impossible que la melancolie qui me suyt ne me maistrise de tout
point, & que ie ne meure en trop de langueur, ie ne dis pas que nous
vsions des priuautez, que de vostre grace vous me faisiez en la grand
Bretaigne deuant vn chacun : mais la nuict obscure pourra quelque
fois nous contenter tous deux par le moyen de ma cousine. Mon amy
dit Oriane, ie m'esbahy de vous qui ayant eu tant d'asseurance de l'a-
mytié que ie vous porte, semble que vous en doutez encores, estimez
vous que ie ne vousisse autant vostre ayse que vous mesmes ? Sur mon
Dieu ie n'ay plaisir que par le vostre, ny ayse qu'en vous voyant satisfait : mais considerez le tumulte auquel nous sommes, & que si nous
estions tant soit peu descouuers, ce seroit la ruyne de tous deux, tel à
maintenant l'œil sur nous pour regarder noz contenances, qui ne s'en
soucyoit lors que nous estions ensemble en la compagnie de la Royne, & sommes esclairez de si pres, que sans trop de danger ne pourrions faire ce que vous dites, & pourtant excusez moy ie vous en prie,
en vous contentant pour cest heure, que ie suis telle en vostre endroit
que ie vous ay promis & iuré. Madame, respondit Amadis, i'essayeray de faire tout ce qu'il vous plaira, & de me gaigner de tout poinct
pour vous complaire, combien que ie doute beaucoup que ie n'auray force pour de tant me forcer, si elle ne me vient par vostre faueur,
de laquelle il semble que vueillez m'estranger sans vous auoir offencé, ny en dit ny en pensée, & ie le prens sur la damnation de mon a-
me : ce disant les grosses larmes luy tumboient des yeux, quand O-
riane luy dit : Esloigner mon amy ? Dieu me doint la mort plustost,
ie cognois trop vostre loyauté, & n'en veux autre tesmoignage, que
celuy mesmes qui me rend ma propre conscience : par ainsi ie vous
prie ne me sçauoir mal gré de ce que ie vous dis : car la crainte que
i'ay de vous voir encores tant longuement absent de moy que vous
auez esté ces années passées me fait parler ce langaige. Et puis que
voulez que ie vous die d'auantage, face le Roy mon pere paix ou guerre auec vous, il ne me pourra faire en vostre endroit autre que ie suis,
& comme elle vouloit continuër son propoz, Mabile qui leur seruoit d'ombre aperceut que plusieurs auoient l'œil sur eulx, parquoy
elle leur dist : c'est assez pour vn coup, chacun vous regarde. Mon a-
my, dist Oriane, essuyez donc ces larmes, & demeurez auec vostre
cousine, laquelle vous fera entendre chose que vous ne sceustes oncques,

oncques , & dequoy vous aurez plaiſir comme ie croy , puis les laiſſa
enſemble & retourna ou eſtoient la Royne Sardamire & Brian . Lors
Mabile commença à luy reciter bien au long comme Eſplandian a-
uoit eſté né, & que ſans doute il eſtoit filz de luy & d'Oriane, meſmes
la ſorte qu'il fut perdu en la foreſt , ainſi que Durin & la Damoyſelle
de Dannemarc le portoient pour le faire nourrir, & finablement toutes les auentures qu'il auoit euës iuſques à eſtre mis au pouuoir de ſa
mere, comme vous auez peu entendre par le recit du troyſieſme liure,
dont Amadis fut ſi ayſe que rien plus, & reſpondit à Mabile: Croyez
ma couſine que ie m'en ſuis touſiours douté, car reuenant de Conſtantinople ie rencontray par fortune Angriote d'Eſtrauaux en la
Romanie , lequel me conta tout ce que vous me dites d'Eſplandian:
mais il ne ſçauoit de qui il eſtoit filz, neantmoins il me tumba au cueur
ſoudainement que ma dame Oriane & moy y auions enſemble bonne part , me ſouuenant de la lettre que ie receuz de vous par Gandales, eſtant encores en l'Iſle Ferme , par laquelle vous m'eſcriuiez que
ma lignée eſtoit augmentée, toutesfois ie ne pouuois preſumer la ſorte . Or maintenant i'en ſuis Dieu mercy & vous treſaſſeuré , & plus
content que ſi i'auois conquis la plus grand part de tout le môde , non
ſeulement pour eſtre pere d'Eſplandian , mais pour l'auoir engendré
en celle que noſtre ſeigneur a preferé à toute autre, ſoit en vertu,
beauté, ou bonne grace, & pour laquelle i'ay tant ſouffert, que ſi i'a-
uois moyen de vous exprimer partie ſeulement de l'ennuy qui m'a
acompagné durant l'abſence d'elle, vous me plaindriez encore plus
que vous ne faites : mais fortune m'en a tresbien recompenſé , me faiſant venir à temps pour la deliurer des mains de ſes ennemys , car s'il
fuſt auenu autrement , c'eſtoit la fin d'elle & de moy comme ie croy:
& maintenant ce qui me donne plus de peine , eſt la crainte que i'ay
qu'elle demeure malade par la continuëlle melancolie qu'elle prent,
ſe voyant hors de la preſence de la Royne ſa mere , & en la mauuaiſe
grace du Roy ſon pere : parquoy ie vous prie ma couſine la reconforter le mieux qu'il vous ſera poſsible, luy donnant eſperance que ces affaires ſe porteront bien auec l'ayde de Dieu, & de tant de bons Cheua
liers qui ſont icy aſſemblez, deliberez d'eſtre pluſtoſt taillez en pieces
que de ſouffrir qu'il luy ſoit fait tort ou iniure. Et à ceſte cauſe nous a-
uons conclud (premier que d'entreprendre la guerre) enuoyer vers le
Roy Liſuart, pour eſſayer par tous moyens de le r'apaiſer , & le ſup-
plier la receuoir à ſa bonne grace, rompant toutesfois l'alliance qu'il
a prinſe auec l'Empereur , autrement nous ſommes reſoluz de ne la
rendre iamais. Ce pendant nous auons depeſché embaſſadeurs de tou
tes pars, vers noz amys pour auoir ſecours d'eux , à fin que s'il reffuſe
les offres que nous luy preſentons , & qu'il ſe iette aux champs contre

D

nous

nous, nous ayons dequoy luy respondre . Mon cousin, dist Mabile, ie
feray tout ce que ie pourray pour vous , & ne tiendra à moy que ma
Dame Oriane ne preigne bien sa fortune , vous asseurant qu'elle nous
a donné tant de peine durant vostre absence (principalement quand
on luy parla de la marier auec l'Empereur) que vous seriez esbahy du
mal que luy ay veu souffrir : & pource que vous entendez assez qui en
estoit cause , & quelle part vous auez en elle , ie ne veux perdre temps
à le vous ramenteuoir, sufise vous que vous l'auez reduite en telle extremité d'amour, qu'il seroit impossible d'auantage : & pource qu'a
l'heure Quedragant & les autres se vouloient retirer , & desia il prenoient congé d'Oriane , Amadis & Mabile mirent fin à leurs propos.
Lors sortirent les Cheualiers de la chambre , & donnans le bon soir
aux Dames retournerent en leurs logis, ou nous les laisserons pour ceste heure , à fin de vous conter par qui le Roy Lisuart fut auerty de
la mort du prince Saluste Quide , & de la route des gens de l'Empereur.

Comme nouuelles vindrent au

Roy Lisuart de la deffaite des Romains, & de la prinse d'Oriane, dont il fut trop desplaisant.

Chapitre   VI.

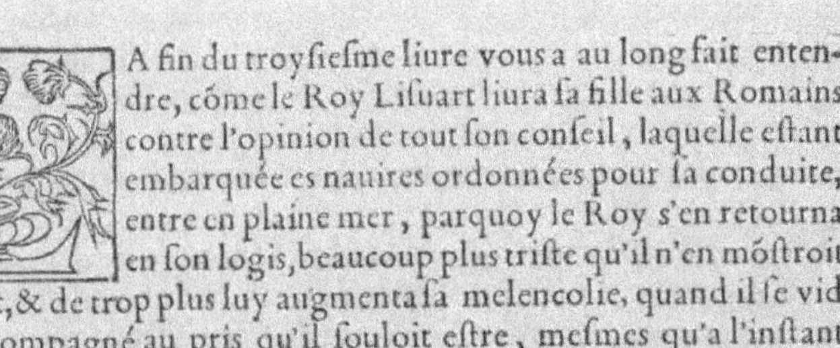

A fin du troysiesme liure vous a au long fait entendre, côme le Roy Lisuart liura sa fille aux Romains
contre l'opinion de tout son conseil , laquelle estant
embarquée es nauires ordonnées pour sa conduite,
entre en plaine mer , parquoy le Roy s'en retourna
en son logis, beaucoup plus triste qu'il n'en môstroit
semblant, & de trop plus luy augmenta sa melencolie, quand il se vid
si mal acompagné au pris qu'il souloit estre , mesmes qu'a l'instant
Brandoyuas le vint auertir que la Royne se trouuoit tresmal de l'ennuy & grande fascherie qu'elle se dônoit, au moyen dequoy il s'en alla vers elle, & ne trouuant plus sa fille, ne les autres Dames & Damoy
selles qui la souloient acôpagner, la tristesse qu'il portoit secretement,
commença à se manifester, tant que les larmes luy vindrent aux yeux:
& ainsi qu'il entroit en la chambre de la Royne, aussi tost qu'elle l'a-
uisa cheut du hault d'elle esuanouye : mais elle fut soudain secouruë,
& reuint incontinent à soy. Lors la print le Roy entre ses bras, & pour
la recon-

la reconforta, parla en ceste sorte: Ma dame, ie pensois que vostre vertu & prudence vous deussent exempter de ceste immodestie, specialement estant les choses (pour lesquelles vous tourmentez) conduites
à si bonne fin, que vostre fille se peult diré au iourd'huy l'vne des plus
grandes Princesses de toute l'Europe : pourtant ie vous prie faites
meilleure chere, & si ne la voulez faire pour l'amour de vous, faites la
au moins pour l'amour de moy, autrement vous me donnerez ocasion de me mescontenter plus que ie ne voudrois. La Royne entendit bien tout ce qu'il disoit, combien qu'elle n'en fit cas ne semblant,
ains souspiroit sans interualle, qui esmeut le Roy en telle pitié qu'il
ne se peut tenir de pleurer, & pour n'estre aperceu se retira seul à vn
iardin ou il se proumena longuement, & iusques à ce que le Roy
Arban y suruint, qui sans faire semblant d'auoir aperceu l'ennuy
du Roy, luy dist : Sire voz veneurs m'ont raporté qu'ilz ont trouué
en ceste forest prochaine le plus grand Cerf que vous vistes oncques,
vous plairoit il point demain en auoir le passetemps ? Ouy vrayement, respondit il. Et comme ilz en parloient arriuerent plusieurs
Cheualiers, lesquelz pour le diuertir de sa melencolie le mirent en
diuers propos, tant de la venerie que de fauconnerie, en sorte que
tout le reste du iour ne fut parlé d'autre chose. Mais le lendemain
ainsi qu'il vouloit monter à cheual, fortune qui ne se contentoit de
l'ennuy qu'elle luy auoit fait par le passé, apresta nouuelle ocasion
de plus grande tristesse : car aucuns Romains eschapez des prisons
de l'Isle Ferme, se presenterent à luy en tresmauuais equipage, lesquelz luy reciterent leur infortune, la prinse de sa fille, & la mort
du prince Saluste Quide. S'il fut lors esbahy ! vous le pouuez penser, toutesfois vsant de constance & d'vne merueilleuse prudence, se
monstra peu estonné, leur respondant comme si la chose ne luy eust
quasi touché que de loing : Mes amys il me desplaist de la mort du
prince Saluste, & du desplaisir que vous auez receu, & quand au tort
que m'ont fait ceux de l'Isle Ferme, ie suis coustumier de receuoir
(& donner aussi bien souuent) telz alarmes, & plus prompt encores
à m'en sçauoir venger, faites bonne chere & à mon retour i'auiseray
de vostre affaire. Lors apella l'vn de ses maistres d'hostel, & luy commanda les faire bien traiter. Ainsi s'en partit le Roy Lisuart, resuant
quasi tout le long du chemin, tant qu'il vint en la forest ou il seiourna
trois iours entiers, faisans mourir à force maintz grands Cerfz, puis
le quatriesme ensuyuant s'en retourna en la ville, & vint descendre
au logis de la Royne, portant visage plus ioyeux, se sembloit, qu'il
n'auoit fait depuis le partement de sa fille, & aussi tost qu'il fut entré
en sa chambre, manda que chacun se retirast. Lors s'assist en vne chaire tout ioignant d'elle, & luy dit: Ma dame, aux choses de peu de con-

D ii   sequence

sequence qui suruiennent par accident, les personnes ont quelque ocasion de monstrer passion , & melencolie, toutesfois ainsi qu'elle procede pour peu de cas , ainsi se doit elle oublier auecq' peu de remede : mais quand lon est offensé par quelqu'vn , non seulement en la
personne ou biens , ains à l'honneur propre , adonc il est raisonnable
d'en prendre melancolie , & d'essayer par tous moyens à y pouruoir,
de sorte que prenant vengeance de celuy qui fait l'offense , on donne
à cognoistre à chacun le desplaisir qu'on a receu pour la grauité du
cas, & cecy ne vous dis-ie sans cause , vous auez porté vn deuil trop a-
parent pour l'absence de vostre fille , suyuant le naturel des meres, &
neantmoins ie m'estimois heureux pour l'esperance que i'auois qu'il
se pourroit brieuement oublier : mais à la queuë c'est trouué le venin,
& tel, que ce qui en est suruenu me touche de tant pres que ie ne seray
iamais en repos, que ie n'en aye satisfaction, ainsi que ie la desire . Les
Romains qui conduisoient vostre fille ont esté deffaitz , le prince Saluste Quide occis , elle & tous les autres prins prisonniers par les
Cheualiers de l'Isle Ferme , lesquelz s'estiment heureux de telle victoire, ayant fait (ce leur semble) plus qu'autres ne firent oncques
en la grand' Bretaigne , & pour autant que la renommée en vollera
par tout le monde, il est bien requis maintenant que vous dissimuliez
vsant plus de prudence que de passion , ce faisant vous demourrez
grandement estimée, noz ennemys estonnez , & moy trescontent
de vous, esperant y pouruoir en sorte que vostre honneur & le mien
y sera entierement gardé . Entendu par la Royne ceste nouuelle , demeura toute pensiue sans dire mot, & comme elle fust l'vne des plus
sages & auisées femmes du monde , & autant aymant son mary , va
soudain estimer qu'il estoit trop plus necessaire de mettre paix entre le Roy & ceux de l'Isle Ferme , que d'aigrir d'auantage le mal talent qu'ilz auoient l'vn contre l'autre , peu apres luy respondit:
Monsieur vous auez prins ainsi qu'il vous a pleu le desplaisir que i'ay
porté pour la separation de vostre fille & de moy : mais quant à la faueur que luy ont monstré ceux de l'Isle Ferme, si vous considerez bien
le temps que vous estiez Cheualier errant comme eux , & ce que vous
eussiez fait lors en ce cas semblable, vous les tiendrez excusez en la
plus part de leur entreprinse . Pensez vous que ayans entendu les re-
gretz qu'elle faisoit, mesmes que le bruit commun estoit par tout le
païs, que maugré elle vous la mariez à l'Empereur, que celà ne les
ayt esmeuz à la secourir? veu qu'ilz n'ont chose plus recommandée
que l'ayde & secours des Dames & Damoyselles, desquelles ilz sont
requis, par plus forte raison doncques à vostre fille , qu'ilz cognois-
sent, & estiment de long temps, croyez monsieur qu'ilz n'ont du tout
le tort, & que vous cognoistrez à la fin que leur intention n'a esté de
vous

vous donner ennuy, preſumant, peult eſtre, que vous ayez eſté im-
portuné de faire ce mariage & maugré vous. I'entendz bien que ceſt,
reſpondit il, vous en eſtes comme ie croy bien ayſe : mais par Dieu ie
les en feray repentir : & ſe leuant de grand' collere ſortit de la chambre & entra en la ſienne, ou il trouua le Roy Arban, Grumedan &
Guilan le penſif, qui l'atendoient, auſquelz il recita tout le propoz
qu'il auoit eu auec la Royne, & la reſponſe qu'elle luy auoit faite, &
pource qu'ilz le veoyent trop marry diſſimulerét ſur l'heure ce qu'ilz
en penſoient, & l'adouciſſant petit à petit changerent de propoz :
mais il auint que le lendemain enſuyuant, ainſi que la Royne ſortoit
de la meſſe, Durin frere de la Damoyſelle de Dannemarc ſe preſenta à elle, lequel ſe mettant à genoux luy bailla vne lettre qu'Oriane
luy eſcriuoit, dont la teneur enſuyt.

Lettre enuoyée par Oriane e-

ſtant en l'Iſle Ferme à la Royne ſa mere.

Chapitre   VII.

MA dame, encores que vous ſoyez deſia auertie (com
me ie croy) de mon infortune telle qu'elle a eſté, ſi
m'a il ſemblé raiſonnable, vous faire part de mes
doleances, & pour le commencement de ceſte lettre vous ſuplier treshumblement conſiderer comme malheur m'a pourſuyuie apres m'auoir fait ban
nir de voz païs, de la preſence du Roy mon pere, & de la voſtre auſſi, choſe qui m'a eſté quaſi inſuportable : toutesfois non contente de
celà, i'ay eſté menée par telle tempeſte, qu'eſtant deffaitz les Romains qui nous conduiſoient, nous ſommes arriuez en l'Iſle Ferme,
auec ceux, qui ſçachant le tort que lon nous faiſoit, ont hazardé leurs
vies pour nous garder de paſſer outre, & pource que ie doute que telle choſe ne ſe pourra rapaiſer entre le Roy mon pere & eux, ſans gran
de effuſion de ſang, ſi vous ma Dame n'en prenez le ſoing, i'ay penſé enuoyer ce porteur vers vous, pour vous ſuplier en l'honneur de
Dieu, prendre compaſſion de voſtre fille trop deſolée, & faire tant
enuers le Roy, quelle retourne vers luy & en ſa bonne grace, ne l'ayant offencé, s'il n'a prins à deſplaiſir que ie luy aye trop obey : car en
celà ſeulement ie me tiens coulpable, & non autrement, & au demeurant pour vous auiſer comme ceux au pouuoir deſquelz moy & mes
femmes ſommes à preſent, enuoyent ambaſſadeurs vers luy, tant
D iij   pour ſça-

pour sçauoir cóme il aura prins le secours qu'ilz m'ont fait, que pour
le suplier auoir pitié de moy, ainsi que i'ay donné charge à Durin de
vous faire entendre premier qu'ilz soient arriuez, à quoy ma Dame
vous m'ayderez s'il vous plaist, & à mettre paix aussi à si grande guer
re ia commencée par le malheur, qui est en ceste:

Vostre treshumble & tresobeyssante
fille   *Oriane.*

Pres que la Royne eut bien leuë & releuë ceste lettre, non sans larmoyer, dit à Durin qu'elle parle-
roit au Roy, puis qu'elle luy donneroit responce,
& comme elle s'enqueroit à luy quel traictement
Oriane & les autres de sa compagnie auoient en l'I-
sle Ferme, le Roy suruint, lequel elle retira en son
cabinet, puis se ietant à ses piedz, pleurant tendrement commença à
luy dire: Helàs Sire, pour l'honneur de Dieu prenez compassion de
vostre fille, & lisez s'il vous plaist la lettre qu'elle m'escrit. Le Roy la
voyant ainsi espleurée la releua, & prenant la lettre leut le contenu
d'icelle, puis pour la contenter luy respondit: Ma Dame, les ambassadeurs seront icy de bref à ce qu'elle vous mande, ayez patience iusques à ce que ie les aye ouy parler: car ilz pourront vser de telle satisfaction enuers moy, que l'iniure que i'ay receuë par eux sera oubliée,
& aussi ilz me pourront dire chose, que ie consentiroys plustost à la
ruyne de moy & de mes estatz qu'a la paix, aymant trop mieux mou
rir en honneur pauure & desherité, que viure Roy puissant malheureux & pusillanime, souz couleur des larmes de vous & de vostre fille, pourtant ne m'en parlez plus, si ne voulez me fascher & la laissant
là sortit. Adoncques elle apella Durin, & luy dist: Durin mon a-
my retourne vers Oriane, & luy dis que que ie ne luy puis faire responce iusques à ce que les ambassadeurs qui doiuent arriuer soient
par deça, & qu'autrement le Roy ne sçauroit determiner de son affaire: mais asseure la que i'essayeray par tous moyens à faire ce qu'elle m'escrit, & que ie luy prie d'auoir tousiours deuant les yeux l'honneur d'elle, sans lequel ie luy desireroys la mort, se souuenant que la
personne prudente & sage est cogneuë en auersité, plus tost qu'en
temps prospere, & que d'autant que nostre seigneur la fait naistre
Princesse & fille de si grand Roy, il est bien raisonnable que la vertu luy soit plus familiere quelle ne seroit à vne de plus basse condition, quelque auersité que luy puisse auenir, remettant le surplus de
son af-

ſon affaire à Dieu, qui ie ſuplie humblement eſtre en ſa garde, & la
nous ramener bien toſt par deça. Durin ainſi depeſché de la Royne
print le chemin de l'Iſle Ferme, & quelques iours apres ſon partement, ainſi que le Roy Liſuart ſe vouloit mettre à table pour diſner,
entra en la ſalle vn Eſcuyer, lequel luy bailla vne lettre de creance
qu'il leut, puis luy demanda à qui il eſtoit. Sire reſpondit l'Eſcuyer,
ie ſuis à Quedragant d'Irlande, qui m'enuoye vers vous pour l'affaire que vous entendrez, s'il vous plaiſt de meſcouter. Ouy vrayement
mon amy, dis ce qu'il te plaira. Sire, reſpondit l'Eſcuyer, mon maiſtre & Brian de Moniaſte ſont arriuez de l'Iſle Ferme en voz païs,
pour vous dire quelque choſe de la part d'Amadis de Gaule, & autres Cheualiers qui ſont en ſa compagnie: mais premier que paſſer
outre, n'entrer en voſtre court, ilz ont bien voulu vous en auertir, à
ce que s'il vous plaiſt entendre que ceſt, qu'ilz le vous puiſſent dire en
toute ſeureté, autrement ilz ſont deliberez de le publier par tous les
endroitz de voz païs, & autres côtrées eſtranges auant que de retourner vers ceux qui les ont chargez de ce faire: pourtant Sire, auiſez à
leur mander ſur ce voſtre vouloir. Or penſoit bien le Roy à quoy ilz
tendoient, & à ceſte cauſe il euſt volontiers differé à leur permettre
entrer plus auant dans ſes païs, ce qu'il ne pouuoit faire ſans eſtre blaſmé conſiderant que tous ambaſſadeurs doiuent eſtre en ſeureté, comme choſe ſacrée & inuiolable, & que le Prince qui leur meſſait eſt indigne du nom qu'il porte, parquoy reſpondit gracieuſement à l'Eſcuyer: Mon amy vous direz à ceux qui vous ont enuoyez vers moy,
qu'ilz peuuent venir en ma court ſeurement, & que volontiers i'enten
dray d'eux ce qu'ilz ont à me dire. L'eſcuyer ayant ceſte reſponce retourna ſoudain vers ſon maiſtre, lequel & Brian de Moniaſte auertis
de ceſte reſponce ſe deſembarquerent auſſi toſt, & cheminerent tant
qu'ilz arriuerent le tiers iour enſuyuant à la court du roy Liſuart, auquel ilz ſe preſenterent ainſi qu'il ſortoit de diſner. Or les cogneut il
aſſez toſt, côme ceux qu'il auoit veuz maintesfois, parquoy il les receut fort gracieuſement. Adonc chacun s'aprocha pour entendre leur
ambaſſade, quand Quedragant ayant vn genoil à terre commença à
luy dire: Sire, ceſt vne vertu treslouable & digne de recommadation
entre les Roys & Princes, d'entendre par grand patience ce que les
ambaſſadeurs des eſtrágers ont charge de leur declairer, oſtans d'entour eux toute paſſion, à ce que ſi l'ambaſſade qui leur eſt faite les
contente, ilz en reçoiuent plus de ioye, & ſoient les Ambaſſadeurs
mieux recueilliz & fauoriſez, & au contraire s'ilz leur dient choſe
qui leur deſplaiſe, que ce nonobſtant ilz ſachent diſſimuler leur colere, & leur donner reſponce gracieuſe, pour le reſpeƈt de l'eſtat auquel ilz ſont apellez. Sire, ie vous ſuplie me pardonner ſi i'ay vſé
D iiii   de telle

de telle remonftrance enuers vous, vous iurant fur mon Dieu que ie
ne l'ay fait pour doute que nous ayons eu de l'affeurance qu'il vous à
pleu nous donner : mais pour louër grandement la vertu de fi bon
Prince, qui tant liberement nous a octroyé l'entrée de fes païs. Or Sire l'ocafion de noftre venuë, vers voftre maiefté eft par le commandement du meilleur Cheualier que lon cognoiffe, Amadis de Gaule,
& generalemét de la part de tous ceux qui font auec luy en l'Ifle Ferme, lefquelz vous mandent par nous, que trauerfans païs & contrées
eftranges, cherchant auentures ainfi que les autres Cheualiers errans
font couftumiers de faire, fpecialement pour fecourir les foybles que
lon veult outrager fans raifon. Ilz ont efté auertiz par plufieurs que
vous, Sire fuyuant plus toft vne volonté legere & defordonnée, que
la iuftice & equité, auez voulu (fans croire le confeil de nul des voftres) desheriter au plus grand tort du monde ma Dame voftre fille,
la donnant pour femme outre fon gré à l'Empereur Patin, & de fait
ne prenant compaffion d'elle ny de fes larmes & pleurs, & moins regardans la fin de telle entreprinfe & mefcontentement de voz fuietz,
l'auez par violence liurée à ceux qui la vous ont demandée, & pource que telles voyes de fait & iniuftes, ne font defplaifantes à Dieu
feul, ains à tous ceux qui en oyent parler, il a permis que nous y mif-
fions remede, & que les Romains qui la conduifoient auec fes Dames & Damoyfelles vinffent en noz mains, lefquelz fe mettans en
deffenfe contre nous ont efté deffaitz, les vns occis, & les autres prifonniers, & quant à elles ie vous auife, Sire, qu'elles font de prefent
en l'Ifle Ferme, auec bonne & groffe troupe de Cheualiers, deliberez de leur porter tout l'honneur qu'il leur fera poffible : car leur intention ne fut oncques ne pour vous fafcher, ny elles aufsi: mais pour
maintenir l'equité, & les garder de force & violence, ainfi que vous
mefmes leur fiftes iurer quelque fois à Vindilifore, & pourtant ilz
vous fuplient, que preferant vertu & raifon à toute paffion, il vous
plaife reprendre ma Dame Oriane voftre fille, & la traicter d'oref-
nauant non comme eftrangere : mais ainfi que pere doit fon enfant,
fans l'eflongner ainfi de vous, ne des païs, defquelz fi Dieu plaift elle fera Dame & Royne apres vous, & fi vous fentez iniurié, ne voulant obtemperer à leur requefte, ilz vous prient que pour eux vous
ne luy defnyez voftre bonne grace : mais qu'en regnant en voftre
court, comme elle fouloit eftre, vous effayez puis apres fi bon vous
femble, à prendre telle vengeance d'eux que vous pourrez, vous affeurant Sire, qu'ilz font deliberez fi vous les affaillez d'eux bien deffendre, pourtant auifez, s'il vous plaift, à nous faire refponce : car
vous auez en voz mains ou la paix ou la guerre. Meffieurs, refpondit
le Roy, pource que la vertu acompaigne peu fouuent ny les temc-

raires

raires harangues, ny les audacieuſes reſponſes, & que l'vne ne l'autre
ne ſont ſuffiſantes pour animer les cueurs puſillanimes, ie ne vous
tiendray long propos : mais vſant plus de patience que ie ne deürois
enuers vous, il me ſuffira vous declarer que ie ſçay tresbien que l'entreprinſe qui a eſté faite par ceux de l'Iſle Ferme a plus eſté executée
par preſumption, que par la magnanimité de courage (quelque choſe que vous ayez dit maintenant) tellement que d'autant que vous e-
ſtimez y auoir aquis honneur, toute perſonne de bon iugement vous
en doit donner blaſme & vitupere : car ce n'eſt pas choſe difficile de
mettre en route ou deffaire ceux qui paſſent leur chemin ſans ſoup-
çon ne crainte, ſpecialement lors qu'ilz penſent eſtre entre leurs amys :
& quant à la remonſtrance que vous auez icy propoſée, tendant à fin
de r'apeller ma fille Oriane ſans plus l'eſloigner de moy, ce n'eſt à
vous à qui ie dois rendre conte de ce que ie fais, mais à Dieu ſeul qui
m'a (apres luy) conſtitué ſauuerain en ce païs, pour le gouuernement
d'iceluy & du peuple qui y habite : parquoy ie ne ſuis deliberé d'entrer en nul traité de paix auec eux, iuſques à ce qu'ilz m'ayent fait re-
partion de l'iniure que i'ay receuë, lors i'auiſeray à ce qu'ilz me prient
& non pluſtoſt. Sire, dit Brian, nous n'auons pas charge auſſi de ſçauoir de vous plus auant, quant au ſurplus face chacun ce que bon luy
ſemblera : car Dieu ſçait l'ocaſion qui nous fit entreprendre ce que
nous auons fait pour ma Dame voſtre fille, & ſur ce point il vous plaira nous donner congé. Allez à Dieu, reſpondit le Roy. Ainſi furent
ces Embaſſadeurs depeſchez, que Grumedan conduit hors la ville
enuiron vne lieuë, lequel leur diſoit en cheminant : Par mon Dieu, mes
bons ſeigneurs, ie ſuis fort deſplaiſant de ceſte nouuelle faſcherie, i'a-
uois touſiours eſperance de vous reuoir encores quelque iour autant
bien venuz à la court que vous fuſtes oncques : mais ie m'aſſeure bien
maintenant que la paix eſperée arriuera bien tard, ſans l'ayde de noſtre ſeigneur, cognoiſſant le cueur d'Amadis, lequel ie n'euſſe iamais
penſé eſtre en l'IſleFerme, car nous auons eu nouuelles qu'il eſtoit perdu paſſé à quatre ans, & m'esbahys comme il s'eſt trouué tant à propos au ſecours de ma Dame Oriane. Seigneur Grumedan, reſpondit
Brian, le Roy (peult eſtre) cognoiſtra auec le temps quelz nous ſommes & dequoy nous luy ſeruions, & s'il entreprend rien ſur nous il
verra que l'yſſue en ſera trop plus aigre que n'en a eſté l'entrée. Quant
à Amadis, vous le peuſtes voir n'agueres en ceſte court, lors qu'il con-
quiſt la coronne ſur les Romains, qui ſouſtenoient contre luy la beauté des filles de la grand' Bretaigne plus excellente que celle de la Dame qu'il y emmena. Sainte marie, diſt Grumedan, que me dites vous,
eſt il poſſible que le Cheualier grec fuſt Amadis ? Croyez le, reſpondit Brian, c'eſtoit il ſans autre. Par mon ame, diſt Grumedan, ie cognois

gnois bien que ie suis homme de pauure iugement, veu que ie me
pouuois asseurer qu'il eust esté difficile qu'autre eust peu faire ce qu'il
faisoit, & ne sçay ou i'auois les yeux & l'entendement : mais beau sire
puis que desia vous auez tant fait pour moy, ie vous prie encores me
dire qui estoient ceux qui m'ayderent au combat que i'eu le iour mesmes ? Qui ? respondit Brian, en se souzriant, deux de voz plus grands
amys, Angriote d'Estrauaux, & Brunco de bonne Mer. Si ie les eusse cogneuz, dit il, ie vous asseure que i'eusse tins la victoire plus certaine que ie ne faisoys, & suis content de confesser maintenant que l'honneur leur en est iustement deu, & non à moy. Si vous cognois-ie tant
respondit Quedragant, que vous leur eussiez donné beaucoup d'affaires. Tout tel que ie suis, dist il, croyez que ie seray toute ma vie, a-
my & seruiteur d'Amadis, & de vous tous aussi, mon honneur sauue,
& ainsi deuisans rencontrerent Esplandian qui retournoit de la vol-
lerie, auec Ambor filz d'Angriote d'Estrauaux, lequel portoit vn es-
preuier sur le poin, & aprochant deuant eux, Brian de Moniaste demanda qu'il estoit. C'est, respondit Grumedan, le damoysel Esplandian duquel la sage Vrgande a tant predit de merueilles. I'en ay ouy
parler quelque fois, dit Brian, ie vous prie, beau sire, arrestez le que
nous le voyons à nostre ayse, ce que fit Grumedan : car ainsi qu'il pas-
soit deuant eux il l'apella, luy disant : Comment Damoysel, voicy les
compagnons du Cheualier Grec qui à vostre requeste pardonna aux
Cheualiers de l'Empereur : au moins mandez luy par eux de voz nouuelles. Monsieur, respondit il, ilz me pardonneront s'il leur plaist, ie
ne les cognoissoys : mais pour l'amour du bon Cheualier ie veudrois
bien auoir moyen de leur faire seruice, & s'il leur plaisoit luy baiser
les mains de ma part, ilz m'obligeroient toute ma vie à eux. Vrayement mon mignon, dist Brian, ie prends sur moy ceste charge, & la feray de bien bon cueur, encores qu'il ayt changé de nom depuis que ne
le vistes, & s'apelle maintenant Amadis de Gaule. Amadis de Gaule?
respondit Esplandian, ie ne l'eusse iamais pensé : car i'auois ouy dire
qu'il estoit mort, dont i'estois fort desplaisant, pour tant de prouësses
que lon disoit estre en luy. C'est il sans doute, dit Quedragant. Ie vous
asseure, respondit Esplandian, que ie ne seroys si marry de la perte de
mon oyseau (que i'ayme tant) que ie suis ioyeux de sçauoir ce que
vous me dites, pource que si ie puis iamais estre grand, ie prieray tant
la royne qu'elle me donnera congé d'aller auec luy pour estre puis a-
pres Cheualier de sa main, s'il luy plaist me faire tant d'honneur Mon
enfant, dit Brian, Dieu vous en doint la grace, & sur l'heure prindrent
congé l'vn de l'autre, Brian & Quedragant suyuirent le chemin de
l'Isle Ferme, & Grumedan & Esplandian s'en retournerent vers la
ville.

Comme

Comme le Roy Lisuart tint

*conseil sur ce qu'il auoit affaire contre les Cheualiers de l'Isle
Ferme, & de la resolution qui fut prinse.*

Chapitre   VIII.

Pres que Quedragant & Brian furent partiz de la
court, le roy Lisuart se trouua merueilleusement en-
nuyé, voyant qu'il entroit de plus en plus en affaires
& à ceste cause delibera tenir le lendemain conseil,
auquel il apella seulement le roy Arban de Norgales, Grumedan & Guilan le Pensif, lesquelz estans
assemblez leur cómença à dire:Mes amys,vous sçauez l'iniure que i'ay
receuë par les Cheualiers de l'Isle Ferme, & le tort que ie serois le laissant impuny:toutesfois pour ne me desuoyer du chemin que les princes doiuét suyure,qui est ne rien faire sans meure deliberation de conseil,i'ay bienvoulu entédre de vous la forme que ie dois prendre pour
me venger, en sorte que d'oresenauant ilz soient exemple à ceux qui
voudront faire semblables entreprises contre moy , pource que vous
pouez assez entendre combien le differer en telz actes est domma-
geable, & la consequence en quoy il pourroit tourner : pourtant ie
vous prie auisons ensemble à y dóner remede, & que chacun de vous

m'en die

m'en die librement ce que bon luy en semblera. Premier, respondit le Roy Arban de Norgales : Sire puis que vous estes resolu de faire guerre contre Amadis, & ceux de sa ligue, & que n'auez trouué bon l'offre qu'ilz vous ont faite, il faut auiser à la conduire en sorte que la gloire vous puisse demeurer : car encores que lon tienne pour certain la victoire estre es mains de Dieu, qui la donne, ou, quand & à qui il luy plaist, & communément selon le merite des personnes, si ne fault il laisser de pouruoir diligemment à tout ce qu'il est requis, auant que de l'entreprendre, & sans mespriser vostre ennemy, l'estimer suffisant pour vous donner beaucoup de peine si la fortune le fauorise, veu que bien souuent (pour trop se confier ou en son droit ou en ses forces) il en auient la ruine & totalle destruction de celuy qui pensoit (par trop grande presumption) la victoire certaine luy estre deuë : & toutesfois si bien vous considerez à qui vous auez affaire, il me semble qu'vne paix auantageuse pour vous, vous seroit autant honorable qu'vne guerre hazardeuse, & qui peult tourner en grande consequence. Vous cognoissez Amadis & les autres, desquelz il est suporté, tous bons Cheualiers & gens de grand cueur, tous alliez de Roys & puissans Princes, qui ne luy faudront pour mourir, & d'autre part vous sçauez que la plus part de voz suietz n'ont iamais trouué bonne la deliberation que vous prinstes, quasi de vous mesmes sur le mariage de ma dame vostre fille à l'Empereur, dont s'esmeut au iourd'huy ceste guerre. Et par ainsi vous pouez tenir seur que quelque mine qu'ilz en facent, ilz seroient quasi contens que vous eussiez du pire, pour n'auoir suiuy leur fantasie, combien que ie ne fais doute que nul d'eux ne vous serue en toute loyauté. Vous dites vray, dist le Roy, mais nous ne sommes sur ces termes : ie ne vous demande conseil si ie dois entrer à la paix ou à la guerre, ie veux seulement sçauoir de vous par quel moyen ie me pourray venger. Sire, respondit il, par le premier propos que i'auois commencé vous le pouez aisément cognoistre, faites assembler voz forces, & enuoyez vers voz amys, pour auoir secours d'eux, specialement à l'Empereur de Rome, à qui le fait de ceste vengeance touche autant ou plus qu'à vous, puis estant vostre armée preste, marchez sans seiourner droit côtre ceux que vous deliberez assaillir : mais auant que de ce faire, il sera bon ce me semble que vous trouuez moyen de rapeller aucuns qui se sont eslongnez de vostre seruice, les vns par mescontentement, & les autres par fascherie, à fin que s'ilz ne vous veulent ayder, qu'ilz ne se deliberent à vous nuyre, & qu'estant hors de voz païs ilz ne facent quelque entreprise ou monopole contre vous, s'il auenoit que fortune vous fust contraire : car bien souuent ce qui est dissimulé par force & longue espace de temps, ce manifeste lors que la puissance de celuy, contre

lequel

lequel on conspiroit est diminuée: parquoy, Sire, c'est l'vn des principaux pointz, à quoy vous auez de paruenir. Vrayement, dit le Roy,
ie cognois que vous parlez veritablement, & le feray si ie puis . Sire,
dit Grumedan, Amadis a esté par cy deuant tant bien voulu en vostre
court, qu'il n'estoit possible d'auantage, que pleust à Dieu que les
meschans qui sont cause de son eslongnement fussent mors auant que
auoir esté nez, & combien que ie sois grandement son amy, si ne luy
seray ie rien enuers vous qu'ennemy, tant que serez le sien : parquoy
suyuant l'auis que vous a donné le Roy Arban il sera bon qu'entre
autre chose vous reconsilliez a vous, ceux qui ballancent de sa part,
gaignant petit à petit leurs cueurs, & voluntez, ce que pourrez faire
aisément, en leur donnant bon visage & gracieuse parolle : puis ayant
le secours de Rome, & d'autres voz alliez, comme des Roys d'Yrlande & de Suese, ie croy que facilement vous pourrez executer vostre intention, ainsi que l'auez deliberé . Ouy, mais, respondit Guilan, il fault donc premier que rien entreprendre sçauoir si lon finera
de ceux que vous dites . Estes vous certain que l'Empereur s'en vueille mesler, luy qui est estimé homme de peu de foy, & mal voulu le
possible des siens ? Sçauez vous bien que le Roy de Suese fera ce que
vous dites ? s'il plaist au Roy on enuoyra vers eux en diligence em-
bassades pour les supplier de le fauoriser en cecy, leur remonstrant
qu'il leur en pend autant en l'œil, & que si vne fois la vengeance en est
faite, que cela pourra desmouuoir beaucoup d'autres de faire le semblable enuers eux . Encores est ce tresbien auisé, dit le Roy, & pource que vous seigneur Guilan, entendez cest affaire, ie vous prie prendre la charge d'aller vers l'Empereur, car ie ne sçache Cheualier plus
propre pour le gaigner que vous . Sire, respondit il, ie ne fuz oncques
né que pour vous faire seruice quand il vous plaira me commander.
Or vous tenez doncques prest, dit le Roy, demain ie vous depesche-
ray auec lettres de creance seulement, & le reste ie le vous declareray
de bouche . Lors sortirent du conseil, & se retira chacun en son logis
iusques au lendemain matin que le Roy enuoya querir Guilan, auquel
il dit: Guilan, suyuant ce que nous conclusmes hyer vous irez vers
l'Empereur en la meilleure diligence qu'il vous sera possible, auquel
vous ferez entendre comme les choses se sont passées, ayant liuré ma
fille es mains de ses embassadeurs, laquelle a esté depuis prinse & en-
leuée par force en l'Isle Ferme, ses gens tous mors ou prisonniers, à
quoy il doit auoir esgard, redundant ceste iniure autant ou plus à luy
qu'à moy:mais que s'il veult m'ayder & dresser quelque grosse armée
pour en entreprendre la vengeance, que de ma part ie n'y espargne-
ray chose qui soit en ma puissance, & si voyez qu'il y vueille entendre
trouuez façon de le faire diligenter le plustost qu'il sera possible, à fin

E   de ne

de ne donner loyſir à noz ennemys d'eux fortifier comme ie ſuis ſeur
qu'ilz penſent. Sire, reſpondit Guilan, Dieu me doint grace de bien
acomplir voſtre vouloir en celà & tout autre choſe ou il vous plaira
m'employer. Mon amy, dit le Roy, voylà la lettre que ie luy eſcris,
s'il eſt poſsible partez demain de grand matin, & ie vous feray liurer
l'vn de mes nauires que vous trouuerez preſt. Sire, reſpondit Guilan, il n'y aura nulle faute, & prenant congé de luy s'en alla donner
ordre à ſes affaires, puis s'embarqua, & le iour meſmes fut auſsi depeſché Brandoyuas pour aller vers Galuanes, en l'Iſle de Mongaze,
& de là en Yrlande, dire au roy Cildadan qu'il euſt à emmener les
gens qu'il eſtoit tenu fournir en tel cas, & finablement Filiſpmel vers
Gaſquilan Roy de Sueſe, qui eſtoit autresfois venu en la grand' Bretaigne pour s'eſprouuer contre Amadis, & luy mãdoit le Roy Liſuart
que s'il eſtoit encores en ceſte volunté, qu'il auroit mieux le moyen
que iamais, eſtant la guerre entrepriſe contre luy, laquelle en peu de
iours fut tant diuulguée, que les nouuelles en vindrent iuſques à Arcalaüs l'Enchanteur, dont il receut treſgrand plaiſir, tendant par ce
moyen à la ruïne du Roy Liſuart, & d'Amadis, pour à quoy paruenir
ſe retira incontinent vers le Roy Arauigne, lequel ſçachant ſon arriuée luy fit vn bien bon recueil, preſumant bien qu'il n'eſtoit venu en
ſes païs ſans grande ocaſion, & eſtans enſemble, luy dit Arcalaüs: Sire, ces iours paſſez i'ay ſceu certainement que le Roy Liſuart & Amadis de Gaule (les deux plus grands ennemys que vous pouez auoir)
ſont en telle querelle, que ſans eſperer d'auoir iamais paix enſemble,
ilz font amas de gens, pour ſe donner la bataille, de laquelle il ne
peult ſortir que la finale deſtruction de l'vn ou de l'autre, & peult e-
ſtre de tous deux enſemble. Et pource que l'ocaſion vous apelle maintenant, tant à vous venger de la perte que vous auez faite contre
eux par le paſſé, qu'auſsi pour eſtendre voz limites, en vous faiſant
Roy paiſible de la grand' Bretaigne, il me ſemble que vous ne deuez plus differer d'aſſembler voz gens, & ſemondre tous voz amys, à
ce que durant l'empeſchement des autres, vous puiſsiez facilement
entrer dedans leurs païs, par l'endroit plus eſlongné de leurs ſecours:
& s'il auient qu'ilz ſe rencontrent & combatent, il faudra ſans donner loyſir au vaincueur de refraiſchir ſes gens, le ſurprendre, & luy
donner ſi rude bataille que nul d'eux n'en puiſſe eſchaper: & entendez, Sire, que l'ocaſion de leur inimytié procede pource que le
Roy Liſuart enuoyoit à Rome ſa fille aiſnée, l'ayant donnée pour
femme à l'Empereur: mais Amadis de Gaule, l'vn de ceux qui ſe
faiſoit nommer à la bataille que nous perdiſmes dernierement, le
Cheualier des ſerpens (qui auoit, s'il vous en peult ſouuenir l'armet
doré) auecq' gros nombre d'autres, ont rencontré ſur mer les Romains,

mains, qu'ilz ont aſſailliz, & finablement deffaitz, & mis à mort le
prince Saluſte Quide proche parent de l'Empereur, les autres prins
priſonniers, auec les Dames & Damoyſelles qu'ilz ont menées en l'Iſle
Ferme, ou ilz les tiennent encores : toutesfois ie ne vous ſçaurois
bonnement declairer la cauſe qui les a meuz de cómencer ceſte guerre : mais ie ſuis ſeur que le roy Liſuart pour venger ſon iniure, fait la
plus groſſe armée qu'il peult, & auſſi qu'Amadis à enuoyé de toutes
pars pour amaſſer gens, & ſe deffendre s'il eſt aſſailly. Et pourtant, Sire durant ce trouble vous aurez moyen (ſi vous voulez) de leur donner à tous deux la plus grand trouſſe du monde, les ſurprenans ainſi
que ie vous ay dit : Et afin que vous cognoiſſez à veuë d'œil voſtre victoire certaine, ie feray tant, que Barſinan ſeigneur de Sanſuegue filz
de celuy que le Roy fiſt bruſler à Londres, & ſemblablement tous
ceux du linage de Dardan le ſuperbe qu'Amadis deffit à Vindiliſore,
viendront à voſtre ayde, auec le Roy de la profonde Iſle : par ainſi e-
ſtant auec ſi gros nombre de bons Cheualiers, il ne fault douter, que
vous ne parueniez à voſtre intention. Mon grand amy Arcalaüs, reſpondit Arauigne, vous me dites de grandes choſes, & combien que
i'euſſe deliberé de ne tempter plus la fortune, m'ayant monſtré ſi peu
de faueur par le paſſé, ſi ſeroit ce grand folie (ce me ſemble) de laiſſer
les choſes qui s'offrent par tant de moyés à augmenter mon honneur
& grand proffit : car ſi en tel cas les entrepriſes guydées par raiſon
preignent l'yſſue que lon deſire, on reçoit le fruit de ſon labeur, tel
qu'on le merite. Et s'il auient autrement, pour le moins on execute
ce en quoy vertu oblige les perſonnes pour maintenir leur authorité :
leſquelles ne doiuent tant eſtimer les infortunes paſſées, que quand
l'heur ſe preſente, ilz different à le receuoir, ſans perdre le cueur &
demeurer tout le reſte de leurs vies timides, recreuz & puſillanimes :
puis doncques que ie ſuis en ces termes ie vous croiray, vous priant ce
pendant que ie dreſſeray mon armée, donner ordre au ſurplus, & aller vers Barſinan & les autres pour les faire ioindre auec nous. Ayant
Arcalaüs entendu ceſte reſolution fit peu de ſeiour auec le Roy Arauigne, & prenant congé de luy, chemina tant qu'il arriua au païs de
Sanſuegue, ou il trouua Barſinan, auquel il recita tout ce qu'auez entendu, luy mettant deuant les yeux l'execrable iniure que le roy Liſuart auoit faite à ſon pere, le faiſant bruſler vif au pied d'vne tour, du
hault de laquelle depuis il fit ietter auſſi ſon frere Gandandel, que
Guillan le penſif auoit prins priſonnier : & croyez, diſoit il, que ſans
c'eſt Amadis de Gaule, Barſinan voſtre pere eſtoit Roy paiſible de la
grand Bretaigne : mais ce meſchant ſuruint, lequel apres auoir re-
cours de mes mains Oriane, fut cauſe de rompre mon entrepriſe. Or
auez vous maintenant le temps propre pour vous venger, pourtant ſi

E ii   ne vous

voulez monstrer lasche & malheureux, ne differez pour rien, veu
mesmement que le Roy Arauigne est prest d'y entendre. Facilement
acorda Barsinan tout ce que l'autre luy demandoit, & promist se ieter aux champs, aussi tost qu'il en seroit besoing : parquoy se retira
Arcalaüs vers le Roy de la profonde Isle, & luy fit semblables remonstrances qu'auez entenduës, puis ayant obtenu ce qu'il desiroit,
s'en retourna chez soy, & trauersant païs, auertit tous les parens d'Ardan le superbe d'eux tenir prestz pour partir quand ilz seroient mandez : mais à present nostre hystoire s'en taira, & retournerons aux
fortunes qu'eurent Quedragant & Brian embarquez pour aller en
l'Isle Ferme.

Comme Quedragant & Brian

*estans en haulte mer, furent ietez par la tempeste si loing de leur
chemin, qu'ayans perdu toute cognoissance de terre, rencontrerent casuellement la Royne Briolanie,
& de ce qu'il leur auint.*

Chapite   IX.

Apres

Pres que Quedragant & Brian furent embarquez, singlerent en plaine mer pour tirer droit en l'Ifle Ferme: mais aufsi toft s'efleua vne telle tempefte & vn fi grand orage, que le plus affeuré d'eux ne faifoit plus d'eftime de refchaper, voyant les anteines & cordages de leur nauire rompre & brifer, auec telle impetuofité de ventz contraires, que fans gouuernail ny aucune efperance de falut, ilz l'habandonnerent à la mifericorde de Dieu & des vagues, & tant leur courut fortune, que la nuyt les furprint fi obfcure & plaine de tonnerres & efclairs, qu'ilz n'euffent fceu voir l'vn l'autre iufques enuiron l'aube du iour, que l'orage s'apaifa, & petit à petit la mer fe rendit calme. Lors cogneurent eftre fort efloignez de leur chemin: car ilz defcouurirent la cofte du royaume de Sobradife: & ainfi qu'ilz fe vouloient radreffer aperceurent vne grande nau furgir, laquelle ilz delibererent aborder pour fçauoir qui eftoit dedans. Et aprochans plus pres virent fur le tillac plufieurs Dames & Damoyfelles & quelques Cheualiers qui f'esbatoient enfemble, parquoy auant que paffer outre firent ieter en mer vne fregate, commandant à l'vn de leurs Efcuyers aller defcouurir qu'ilz eftoient, & ou ilz tiroient. L'efcuyer fit diligence, lequel abordant le vaiffeau falua humblement ceux qu'il auifa, leur difant: Seigneurs ceux de ce nauire vous prient par courtoyfie leur dire qui vous eftes, & ou vous allez. Mon amy, refpondit l'vn d'eux, dites leur qu'icy eft la royne de Sobradife, laquelle voudroit bien eftre en l'Ifle Ferme. Ces nouuelles, dit l'Efcuyer, ferôt agreables à deux Cheualiers qui m'ont enuoyé vers vous: car ilz tiennent ce mefme chemin. Efcuyer mon amy, refpondit la Royne, dites nous doncques, s'il vous plaift, leurs noms. Madame, dit il, celà ne puis ie faire, m'eftât deffendu: tant y a qu'ilz s'eftoient embarquez en la grâd Bretaigne pour retourner au palays d'Apolidon, ou ilz fuffent defia, fi fortune ne les euft ainfi deftournez: mais ie fuis certain que l'ayfe qu'ilz auront de vous auoir rencontrée leur fera oublier partie du mal qu'ilz ont receu, pourtant ie m'en vois à eux, leur raporter ce que i'ay trouué de vous. Ce difant tourna court vers le nauire dont il eftoit party, & recita à Quedragant & Brian tout ce qu'auez entendu, dequoy ilz furent merueilleufement ayfes, & s'aprochans ioingnirent le vaiffeau ou eftoit la Royne, laquelle ilz faluerent. Or les auoit elles veuz maintesfois à Londres & ailleurs, parquoy elle les recogneut, & pria tant, qu'ilz fortirent de leur nauire & entrerent au fien. Adonc les embraffa & fit tresbon recueil, leur difant: Sur mon Dieu mes bons feigneurs (apres Amadis de Gaule, auquel i'ay tant d'obligation) il euft efté mal ayfé que i'euffe peu faire meilleure rencontre que la voftre: mais ie vous prie comtez moy,

E iii   quelle

quelle fortune vous a ietez par deça : car Tantiles mon maistre d'hostel m'auoit asseurée, qu'il vous auoit veu faire voyle en la grand Bretaigne pour les affaires de la princesse Oriane. Madame, respondit
Quedragant, Tantiles vous à dit verité, & auons esté vers le Roy Lisuart, pour essayer à mettre paix entre luy & noz compagnons, qui
sont en l'Isle Ferme : toutesfoys il n'y a eu ordre, & à ce que ie voy
nous sommes bien auant aux termes de la guerre. Puis luy recita les
propoz que luy auoit tenuz le roy Lisuart, & la sorte qu'ilz s'estoient
partiz de luy : mais nous ne fusmes, dist il, quasi rentrez en mer que
la tempeste nous surprint, si merueilleuse que nous pensions tous e-
stre submergez, laquelle nous a poulsé maugré nous iusques en ce
lieu, ainsi que vous voyez. En bonne foy, respondit elle, nous en a-
uons bien eu nostre part, & craignois fort que nostre vaisseau s'ou-
urist, veu les heurs qu'il a endurez : & entendez qu'il y a desia deux
iours entiers que ie suis partie de Sobradise expressement pour aller
trouuer Amadis, & voir madame Oriane, & les autres qui sont auec
elle, & pensois bien faire plus grande diligence, craignant que desia le
roy Lisuart les eust renuoyez querir, estimant qu'il ne refuseroit les
honnestes offres que vous luy auez faites : mais à ce que ie voy il s'ou-
blie grandement, dont ie m'esbahys, & semble qu'il s'ennuye de sa
fortune, voulant commencer si promptement la guerre contre ceux
desquelz il a receu tant de seruices, dont il se pourra repentir tout à
loysir : car Amadis trouuera tant d'amys à son commandement, que
(peult estre) le roy Lisuart se verra deceu de son entreprinse. Quant à
moy, i'ay pour ceste cause laissé Tantiles derriere, auec charge expresse de leuer en mes païs iusques à douze cens hommes de guerre,
& me venir trouuer incontinent qu'ilz seront prestz à marcher. Mais
vous plaist il pas me tenir compagnie, puis que fortune nous a ainsi
assemblez. Madame, dirent ilz, nous ferons ce qu'il vous plaira, vous
demeurerez donc dans mon nauire, & le vostre nous suyura, ce qu'ilz
luy acorderent. Et ainsi reprindrent leur chemin deuisans de maintz
propoz, tant qu'ilz descouurirent en mer deux nauires de guerre, que
Tiron auoit armées pour destrousser & prendre la Royne. Ce Tiron
(duquel ie vous parle) estoit filz d'Abiseos, qu'Amadis & Agraies
deffirent en la ville de Sobradise, ainsi que vous auez peu entendre
au premier liure de ceste hystoire, par la mort duquel, & de ses deux
enfans aisnez, demeura Briolanie Royne paysible de toute la contrée
excepté d'vn seul chasteau, auquel Tiron tiers filz d'iceluy Abiseos
fut sauué par vn ancien Cheualier qui l'auoit en garde, & là le nour-
rit iusques à ce qu'il paruint en l'aage de porter armes, & receuoir
cheualerie. Lors commença à faire merueilles, en sorte qu'il estoit reputé pour l'vn des plus hardys & a droictz Cheualiers que lon eust
peu trou-

peu trouuer : ce que cognoiſſant le vieillard qui l'auoit eſleué , luy
mit en fantaſie de recouurer ſes païs perduz , & tant luy imprima la
vengeance de ſes pere & freres , qu'il delibera d'eſſayer à prendre la
royne Briolanie , puis ſe faire Roy s'il pouuoit. Et à ceſte cauſe, auerty qu'elle s'embarquoit pour aller en l'iſle Ferme, auec petite compagnie , fit equiper ces deux nauires , & auec cent bons Cheualiers vint
l'atendre ſur le deſtroit pour mieux executer ſon entrepriſe. Deſia
commençoit le ſoleil à ce beſſer & aprochoit la nuyt, parquoy Brian
& Quedragant doutans eſtre aſſaillis ſe mirent ſur leurs gardes : car
ilz les virent à force de rames venir droit à eux , & comme ilz furent
quaſi l'vn contre l'autre, ilz entendirent la voix d'vn homme qui leur
cryoit : Cheualiers qui acompagnez la Royne Briolanie , dites luy
qu'icy eſt Tiron ſon couſin , qui veult parler à elle , & qu'elle commande à ſes gens de ne ſe mettre en deffenſe contre nous , autrement
que nous les taillerons en pieces , & elle auſſi. Quand la Royne l'entendit elle fut ſurpriſe d'vne ſi merueilleuſe paour, qu'elle commença à trembler , & diſt à Brian : Helàs nous ſommes perduz , c'eſt le
plus grand ennemy que i'aye en ce monde , & croyez qu'il n'eſt venu
en tel equipage , ſans eſperance de nous faire le pis qu'il pourra. Ma
Dame, reſpondit Quedragant, n'ayez crainte de rien, s'il nous aſſault
il ſera , peult eſtre , mieux recueilly qu'il n'eſpere : car mon compagnon & dix de voz Cheualiers prendront la charge de reſiſter à l'vn
de leurs nauires , & moy & ces autres à Tiron, auquel il parla de ceſte
ſorte : Cheualier qui deſirez voir la Royne, s'il vous plaiſt d'entrer en
ſon Nauire elle vous eſcoutera volontiers, autrement non. Entrer?
reſpondit il, ceſt bien mon intention, maulgré elle & vous auſſi. Et à
l'inſtant tourna la prouë de ſon vaiſſeau , & aborda l'autre faiſant ieter les crocz pour mieux le ioindre, puis donnant ſigne à ſon autre
Nauire de faire ſon deuoir , commença l'aſſault aſpre & dangereux.
Or eſtoit la partie mal faite : car ilz ſe trouuerent peu du coſté de la
Royne, pour reſpondre à ſi grand force : parquoy Tiron qui comba-
toit pour ſa propre querelle , n'arreſta gueres à ſe ieter dedans : mais
il y ſeiourna plus longuement qu'il n'eſperoit, pource que Quedragant & luy ſe rencontrerent , & combatirent tant enſemble que Tiron fut abatu , prins & mis en ſeure garde : nonobſtant que ſes Cheualiers fiſſent tout leur poſſible de le ſecourir : toutesfoys à la fin il
n'en reſchapa aucun de tous ceux qui le ſuyuirent ſans eſtre mort ou
prins, qui fut cauſe de refraindre la colere des autres, & perdre cueur,
tant que petit à petit (pour gaigner le hault) commencerent à cou-
per les cordes, ou eſtoient attachez les crocz qui tenoient les deux
Nauires coupplez, dequoy Quedragant s'aperceut, lors cognoiſſant que fortune eſtoit pour luy , maugré tous les Cheualiers de Ti-

E iiii

ron enron entra dedans leur nauire, ou il fit telle execution, qu'en peu de heure il s'en trouua maistre: Ce pendant Brian tenoit fronc à ceux de l'autre vaisseau, & combien qu'il fust griefuement naüré, si ne pouuoient ilz rien gaigner sur luy, ains voyans leurs compagnons perdus, habandonnerent le combat, gaignant la fuyte auec la plus grande haste qu'ilz peurent, & par ainsi les Cheualiers de l'Isle Ferme furent victorieux, au moyen dequoy Quedragant mit gardes au vaisseau qu'il auoit conquis, puis rentra en celuy ou estoit la Royne Briolanie, laquelle durant le combat c'estoit retirée en sa chambre, plus morte que vifue, pour l'extresme frayeur qu'elle auoit : mais quand elle auisa Quedragant elle print cueur, luy demandant qu'estoient deuenuz ses ennemys. Madame, respondit il, la plus part s'enfuyent & des autres croyez que ie vous en respondray bien, principalement de Tiron. Adonc commanda à ceux qui l'auoient en garde, que lon luy amenast, ce qu'ilz firent, lors pensoit il bien mourir cruellement, parquoy estant deuant elle se ietta à ses piedz, luy disant : Helàs ma Dame pour l'honneur de Dieu ayez mercy de moy, & sans prendre garde à ma folle entreprinse, excusez ma ieunesse, ie suis de vostre sang, & pour vous faire quelque iour seruice, s'il vous plaist, me sauuer la vie. Tiron, respondit elle non pour l'amour de vous : mais pour aucune cause qui me meut vous ne mourrez pas maintenant, au moins tant que i'aye mieux auisé comme ie vous dois traicter, puis le renuoya en sa prison, & suruint Brian fort naüré d'vn coup de flesche qui luy auoit percé l'escu & le bras ensemble, dequoy la Royne fut si desplaisante que rien plus, craignant qu'il eust encores pis qu'il n'auoit, toutessois dissimulant ce qu'elle en pensoit (elle qui se cognoissoit tresbien en chirurgie) luy dit que ce n'estoit rien, & qu'en peu de iours le rendroit guery s'il se contregardoit, & à l'instant elle mesme le desarma, & mit l'apareil sur la place qui estoit necessaire, puis faisant radresser leurs nauires continuèrent leur chemin droit en l'Isle Ferme, ou ilz arriuerent ainsi qu'Amadis & autres Cheualiers s'esbatoient sur la greue, lesquelz voyant ces vaisseaux aborder s'aprocherent pour sçauoir qui estoit dedans, à l'heure cogneurent les Escuyers de Quedragant & Brian prendre terre, & comme ilz estoient sur les termes de leur demander nouuelles de leurs maistres, ilz les auiserent descendre au port, parquoy ny eut celuy d'eux qui ne s'auançast pour les receuoir & donner la bien venuë : mais ilz estoient esbahys ou ilz auoient prins les autres Nauires qui estoient abordées quand & eux, ce que cognoissant Brian leur dist · Messieurs vous sçauez que quand nous partismes de ce lieu, que nous n'en emmenasmes qu'vn seul, & maintenant vous en pouuez voir quatre d'auantage que nous auons conquis auec vn butin plus grand que vous ne

pensez:

ne penſez: mais(diſt il en riant)ſi ny aurez vous part ny auantage:car
puis que la fortune nous a fait le bien,il nous demeurera,nõ pas àvous
qui eſtes demeurez oyſifz ,tandis que nous auons trauaillé . Et bien,
reſpondit Amadis, il nous ſuffira d'auoir part au plaiſir que vous y
auez , pourueu que vous nous declairez ſi la proye eſt ſi grande que
vous voulez nous faire croire. Encores plus,dit Brian, & qu'ainſi ſoit,
n'eſt ce fait belle conqueſte que d'vne Royne telle qu'eſt celle de Sobradiſe , acompagnée de maintes belles Dames & Damoyſelles que
vous verrez preſentement.En bonne foy, reſpondit Amadis , le butin n'eſt pas petit , & deuiſans ainſi la Royne & ſes femmes ſuruindrent : Lors ny eut celuy d'eux qui ne fut au deuant pour leur faire
honneur & bon recueil. Ce pendant on tiroit des nauires leurs hac-
quenées, ſur leſquelles peu apres elles monterent, puis furent conduites au palays d'Apolidon , & en cheminant Amadis qui entretenoit
Briolanie, luy diſoit: Madame, ie ſuis merueilleuſemét ayſe de vous
voir par deça en bonne ſanté , & plus tenu à vous que ie ne fuz oncques , ayant prins la peine de nous venir voir en temps de ſi grande
tribulation , & auquel vous aurez moyen de reconforter ma Dame
Oriane, que vous verrez (peult eſtre) ſi ennuyée qu'il ſeroit impoſſible de plus : mais i'eſpere que voſtre preſence luy ſera tant agreable,
qu'elle luy fera oublier partie de ſa melancolie. Monſieur reſpondit
elle ,pour ceſte ocaſion ſeule ſuis partie de mes païs, & Dieu ſçait le
deſplaiſir que i'ay porté durant voſtre abſence, pour n'auoir de voz
nouuelles , & le bien auſſi que ce m'a eſté entendant par Tantiles voſtre arriuée, lequel i'ay laiſſé en mes païs pour leuer gens , & donner
ordre à ce que m'auez mandé par luy , & moy meſmes y euſſe mis la
main, n'euſt eſté le trop d'enuie que i'ay eu de venir deuãt pour vous
voir , & ma dame Oriane auſſi : & toutesfois ſans l'ayde de Quedra-
gant& Brian mon entreprinſe eſtoit en danger d'eſtre par trop retar-
dée, ainſi qu'ilz vous pourront quelque iour faire entre. Or auoit A-
madis, incontinent qu'il vid la Royne Briolanie arriuer, enuoyé vers
Oriane luy faire entendre ſa venuë , & prier de la reccuoir en ſa compagnie,ce qu'elle eut treſagreable : car elle l'aymoit & eſtimoit merueilleuſement , & tant qu'elle dit à la royne Sardamire : Ma Dame,
vous pourrez tantoſt voir l'vne des plus belles & gracieuſes princeſ-
ſes que vous viſtes oncques, & qui merite autant d'eſtre bien recueil-
lie , parquoy ie vous prie que vous, Mabile & Olinde, allez la receuoir à la porte du parc ou elle deſcendra, & luy faites le meilleur recueil que vous pourrez. Et à ceſte cauſe elles trois ſans plus, ſi en allerent , & ainſi qu'elles ouuroient l'huys arriua Briolanie acompagnée
comme vous auez entendu , laquelle Amadis deſcendit de cheual , &
auiſant celles qui l'atendoient, luy diſt : A ce que ie voy , ma Dame,

vous

vous nous laisserez : car voicy ma cousine Mabile qui vous veult suborner, & nous priuer de vostre compagnie . Or auoit elle entendu au parauant comme Oriane s'estoit retirée seule auec ses femmes, sans auoir autre compagnie, parquoy elle luy respondit en se souzriant, Aufsi ne veux ie estre d'oresnauant autre que religieuse, ne voulez vous pas estre mon confesseur ? Ouy bien madame, respondit Amadis , & si vous sçauray bien donner propre penitence pour le mal que vous auez fait à ceux qui vous ont regardée d'vn œil trop affectionné : disant ceste parole il voulut entrer dedans le parc : mais Mabile l'arresta, luy disant: Mon cousin, nostre ordre deffend que ne passez outre, pourtant retirez vous, s'il vous plaist, autrement vous seriez excommunié de la puissance que nous auons . Dieu m'en gard, respondit il, i'ayme trop mieux vous donner le bon soir & à vostre compagnie aussi, & prenans congé d'elles fut la porte refermée, & Briolanie conduite en la chambre d'Oriane, qui l'atendoit auec les autres Dames & Damoyselles, desquelles elle fut bien receuë. Adonc Oriane qui luy portoit amytié singuliere, voulant luy faire entendre le plaisir qu'elle auoit de son arriuée, luy dist : Madame, vous auez beaucoup fait pour moy de prendre la peine à me venir voir de si loingtain païs , & en temps de telle affliction, me donnant par celà bien à cognoistre, que la grande amytié que vous m'auez tousiours portée vous à ainsi acheminée & non autre chose. Madame, respondit Briolanie, si plus tost i'eusse esté auertie de l'estat ou vous estes, ie n'eusse tant differé à vous venir presenter moymesmes, & tout ce qui est en ma puissance : car outre le bien que ie vous desire, chacun sçait par quantes obligations monseigneur Amadis m'a rendu sienne, & par ainsi les choses qui luy touchent ie les estime autant ou plus que les miennes propres, qui est la cause pour laquelle i'ay laissé derriere Tantiles, que vous cognoissez, lequel vous verrez en bref de retour auec bonne grosse troupe de Cheualiers & gens de seruice qu'il lieue en mes païs, ainsi que luy ay commandé , & ce pendant ie vous tiendray compagnie, s'il vous plaist, iusques à ce que voz affaires ayent prins la fin que vous desirez. Bien affectueusement la remercya Oriane, luy disant qu'elle atendoit Quedragant & Brian qui estoient allez vers le Roy Lisuart pour traicter la paix s'il estoit possible : & combien que Briolanie sceust la responce qu'ilz auoient euë, toutesfoys elle ne vouloit luy en parler aucunement, pource que Grasinde suruint, laquelle Briolanie n'auoit oncques veuë, & desirant la cognoistre demanda à Oriane qui elle estoit . Ie vous prometz, respondit elle , que cest la personne du monde, pour vne estrangere, à qui Amadis est le plus tenu : car sans elle vous ne l'eusiez iamais reueu par deça . Adoncq' luy recita le secours qu'elle luy auoit donné par le

moyen

le moyen de maiſtre Heliſabet, l'honneur & bon traitement qu'elle luy fit en ces païs, & finablement tout ce qu'il vous a eſté cy deuant declaré. Et à fin, dit Oriane, que vous ayez le plaiſir d'entendre d'elle meſme comme elle le trouua, s'il vous plaiſt nous ſouperons enſemble, ſans qu'il y ait autre compagnie auec nous trois que Mabile : Et ce faiſoit Oriane non pour ſeulement donner plaiſir à la Royne Briolanie, mais à elle meſmes, qui n'euſt eſté raſſaſiée d'ouir conter ce propos mille fois le iour, & partant apella Mabile, & luy diſt : Ma couſine la Royne Briolanie ſe treuue mal, & eſt laſſe du trauail de la mer, donnez ordre que lon couure pour le ſouper en ceſte chambre, ou ie ne veux qu'il y ayt autre auec nous que Graſinde, ce que Mabile fit incontinent entendre aux autres : & à ceſte cauſe elles ſe retirerent toutes, laiſſant ces quatre Dames enſemble, leſquelles peu apres ſe miſrent à table, & ainſi qu'elles eſtoient au mylieu de leur ſeruice, Oriane qui ne taſchoit qu'a mettre Graſinde ſur les termes d'Amadis, luy dit : Ma Dame, ie contois n'agueres à la Royne Briolanie du combat d'Amadis, & de l'Endriague, mais elle ne me veult croire, ſi vous ne luy aſſeurez, pourtant ie vous prie faites moy ce plaiſir de luy reciter tout ainſi que luy & maiſtre Heliſabet le vous ont affermé, & auſsi la ſorte que vous le trouuaſtes premierement aux champs. Adonc Graſinde pour leur complaire ſe mit à deſcouurir comme ſortant de Sadiane la ville principalle de ſes païs acompagnée de pluſieurs Cheualiers, meſmes de Garadan, elle aperceut d'aſſez loing Amadis cheminant le long de la marine, tenant contenance d'homme plain de treſgrande triſteſſe : & bien le nous fit entendre, dit elle, car auſsi toſt qu'il nous auiſa, il ſe deſtourna du chemin tout ainſi que s'il euſt voulu euiter le combat de ſon propre ennemy. Ce que voyant Garadan qui me portoit lors quelque amytié, me dit : Voyez ie vous prie la hardieſſe des Cheualiers qui ſe nomment errans, auſsi toſt que ceſtuy la m'a aperceu, craignant les coups a tourné bride : par dieu ie ne porteray iamais cuyraſſe en dos, ſi ie ne le rameine vers vous pluſtoſt qu'il n'en eſt deſlogé, puis ie vous en feray preſent pour vous ſeruir d'eſclaue : lors combien que ie l'en deſtournaſſe à mon pouuoir, ſi voulut il paſſer outre, tant qu'il l'ataignit, puis le voulut contraindre de retourner arriere : mais Amadis qui le doutoit peu ne fit cas de ſes menaſſes, parquoy entrerent en combat, ou Garadan receut ſi mauuais traitement, que finablement il fut puny de la meſme peine qu'il auoit eſtablie, qui eſtoit telle, que le vaincu ſeroit tenu de monter à recullons ſur ſon cheual, & tenir la queuë au lieu des reſnes, dont ie fuz fort esbahy, quand ie le viz retourner en tel equipage ſi honteux qu'il euſt voulu eſtre mort : Adonc ie luy demanday qu'il auoit fait du Cheualier qu'il me deuoit amener, mais

ner, mais sans mot dire passa outre. Et à ceste cause i'enuoyay l'vne de
mes femmes vers Amadis, le prier par courtoysie qu'il vint parler à
moy, ce qu'il me refusa, & deuisasmes depuis longuement ensemble,
& en deuisant souspiroit à tous propos, qui me fit sur l'heure iuger de
luy que force d'amour le maistrisoit, & qu'aymant quelque Dame
(de laquelle il se voyoit, peult estre, mal traité) s'estoit absenté d'elle,
sans se vouloir faire cognoistre, & aussi qu'il estoit autre qu'il ne se
monstroit, parquoy ie l'importunay tant qu'il m'acorda venir loger
chez moy ou il seiourna quelques iours, durant lesquelz ie luy fis si
bonne compagnie, que le voyant tant beau, & de si bonne grace, il
me sembla que celle qui le pourroit auoir pour amy ou mary se deüroit tenir heureuse: & combien qu'au parauant son arriuée i'eusse
eu peu de fantasie à prendre tel party, estant encores nouuellement
vefue, si ne fut il en ma puissance de me garder, que ne deuinsse plus
amoureuse de luy que ne fut oncques femme d'homme, tellement que
sans prendre repos iour ou nuit ie l'auois continuéllement en ma pensée, tant qu'à la fin ie m'auisay de descouurir partie de mon mal à Gandalin, qui me sembloit Escuyer bien auisé, ainsi que ie cogneuz: puis
apres par la response qu'il me donna: car sans rien me declarer de l'affaire de son maistre, me fit bien entédre qu'il pouuoit si peu commander à soy-mesmes, que ie ne deuois esperer nulle part en luy, & le
croyant, ie concludz qu'il me valoit mieux tost que tard estaindre ce
feu ia allumé: parquoy de là en auant ie trouuay moyen, non sans peine de distraire ma fantasie du chemin que i'auois prins, aussi qu'il s'en
partit pour aller en Constantinople, comme il auoit deliberé, & pource que i'aspirois à obtenir ce que i'ay eu par son moyen, ie luy fis promettre de retourner vers moy dedans l'an, ce qu'il fit, non sans auoir
beaucoup souffert entre deux, puis leur recita le combat qu'il eut contre l'Endriague, & finablemét toutes les auentures qu'il eut en ce voya
ge. Par ma foy ma Dame, dit Briolanie à Oriane, oyant parler ma dame Grasinde, il m'est souuenu de la premiere fois que ie vous fus voir
à Mirefleur, que monseigneur Amadis passa deuant les pauillons que
i'auois fait tendre sur le chemin pour prendre la frescheur, & que resuant comme quand elle le rencontra, les Cheualiers qui m'acompagnoient eurent semblable auenture que son Garadan: car le cuydant
faire venir parler à moy par force, ilz furent tous abatuz & fort naürez. Vous me l'auez autresfois conté, respondit Oriane, laquelle
prenoit toutes ces choses à son auantage, estant asseurée que la melencolie d'Amadis ne luy procedoit d'ailleurs que de la grande amour
qu'il luy portoit, & sur l'heure s'en allerent coucher: car il estoit desia tard.

Du ra-

Du raport que firent Quedra-

gant & Brian aux Cheualiers de l'Isle Ferme, de l'embassade
ou ilz auoient esté enuoyez, & de ce qu'il en
fut ordonné.

Chapitre   X.

Vedragant & Brian embassadeurs vers le Roy Lisuart estans de retour en l'Isle Ferme, ainsi qu'il vous
a esté amplement escrit, voulans rendre raison du
fait de leur embassade se trouuerent le lendemain
au conseil, auquel pour ceste ocasion estoient assem
blez Amadis & tous les autres Cheualiers:au moyé
dequoy Quedragant portant la parolle, pour luy & son compagnon,
commença à reciter bien au long les propos qu'ilz auoient euz auec le
Roy, & la response de luy, laquelle, dit Quedragant, à esté si courte
que nous ne sçaurions penser autremét, sinon qu'il se delibere de nous
traiter le pis qu'il pourra, voyans l'ordre qu'il donne à recouurer gens
de toutes pars, faisant estat de nous auoir à sa mercy, dequoy nul de
nous doit estre marry, veu que ce nous sera vn moyen d'aquerir honneur & cheualerie, plus qu'en nul autre saison : car si nous emportons
la victoire, il en sera parlé par tout le monde. Et ainsi que bien souuent en telles entreprises il y a diuersitez d'opinions, lesvns fauorisent
à la guerre, & les autres à la paix : Mais Agraies qui portoit peu d'a-
mytié au Roy Lisuart, pour l'ocasion qu'auez peu entendre, entreprit
la parolle deuant tous, disant : Ie ne sçay, mes seigneurs, comme hon-
nestement nous puissions differer à entreprendre ceste guerre veu la
iuste ocasion que nous en auons, & mesmes que desia nostre ennemy
fait semblant de nous venir trouuer : toutesfois qui me voudra croire
il n'en aura pas l'honneur, ains diligenterons d'assembler noz forces,
& marcherons droit en ses païs, nous faisans cognoistre telz que nous
sommes : car si vne fois nous permettons qu'il marche iusques icy,
croyez que nous luy ferons enfler tellement le cueur, que luy qui de
nature est presumptueux pensera desia auoir le dessus de nous, & en
serons en plusieurs endroits mal estimez, donnant ocasion à maintz
de douter tant de nostre bon droit, que de celuy de ma dame Oriane,
pour laquelle nous sommes tumbez en ces termes. Quant à moy ie
vous iure sur mon honneur, que n'eust esté la grand priere & requeste
qu'elle m'auoit faite de ne destourner la paix, ie n'eusse iamais con-
senty que lon eust enuoyé embassade en la grand' Bretaigne estans si

F   outragez

outragez comme nous sommes:mais puis que nostre ennemy se declare tant contre nous,ie suis maintenant quitte de ma promesse,& resolu de n'entrer iamais en amytié ou aliance auec luy , iusques à ce qu'il
ayt senty combien nous luy pouons nuyre ou ayder, veu qu'auons
moyen de recouurer gens autant belliqueux, que ceux qu'il amenera:
ainsi messieurs ie suis d'auis que nous nous deliberions à la guerre , &
que sans plus differer , aussi tost que nostre secours sera arriué , nous
marchions droit à Londres pour luy donner la bataille si vient au deuant pour nous combatre.Ceste resolution pleust merueilleusement à
Amadis , lequel iusques adonc auoit esté en vne estrange peine , craignant que la guerre se diferast , & qu'il fust contraint de rendre son
Oriane, qui luy eust esté trop de malheur : parquoy voyant que desia
la plus grande partie d'eux ployoit du costé d'Agraies, pour renforcer d'auantage ceste opinion, luy respondit: Mon cousin , ie n'ay encores veu nul qui ne fust prest de faire ce que vous dites, & si quelqu'vn a debatu les inconueniens qui peuuent communément auenir
en la guerre , ce n'est pourtant à dire qu'ilz s'en vueillent exempter,
ains pour y pouruoir,comme il est raisonnable,& quant à ce que trouuez bon que nous entrions es païs du Roy Lisuart , sans luy donner le
loysir de nous venir trouuer icy, i'ay tousiours eu ceste deliberation
en mon esprit , si le reste de vous , mes seigneurs, le voulez ainsi : car
par ce moyen nous sentans aprocher de luy , il changera (peult estre)
d'opinion & nous requerra de faire ce dont nous l'auons suplié autres
fois:lors il n'y eut celuy en toute l'assemblée qui n'acordast de ce faire
& à ceste cause la guerre fut arrestée , & depeschez gens & espies de
tous costez tant pour entendre nouuelles de la grand' Bretaigne, que
pour assembler l'armée qu'ilz vouloient mettre sus.

Comme maistre Helizabel ar-

riua es pays de Grasinde , puis passa en Constantinople vers
l'Empereur, suyuant le commandement d'Amadis.

Chapitre   XI.

Apres que

APres que maiſtre Heliſabet fut embarqué, il eut ſi
bon vent qu'en peu de iours print port en la Roma-
nie:lors manda les principaux des païs de Graſinde
auxquelz il fit entendre la charge qu'il auoit, leur
cõmandant expreſſement faire tenir preſtz le plus
grand nombre de gens de cheual & de pied qu'ilz
pourroient, pour paſſer en l'Iſle Ferme, incontinent qu'il ſeroit de retour de deuers l'Empereur ou il eſtoit preſſé d'aller pour ſemblable
cauſe, ce qu'ilz luy promirent faire : parquoy laiſſant là pour les ſoli-
citer vn ſien neueu nommé Libée, ieune Cheualier de bon cueur, rentra en mer faiſantvoille en Conſtantinople ou il arriua ſans aucun empeſchement, & eſtant deſcendu vint trouuer l'Empereur acompagné
de pluſieurs Princes & grands ſeigneurs, auquel apres auoir fait la reuerance preſenta la lettre d'Amadis de Gaule : l'Empereur qui le cognoiſſoit de long temps, luy fit tresbon recueil, & luy demanda ou il
auoit trouué ceſt Amadis, duquel il auoit tant de fois ouy parler. Sire, reſpondit maiſtre Heliſabel, vous le pourrez entendre par ceſte
lettre, s'il vous plaiſt la faire lire. Ouy vrayement, dit il. Adonc la
deſploya & vit bien au long ce qu'elle contenoit:mais il fut trop esbahy quand il cogneut que celuy que lon nommoit le Cheualier à laver-
de Eſpée, eſtoit Amadis de Gaule, qui s'eſtoit ainſi celé à luy durant
le ſeiour qu'il fit à Conſtantinople, & dit à maiſtre Heliſabet : Par
tout tant que ie tiens de Dieu, vous auez eu grand tort que vous ne
me le fiſtes cognoiſtre luy eſtát par deça:car ie l'euſſe trairé,non com-
F ii 　 me Che-

me Cheualier errant , ains comme Prince & grand seigneur qu'il est.
Sire, respondit Helisabet, ie vous asseure que ie ne sceuz oncques qu'il
se nommast Amadis, tant que nous susmes arriuez en l'Isle Ferme , &
lors se declara à nous : mais au parauant il se faisoit apeller le Cheualier Grec, car il craignoit trop estre cogneu par le nom du Cheualier
à la verde Espée depuis qu'il sut party devous, pource qu'il auoit promis à ma dame Grasinde de la conduire en la court du roy Lisuart, &
la maintenir contre tous qu'elle estoit plus belle femme que la plus
belle fille du païs . Adonc luy conta bien au long comme le tout s'e-
stoit passé, specialement le combat qu'il eut pour ceste cause contre les
Romains , qui l'entreprinrent par grande presumption , dont mal
leur en vint: & croyez Sire, dit il, qu'ilz pensoient asseurément auoir
affaire à vn Cheualier Grec , tellement qu'au parauant qu'ilz entrassent au combat, ilz faisoient peu de cas de luy , disans publiquement
qu'oncques Grec n'auoit eu la hardiesse de combatre Romain seul à
seul, & qu'ilz viendroient aisément à bout de cestuy, ainsi qu'il auoiét
fait de plusieurs autres : mais la chance tourna tout autrement qu'ilz
n'esperoient, car ilz furent deffaitz l'vn apres l'autre sans grande resistance. Vrayemét, dit l'Empereur ie luy en sçay tresbon gré, & croyez
que si i'auois moyen de luy faire quelque grand plaisir , qu'il cognoi-
stroit que ie suis son amy tout outre . Sire, respondit maistre Helisabet, vous l'auez bien s'il vous plaist , & vous en suplie treshumblement. Comment, dit l'Empereur. Sire, respondit il, apres qu'il eut
abatu l'outrecuidance des Romains, il se retira en l'Isle Ferme , qui
est sienne, ou il trouua grand nombre de Cheualiers prestz à eux
mettre en mer pour aller secourir ma Dame Oriane fille aisnée du
Roy Lisuart, qu'il auoit maugré elle mariée auec l'Empereur de Rome , & desheritée de tout point pour auantager Leonor sa fille plus
ieune , contre l'auis , non seulement des Princes & Cheualiers de sa
court, ains aussi de tout son peuple, dequoy monseigneur Amadis a-
uerty loüa grandement leur entreprinse , en sorte que le iour ensuyuant ilz firent voille , & vindrent atendre au destroit les conducteurs
de ceste Princesse lesquelz furent viuement assailliz , & apres long
combat finablement deffaitz, prins prisonniers, & les Dames recoul-
ses & emmenées en l'Isle Ferme, ou elles sont de present: toutesfois ilz
ont enuoyé embassade vers le Roy Lisuart, tant pour luy faire entendre la iuste ocasion pour laquelle ilz ont arreste sa fille, que pour le
suplier de la reprendre , sans l'eslongner ainsi de luy , considerant le
grand tort qu'il luy faisoit: mais ilz doutent qu'il vueille vser de puissance, & sans auoir egard à leur honneste offre, entreprendre la guerre contre eux , cuydant la r'auoir par force , s'ilz ne la luy baillent liberallement . A ceste cause , Sire , monseigneur Amadis , & tous ses

compa-

compagnons aufsi, vous fuplient, comme celuy qui tient le premier
lieu d'entre les princes Chreftiens, & qui eft vray miniftre de Dieu,
pour maintenir iuftice & droicture (fpecialement voyant cefte bonne princeffe tant outragée) qu'il vous plaife leur donner quelque fecours: Ce faifant vous les obligerez à vous feruir tout le temps de leur
vie, ou il vous plaira les employer. Durant ce propoz, l'Empereur qui
entétiuement preftoit l'aureille à ce que difoit maiftre Helifabet, demoura tout penfif, confiderant que mal ayfément cefte entreprinfe
prendroit fin, fans dure & longue guerre, d'autant qu'il cognoiffoit
le roy Lifuart, prince de trefgrand cueur, & l'Empereur de Rome glo
rieux & outrecuydé outre mefure, & d'autre part fachant la iufte ocafion qu'auoient les Cheualiers de l'Ifle Ferme à donner fecours à O-
riane, mefmes que defia il fe fentoit tenu à Amadis, tant par la mort
de l'Endriague, que pour auoir prins la peine de l'eftre venu voir iufques en Conftantinople, aufsi qu'il s'eftoit liberalement offert à luy,
conclud luy enuoyer gens pour le fecourir, difant à Helifabet: Mon a-
my, ie donneray à Amadis ce qu'il demande, & telle armée, que le
Patin, & le Roy Lifuart, cognoiftront de combien ie l'ayme & eftime. Cefte parolle tant magnanime pleut merueilleufement à tous les
Cheualiers prefens, & principallement à Gaftilles, lequel fe mettant
à genoux, luy dift : Sire, fi ie vous fis oncques feruice agreable, ie vous
fuplie treshumblement qu'en recompenfe il vous plaife permettre
que ie fois du nombre de ceux que vous ordonnerez pour ce fecours:
car ie ne fis oncques voyage qui me vint plus à gré, que ceftuy la. Mon
neueu, refpondit l'Empereur, vous & le Marquis Saluder yrez enfemble en mon lieu, & pourtant donnez ordre à faire equiper les vaiffeaux qui vous feront neceffaires, pour paffer en l'Ifle Ferme, auec dix
mille hommes que ie vous donneray. Sire, dit Helifabet, ie fuis contraint retourner promptement en la Romanie, ou Grafinde ma mai-
ftreffe m'a commandé leuer aufsi le plus de gens que ie pourray recouurer pour les luy mener : parquoy (s'il vous plaift) vous me donnerez congé, à ce qu'en mefme temps que voz gens pafferont la mer,
ie puiffe faire embarquer les miens, pour les ioindre auec eux. Helifabet mon amy, refpondit l'Empereur, vous vous refraifchirez icy
deux ou trois iours, puis faites ainfi que bon vous femblera,

F iij   Comme

Comme Gandalin arriua en

Gaule, & des propos qu'il tint au Roy Perion.

Chapitre   XII.

Andalin party de l'Isle Ferme fit si bonne diligence, que peu de iours apres il arriua en Gaule, & au lieu mesmes ou pour lors seiournoit le roy Perion, lequel en fut grandement resiouy, asseuré qu'il luy portoit nouuelles de son filz, lequel il n'auoit veu passé six ans & plus : & à ceste cause le manda incontinent venir parler à luy, ce qu'il fit, & luy presentant les lettres d'Amadis, luy dit, comme il l'auoit laissé en l'Isle Ferme : & pource qu'elles portoient creance, le Roy le retira à part, puis luy demanda qu'il y auoit de nouueau. Sire, respondit Gandalin, monseigneur & tous ces compagnons ont bien besoing de vostre bon secours. Comment? dist le Roy. Lors Gandalin luy recita sans riens obmettre tout ce que vous auez par cy deuant entendu, dequoy le Roy fut bien esbahy : toutesfoys il n'en fit semblant, & d'auantage luy commanda n'en parler à nul autre, specialement à Galaor : car il estoit encores fort debile d'vne longue maladie qui l'auoit longuement trauaillé, & s'il te demande que tu es venu faire par deça, dy luy, que c'est pour sçauoir côme ie me porte, & demain ie pouruoiray à tout, ainsi
que ton

que ton maiſtre deſire. Or ſut incontinent Galaor auerty que Gandalin eſtoit arriué : parquoy il enuoya ſuplier le Roy de le luy enuoyer, pour entendre des nouuelles d'Amadis ſon frere. Et combien
qu'il ſe trouuaſt tant ſoyble qu'à peine ſe pouuoit il ſouſtenir, le voyant entrer le vint embraſſer, & luy demanda comme ſe portoit ſon
maiſtre. Monſeigneur, reſpondit il, ie l'ay laiſſé en l'Iſle Ferme, en
tresbóne ſanté Dieu mercy, & en meilleur deſir de vous voir de bref:
vous aſſeurant qu'il ſera fort deſplaiſant quád il entendra voſtre longue maladie. Et ſur ces entrefaites entra Norandel, lequel cognoiſſant
Gandalin, luy demanda ſi Amadis eſtoit arriué. Non pas, monſeigneur, reſpondit il, ie l'ay laiſſé au palays d'Apolidon, ou il ſe refraiſ-
chiſt, pour le trauail qu'il a eu durant le long voyage qu'il à fait, tant
en Alemaigne, Romanie, que Conſtantinople. Ah mon amy Gandalin, dit Galaor, ie te prie conte moy tout ce que tu en ſçaiz : ce que
fit Gandalin, dequoy il ny eut celuy d'eux qui ne s'eſmerueillaſt,
principalement luy oyant reciter le cóbat qu'il auoit eu contre l'Endriague. Helàs, reſpondit Galaor, quand le pourray-ie voir! Bien toſt
ſi Dieu plaiſt, dit Norandel, ſi vous voulez prendre peine à vous guerir. Croyez reſpondit il, que i'en feray mon poſsible, non tant pour
rauoir ma ſanté, que pour le grand deſir que i'ay de parler à luy. Mon
ſeigneur, dit Gandalin, le Roy ma commandé de ne vous tenir long
propos de paour que voſtre mal n'empire : vous me donnerez, s'il
vous plaiſt congé pour meshuy, & demain ie vous tiendray plus lón-
gue compagnie. Ainſi le laiſſa Gandalin & retourna vers le Roy, lequel il trouua penſant à ce que ſon filz Amadis luy mandoit : & pource qu'il vouloit tenir ſon entrepriſe ſecrette, delibera de renuoyer
Norandel en la grand' Bretaigne, encores qu'il fuſt nouuellement arriué vers ſon compagnon ayant entendu qu'il ſe portoit mal : & à
ceſte cauſe le lendemain matin il l'enuoya querir, & comme ſi à l'heure meſmes il euſt receu quelque nouuel auertiſſement, luy dit : Mon
grand amy, i'ay eu ce iourd'huy nouuelles, par leſquelles (à ce que ie
puis entendre) le Roy voſtre pere veult faire aucune entrepriſe, ou
vous luy pourrez grandement ſeruir, & pourtant ie vous conſeille de
l'aller trouuer : mais ie vous prie n'en rien dire à voſtre compagnon
Galaor, car veu l'eſtat auquel il eſt, il s'en pourroit bien faſcher. Sire,
reſpondit Norandel, ie ſerois trop deſplaiſant de faire choſe dont il
ſe trouuaſt mal, & vous mercie humblement du bon conſeil que vous
me donnez: demain ie partiray ſi ie puis, & ce iourd'huy meſmes i'eſſayeray de luy faire trouuer bón. Ie vous en prie, dit le Roy, lequel
changeant de propos deuiſerent longuement enſemble, puis Norandel ſe retira vers Galaor, & luy dit: Mó compagnon ie promis au Roy
Liſuart quand ie prins congé de luy pour vous venir voir, d'eſtre de

F iiii   retour

retour vers luy vn moys apres, parquoy ie vous prie n'estre mal content si ie vous laisse si tost : car il m'est force d'ainsi le faire : puis à ce
que ie voy, vous vous trouuez mieux, Dieu mercy, que n'auez fait
par cy deuant, & d'auantage veu le peu de temps qu'il y a que ie suis
Cheualier, beaucoup d'autres prendroient peu à mon auantage, si
ie demourois longuement oysif, & en pourrois estre blasmé, dont ie
suis seur que vous auriez desplaisir, cognoissant que vous aymez mon
honneur, comme le vostre propre : toutesfois si vostre maladie s'a-
chemine en trop grande longueur, ie vous prometz de vous venir reuoir le plustost qu'il me sera possible . Bien desplaisant fut lors Galaor, d'entendre ce que luy disoit Norandel, pource qu'il prenoit
grand plaisir à estre auecq' luy, neantmoins il luy respondit : Sur ma
foy, encores qu'ayez grande ocasion de faire ce que vous dites, vostre
esloignement de moy me cause vn regret si merueilleux, que vous ne
pourriez croyre : ce nonobstant preferant vostre hôneur à mon plaisir, ie suis trescontent que vous en alliez quand bon vous semblera,
vous priant bien affectueusement de presenter au Roy mes humbles
recommandations à sa bonne grace, l'asseurant que tant que i'auray
vie au corps, il aura vn seruiteur fidelle, & affectionné en moy : &
s'embrassans l'vn l'autre de grand' amour, prindrent congé, non sans
larmoyer tendrement . Or auoit Norandel fait apprester son nauire,
parquoy ayant remercié le Roy Perion, & la Royne, de l'honneur
qu'ilz luy auoient fait, s'embarqua : & la mer luy fut si propre, qu'il
arriua en peu de iours, au port de Vindilisore, ou estoit le roy Lisuart
dressant son camp pour marcher en l'Isle Ferme : Puis aussi tost qu'il
eut fait voyle, le roy Perion enuoya leuer gens de toutes parts, & a-
prester vaisseaux pour passer en l'Isle Ferme . Ce pendant Lasinde,
Escuyer de Bruneo, qui estoit arriué vers le Marquis, faisoit bonne
diligence d'executer sa commission, tant qu'à force de persuasions
trouua moyen de paruenir à son intention, auec l'ayde de Branfil, lequel voyant son pere lent & tardif à ceste entreprinse, se vint ieter à
ses piedz, luy disant : Monsieur, s'il eust pleu à Dieu, que i'eusse esté
auec mon frere pour côbatre les Romains, il me semble que ce m'eust
esté l'vne des meilleures fortunes qui m'eust peu auenir : mais puis que
ce malheur a voulu que i'y aye failly, ie vous suplie treshumblement
qu'en recompensant ceste faute, i'aye congé de vous, de l'aller trouuer, auec le secours qu'il vous demande, vous asseurât, monsieur, que
ce sera vostre gloire, & l'honneur de voz enfans, lesquelz côme vous
sçauez, sont de long temps obligez à Amadis, & aux siens. Mon filz
respondit il, i'en suis trescontent, & puis qu'auez si grande enuie d'aller à la guerre, ie vous donneray bonne troupe de Cheualiers, pour
vous acompagner . Et ainsi le fit : car tandis que Branfil faisoit dresser son

ser son equipage il les enuoya leuer en toute diligence . En ce mesme
temps aussi, le bon vieillard Ysanie vint vers le Roy Tafinor de Boës-
me, duquel il fut tresbien receu, sçachant qu'il auoit esté depesché de
la part du Cheualier à la verde Espée: car apres luy auoir baillé ses lettres, & qu'il eut entendu sa creance, il luy dit : ie vous prometz que ie
ne luy faudray à ce besoin, & qu'il aura de moy tout ce qu'il demande , lors fit apeller son filz Grasandor , auquel il declara tout
ce qu'Ysanie luy auoit dit , & la cause de sa venuë luy demandant
s'il voudroit entreprendre le voyage pour aller secourir Amadis, que
lon souloit nommer le Cheualier à la verde Espée. Monsieur, respondit il , le plus grand desir que i'ay en ce monde est d'auoir la compagnie de tant bon Cheualier , & vous en suplie treshumblement : mais
pource que ne pourrez si tost leuer vostre armée , il vous plaira permettre que ie parte deuant auec vingt Cheualiers, puis le conte Galtines me suyura , qui conduyra le surplus . Vrayement , dit le Roy, i'en
suis content , & vous en sçay tresbon gré : car estant auec telle compagnie vous n'en sçauriez que mieux valloir, & aussi ie me sens tant obligé à luy, que le pourrez asseurer qu'il finera de moy comme de son
amy tout outre, dequoy Ysanie le remercia bien humblement, & delibera d'atendre Galtines , expressement pour le faire diligenter , ce
pendant Grasandor s'embarqua, acompagné seulement de vingt Cheualiers , & sortant du port nauiga en la haute mer . D'autre part Landin qui estoit allé secretement en Yrlande de la part de Quedragant,
trouua moyen de parler à la Royne , laquelle ayant entendu la cause
de son arriuée, vers elle fit apeller aucuns de ses plus feaux seruiteurs,
& leur commanda que sans faire bruit , ilz assemblassent gens pour
passer en l'Isle Ferme vers son oncle , & combien qu'elle portast peu
d'amytié à Amadis, ayant toussiours en souuenance la mort du Roy
Abies son pere , si hayoit elle encores plus le Roy Lisuart pour le tribut qu'il faisoit payer chacun an au Roy Cildadan son mary . Et à ceste cause conclud de secourir l'vn pour deffaire l'autre , mais à present
nostre histoire retourne à parler quelle fin eut le voyage de Guilan
vers l'Empereur, & autres que le Roy Lisuart enuoya à ses amys pour
auoir secours.

Comme Guilan le pensif arri-

ua vers l'Empereur de Rome, Filipinel en Suese, & Bran-
doynas en Yrlande.

Chapitre   XIII.

Guilan

Vilan le Pensif depesché du Roy Lisuart nauiga
tant qu'en moins de trois semaines il print terre au
plus prochain port de Rome, puis mótant à cheual
armé selon la coustume des Cheualiers de la grand'
Bretaigne, vint trouuer l'Empereur, lequel estoit
lors acompagné de bien grand nombre de Princes
& seigneurs qu'il auoit fait venir en sa court pour receuoir ma dame
Oriane, laquelle il atendoit de iour en iour:car le prince Saluste Quide, & Brandaiel de Rocque luy auoient escrit que le Roy Lisuart la
leur auoit deliurée, & qu'ilz estoient sur leur partement pour le venir
trouuer. Quád l'Empereur auisa Guilan il le cogneut aussi tost, pource
qu'il l'auoit veu maintesfois, & pensant qu'il fust venu deuant luy apor
ter nouuelles de sa femme, luy demanda ou il l'auoit laissée, & le prince Saluste Quide. Sire, respondit il, le Roy Lisuart mon maistre vous
rescrit ceste lettre, commandez, s'il vous plaist qu'elle soit leuë, puis
vous entendrez le surplus de ce que vous demádez. L'Empereur print
la lettre, & combien qu'elle fust de creance, voulut que publiquement
il declarast ce qu'il auoit charge de luy dire. Sire, dit Guilan, le Roy
Lisuart mon maistre vous mande, que pour auoir vostre amytié & per
petuelle alliance, il auoit esté content, suyuant la requeste que vous luy
auez fait faire par voz ambassadeurs, de vous donner à femme ma dame Oriane sa fille aisnée, & principalle heritiere, & de fait apres plusieurs difficultez vuidées entre les Princes, seigneurs & suietz de son
royaume, il l'auoit liurée es mains de ceux qui auoient puissance de la
receuoir de par vous:mais il est auenu qu'Amadis de Gaule & autres
ses complices, auec quelque nombre de fustes les ont espiez, & assailliz
au destroit, en sorte qu'apres auoir longuement combatu, le prince Saluste Quide est demeuré mort, & tout le reste de voz gens emmenez
prisonniers en l'Isle Fernie, ou encores de present est detenuë ma dame Oriane, la Royne Sardamire, & les autres qui se trouuerent en ceste compagnie : toutesfois depuis cuydant rapaiser la faute qu'ilz a-
uoient faite, ont enuoyé embassadeurs deuers sa maiesté luy offrant
plusieurs bons partis, lesquelz il n'a voulu accepter, premier qu'il ayt
entendu vostre vouloir, d'autant que l'iniure qui luy a esté faite vous
touche autant ou plus qu'à luy, & pourtant il m'a commandé vous dire que si voulez entendre à prendre vengeance d'eux qu'il iettera vne
bonne & grosse armée aux champs, pourueu que de vostre part vous
faites le semblable, asseuré qu'estans voz puissances iointes, qu'aisément vous & luy les ferez mettre à telle raison que bon vous semblera
Quand l'Empereur l'entendit, oncques homme ne fut en plus grand
collere, & bien le monstra : car comme impudent & sans preuoyance
commença à iurer, & quasi entrer en frenaisie, disant à Guilan: Sçauez

vous

vous qu'il y a, retournez presentement vers voltre mailtre, & luy dites que ie ne dormiray iamais à mon ayfe que ie ne me fois ioint à luy, auec telle puillance que ces pendars de l'Ifle Ferme cognoiltrôt qu'ilz m'ont par trop offenfé. Sire, refpondit Guilan, vous ne pourrez fi toft venir que ne trouuiez le Roy mon mailtre aux champs, & fon armée preite. Or allez doneques, & ne feiournez aucunement par deça. Ainfi fut contraint Guilan retourner, fans prendre quafi le loyfir de repaiftre, dont il fut fort irrité, fpecialement pour le peu de recueil qui luy auoit efté fait, & bien luy tardoit qu'il n'eftoit en la grand' Bretaigne, pour s'en plaindre au Roy Lifuart : parquoy faifant voile fingla droit à Vindilifore, ou il arriua quelques iours apres, & trouua le Roy Lifuart qui l'atendoit, auquel il declara tout ce que l'Empereur luy auoit dit, & le peu de difcretion qu'il auoit monftrée deuant tant de Princes & Seigneurs, vous alleurant Sire, dit il, que fi ceux qui l'acompagneront ont aufi peu de cerueau que luy, que vous ne viftes oncques gens de guerre plus mal conduitz qu'ilz feront. I'efpere, refpondit le Roy, s'ilz me veulent croire, que nous ne ferons battuz par faute de conduitte, car eux eftans meflez parmy nous, nous leur ayderons, & eux à nous, & me fuffit qu'il face diligence de nous venir trouuer : car i'ay eu ce iourd'huy auertillement que l'Empereur de Conftantinople & les Roys de Gaule, d'Efcolle, de Boëfme, & d'Efpagne fe mettent en armes pour venir fecourir Amadis, & d'autre part que le Roy Arauigne auec Arcalaüs & Barfinan allemblent gens de toutes pars, mais ie ne fçay ou ilz veullent tirer : ainfi il eft necellaire que nous donnions la bataille premier qu'ilz ayent loyfir de nous venir courir fus, ce que nous pourrons faire aifément s'il ne tient aux Romains : car Brandoyuas arriua hyer d'Yrlande, qui m'a alleuré auoir laillé le Roy Cildadan aux champs pour nous venir trouuer auec fes gens, & Filipinel femblablement qui eft de retour de Suefe, & par les lettres que m'efcrit le Roy Gafquilan, il ne faudra à eftre icy dedans quinze iours auec bonne troupe de Cheualiers bien deliberez de faire leur deuoir : quand au regard des autres que i'ay mandez leuer par mes païs, vous en pourrez voir defia plus de cinq mille campez en cefte prairie, tellement qu'auant que le moys foit pallé nous ferons fi Dieu plaift preftz à marcher. Et Galuanes fera il des voftres ? dit Guilan. Non refpondit le Roy, il m'a fait fuplier par Brandoyuas de l'en exempter pour ce coup, aymant trop mieux remettre en mes mains l'Ifle de Mongaze, que de fe trouuer contre Amadis & fon neueu : mais cognoillant qu'il eft pour me faire feruice en autre endroit, & qu'il ne feroit raifonnable qu'il fift autrement ie l'ay excufé. Ainfi fe pallerent trois femaines & plus, qu'il n'auoit nouuelles aucunes de l'Empereur ne de fon armée, dont il s'esbahyffoit grandement, &

craignant

craignant qu'il ne luy tint promeſſe, depeſcha vn Brigantin auec
Giontes ſon neueu pour aller en toute diligence à Rome, ſçauoir la
cauſe de ce retardement, lequel ſans ſeiourner partit de Vindiliſore.

Comme Graſandor filz du

Roy de Boëſme eſtant en mer, rencontra Giontes, & de ce qu'il leur auint.

Chapitre   XIIII.

Ous auez cy deuant entendu, que Graſandor ayant
pris cógé du Roy ſon pere, s'eſtoit embarqué acompagné de vingt Cheualiers pour tirer droit en l'Iſle
Ferme: mais vn matin enuiron ſoleil leuant deſcou-
urit en mer le Brigantin ou eſtoit Giontes, lequel il
aborda aſſez toſt, pour auoir vent plus à cómande-
ment que l'autre, lors Graſandor qui deſiroit ſçauoir ou il alloit le fiſt
arreſter : car il n'eſtoit pas le plus fort pour y contredire, veu qu'il n'a-
uoit autre compagnie que mariniers : & à ceſte cauſe luy fit entendre
comme il tiroit à Rome par le commandement du Roy Liſuart, le ſupliant ne l'arreſter d'auantage, pource qu'il eſtoit fort preſſé de faire
diligence. Par Dieu, diſt Graſandor, celuy qui vous y enuoye eſt
mal

mal voulu d'Amadis, duquel ie suis amy tout outre : pourtant il vous
est force de me dire quel est vostre nom, & la commission que vous
auez, autrement vous ne partirez aisément de moy. Si pour taire ce
que vous me demandez, respondit il, l'honneur du Roy mon maistre s'en diminüoit, vous ne le sçauriez pour mourir : mais luy tour-
nant à gloire & auantage comme il fait, aussi que ce n'est chose trop
secrette, vous le sçaurez : Mon nom est Giontes, Cheualier de la
grand' Bretaigne, & neueu du Roy, duquel ie vous parle, lequel me
enuoye au deuant de l'Empereur le faire diligenter, auec les forces
qu'il ameine pour commencer la guerre à ceux qui ont puis n'agueres
destroussé & prins ma dame Oriane sa fille, auec celles qui l'acompagnoient souz la conduite du prince Saluste Quide, & autres Romains
qu'ilz ont deffaitz & emmenez prisonniers. Or vous ay-ie satisfait,
parquoy ie vous prie me donner congé. Allez à dieu, dit Grasandor,
& vous souuienne que vostre Roy & son Empereur trouueront à qui
parler s'ilz s'auanturent de venir assaillir Amadis, & ceux qui sont en
sa compagnie. Ainsi se separerent, & tira Grasandor en l'Isle Ferme,
ou arriué fut plus que le tresbien venu, & vindrent Amadis & les autres le receuoir plus honorablement qu'ilz peurent, lors leur conta
comme il auoit trouué Giontes qui alloit faire auancer l'armée de
l'Empereur de Rome, & les propos qu'ilz eurent ensemble, & aussi
que le Roy son pere faisoit leuer gens en ses païs pour venir apres luy,
lesquelz il auroit de brief auec le conte Galtines & Ysanie, qui sont demeurez pour les conduire. Ce pendant, dit il, moy affectionné de
vous voir ensemble, suis venu deuant vous offrir mon seruice. Vous
soyez le bien venu, respondit Amadis, le Roy vostre pere & vous
m'obligez de plus en plus à estre vostres : voilà comme se renforçoit
d'heure à autre l'armée de l'Isle Ferme, laquelle se trouua complette
quinze iours apres : car le Roy Perion y arriua auecq' trois mille Gauloys gens belliqueux & experimentez. Galtines auec quinze cens.
Tantiles pour la Royne Briolanie auecq' douze cens. Branfil frere de
Bruneo auec six cens, & deux mille qu'enuoya Ladasin Roy d'Espagne à son filz, & autres quinze cens d'Escosse qui vindrent à Agraies,
sans deux mille qu'emmena des païs de Grasinde Libée neueu de
maistre Helisabet, portans quasi tous arcz Turquoys, & huyt mille
souz la conduitz de Gastiles, de la part de l'Empereur de Constantinople, tous lesquelz furent campez en vne tresbelle prairie au dessouz du roc de l'Isle Ferme, droit sur la venuë de leurs ennemys, &
croyez que c'estoit belle chose de les voir assemblez : car il n'y auoit
celuy qui ne portast visage de gentil compagnon & homme de guerre, dequoy Amadis estoit si content que rien plus : mais la Princesse Oriane qui pensoit continuëllement au malheur qu'elle voyoit a-

G   procher

procher , auoit sans cesse la larme à l'œil , sans receuoir conseil ou
confort de nulle de ses femmes , dequoy Mabile fit auertir Amadis
qui en fut tresdesplaisant , & voyant qu'il n'auoit meilleur moyen
pour la resiouïr que de luy faire cognoistre à veuë d'œil combien de
gens s'estoient mis en armes pour la deffendre , l'enuoya suplier d'e-
stre contente de les voir le lendemain en bataille , & que pour ceste
cause il leur feroit donner secretement la larme , ce qu'elle & les autres Dames eurent tresagreable . Or pouuoient elles voir de leurs
fenestres facilement tout le camp . Parquoy des le soir Amadis fit
partir cent hommes d'armes , & trois cens harquebuziers en croupe,
auxquelz il commanda eux aller embuscher en vn bocquet qui estoit
le long de la coste tirant à la marine , & que le lendemain sur les dix
heures de matin ilz commençassent à dresser l'escarmouche , & donner l'alarme au camp la plus forte qu'ilz pourroient , & ainsi le firent,
& bien à propos , pource que le temps auoit esté si trouble depuis soleil leuant que lon ne voyoit quasi goute à cause d'vn grand brouil-
lars qui c'estoit leué : mais quand le Soleil gaigna le dessus , lors se
monstra ceste gendarmerie en bataille & commencerent les harquebuziers à lascher par interualles leurs haquebuttes de sorte que les es-
coutes & guet pensans estre surprins de leurs ennemys firent l'alarme
la plus chaude qu'il estoit possible : lors fut le camp si esmeu que lon
n'eust pas ouy Dieu tonner pour le bruit des trompettes , clairons , &
tabourins , & comme chacun se mettoit en deuoir de gaigner son enseigne , il sembloit proprement d'vne fremiere sortans de son tarris
ou tout l'esté elle a assemblé sa prouision pour l'hyuer . Ce pendant
les Dames estoient de toutes pars aux fenestres regardans cest effroy,
qui ne leur seruoit que de passetemps pour l'auertissement que leur en
auoit fait Amadis le iour precedant , puis estans en bataille aucuns
voulurent passer outre : mais ceux qui sçauoient l'entreprinse vindrent au deuant raporter que lon n'eust aucune doute , & que c'e-
stoient ceux mesmes que lon auoit enuoyez courir & descouurir le
païs pour voir s'ilz pourroient auoit nouuelles de leurs ennemys.
A ceste cause les fifres commencerent à sonner par les camps , & chascun bataillon des gens de pied à faire le limaçon en se soy retirant , à
quoy les Dames prenoient vn singulier plaisir , & comme ilz estoient
meslez les vns parmy les autres: Mabile , d'vne bien bonne grace , dit
à Oriane : Par ma foy ma Dame , il y a beaucoup de Princes & grans
Seigneurs qui n'ont tant de gens à commandement que vous auez,
ie m'en rapporte à ce que vous en pouuez bien voir & cognoistre
maintenant : qu'en dites vous ? n'est il pas donc vray ? O' combien
doncques vous estes heureuse si le sçauez considerer , mesmes pouuant commander à celuy auquel toute ceste armée rend obeyssance. Ie

ce. Ie croy que si le roy Lisuart ou l'Empereur vostre mary qui ne sera pas, veoyent ce que nous voyons maintenant, qu'ilz penseroient
deux foys à suyure leur entreprinse deuant que d'entrer plus auant en
païs : & pourtant il est raisonnable que cessiez doresnauãt voz pleurs
& vous resiouyr plus que n'auez fait par le passé. Haa ma cousine respondit elle, il est impossible que ie puisse prendre plaisir quand ie
considere mon malheur present : vous sçauez que si vne foys la puissance du Roy & celle de vostre cousin se ioignent, qu'il ne peult estre
que la ruïne de l'vn ou de l'autre n'en auienne, ou de tous deux ensemble, qui me seroit vn mal insuportable, tant pour le deu auquel
naturellement ie suis tenu à mon pere, que pour l'amytié que i'ay à
Amadis: & par ainsi comment pourroys ie auoir côtentement, pleust
à Dieu estre morte, puis que par moy ie voy tant de malheuretez a-
uenir, ce disant pleuroit à grosses larmes. Comment dist Mabile pensez vous que nostre seigneur vous ayt oubliée : ie vous prometz qu'il
ne vous delaissera non plus qu'il a fait par le passé si auez esperance
en luy, & desia chacun cognoist vostre innocence, & que maugré
vous ceste esmeute a esté commencée. Ainsi donc ne vous ennuyez
tant : car il vous en pourroit estre pis, & fascheriez aussi mon cousin
& tous ces Cheualiers qui ne demandent qu'à vous faire seruice. Or
n'auoit encores le Roy Perion veu Oriane depuis son arriuée, parquoy apres que la larme fut rapaisée il demanda à Agraies s'il y auoit
moyen de parler à elle, & que volontiers il luy feroit la reuerance.
Agraies luy respondit qu'il le sçauroit, & de ce pas s'en alla vers la
princesse, à laquelle il fit entendre ce que le Roy Perion luy auoit
dit. Il sera, respondit elle, le tresbien venu quand il luy plaira : mais
mon cousin que vous semble de mon infortune, ne suis ie pas la plus
malheureuse du monde, de voir tant de grans princes & bons Cheualiers empeschez pour mon affaire? Madame dist il, nous sommes
tous vostres, & n'ya celuy qui ne s'employe de bien bon cueur à vous
faire seruice, qu'ilz estimeront bien employé s'il vous est agreable.
Helàs, respondit elle, ie ne sçay comme ie le pourray iamais recognoistre enuers vous tous, ie prie nostre seigneur qu'il vous en recompense. Madame, dist Agraies, si vous prenez en gré ce que nous faisons, & vous resiouyssez vn peu plus que n'auez fait par le passé, vous
nous obligerez d'auantage enuers vous. Croyez respondit elle, que
i'y essaycray le mieux qu'il me sera possible, & pource que i'ay sceu
que le filz du Roy de Boesme est aussi arriué, ie vous prie l'emmener auec le Roy Perion. Ce disant Agraies print congé d'elle, & vint
trouuer le Roy de Gaule & Grasandor, ausquelz il dist qu'Oriane
les atendoit, & qu'ilz seroient les tresbien venuz : parquoy sans plus
differer l'allerent trouuer acompagnez d'Amadis, Florestan, & plu-
G ij   sieurs

sieurs autres, & en entrans en la chambre de la princesse elle les vint
receuoir auec les autres Dames & Damoyselles de sa compagnie. A-
donc le roy Perion qui n'auoit parlé à elle depuis qu'elle demeuroit
auec la Royne d'Escosse luy demanda si elle le cognoissoit. Monsieur
dit elle, encores que ie ne vous aye veu plus d'vne fois, si me souuient
il bien de la requeste que m'octroyastes, quand vous fistes Cheualier
Amadis vostre filz. Il est vray, dit le Roy, & puis que vous fustes cause du premier honneur qu'il receut onques, il est raisonnable qu'il
vous en sçache gré tant qu'il viura. Durant leurs propoz Grasandor
deuisoit auec Mabile, laquelle il trouua si sage & de tant bonne grace que de là en auant il en fut amoureux, en sorte que depuis il l'espousa, comme vous pourrez cy apres entédre. Ce pendant la royne Briolanie parloit à Quedragant & Brian, & leur disoit: Croyez que sans
l'auertissement que nous auions de l'entreprinse du matin, qu'oncques femmes n'eussent eu vne telle frayeur. Comment madame, respondit Quedragant, eust elle esté plus grande que celle que vous fit
dernierement vostre cousin Tiron? Non sur mon Dieu, dit elle: car ie
pensoys lors estre morte, & sans vous i'eusse esté au plus grand danger qui pourroit auenir à autre Dame ou Damoyselle: mais Dieu
mercy & vostre bon secours i'ay bien moyen de m'en venger. Madame, dit Brian, veu la beauté qui est en vous, il est hors de vostre puissance de prendre vengeance sur luy comme vous dites: mais plus tost
vous luy deuez pardonner, & peult estre sera il doresnauant plus loyal qu'il n'a esté par le passé. Vrayement respondit elle, ie seroys bien
ayse qu'il eust ceste volonté, & s'il vous plaist nous l'envoyrons querir presentement, pour sçauoir ce qu'il en pense, vous asseurant que
ie prendrois grand plaisir à le pouuoir reconsilier auec moy, considerant qu'il est ieune & mon proche parent, & de meilleur cueur cóme ie croy que ne furent onques son pere ou autres de ses freres. Ma
Dame, respondit Brian, vous ne pourriez parler plus vertueusement
que vous faites: ie vous prie mandez luy venir, affin d'entendre sa
fantasie, & qu'il vous promette fidelité en la presence de tant bons
Cheualiers que voicy. I'en suis trescontente, dit elle: car aussi bien il
est prisonnier de vous deux & non le mien, ainsi disposez de luy com
me vous l'entendrez, & sur l'heure fut enuoyé querir Tiron, lequel
arriué deuant telle compagnie, pensant auoir l'arrest de sa mort, se
trouua bien estonné, quand Briolanie, luy dist: Tiron ces deux gentilz hommes que vous cognoissez me prient d'auoir mercy de vous,
& i'en suis contente, sans auoir esgard à la trahison que commist feu
vostre pere contre le mien, pourueu que vous deliberez & me promettez de suyure desormais autant la vertu que vous auez fait la vie
malheureuse, & qu'en amendant l'iniure que vous m'auez essayé de

pour-

pourchaſſer, vous me ſoyez fidele & loyal ſeruiteur : ce faiſant ie vous
traiteray, non comme mon priſonnier, ains comme mon couſin &
proche parent. A ceſte cauſe declarez moy preſentement ce que vous
auez reſolu ſans point diſſimuler : car d'autant que vous eſtes yſſu de
ſang de Roy, ce vous ſeroit iniure trop grande de dire parole à laquelle puis apres l'effet contrediſt. Helàs ma dame, reſpondit il, s'il vous
plaiſt auoir pitié de moy, ie ne vous feray de ma vie faute ! & vous ſuplie treshumblement en l'honneur de Dieu de me pardonner ! Au regard de mon pere, ie ne vous en puis rendre aucune raiſon, veu que
i'eſtois encores ſi ieune, que la ſouuenance de luy m'eſt du tout oſtée :
mais quant à ce qui me touche, ie vous prometz ma Dame, que ie vous
ſeray fidele, s'il vous plaiſt d'oublier la faute que i'ay commiſe enuers
vous, laquelle fut entrepriſe plus par ieuneſſe qu'autrement. Si vous
le faites, dit elle, il vous en prendra bien. Ouy ma dame, reſpondit
Tiron, ie le vous prometz & iure : auſsi il n'y faillit oncques puis, & par
ainſi l'vn & l'autre ont merité grande louange. Briolanie vſant de telle miſericorde enuers ſon ennemy, & luy enuers elle de ſi gràde preu-
d'hommie, ſeruant d'exemple à beaucoup, leſquelz ſeroient (peult e-
ſtre) plus eſtimez, pour eſtre moins cruelz & promptz à remettre la
vengeance qu'ilz ne ſont. Or pour retourner à noſtre propos, eſtant
Tiron reconſilié auec laRoyne, elle qui luy vouloit monſtrer de combien elle ſe vouloit fier en luy, luy dit : Mon couſin, ie veux d'oreſen-
uant que vous me faites ce plaiſir de prendre la charge de la conduite
des gens que Tantiles a fait venir de mes païs, & que vous ſoyez leur
chef & capitaine, & auſsi ie leur commanderay qu'ilz ayent à vous o-
beïr comme à moy-meſmes. Ce que Tiron ne refuſa, ains la remercia
treshumblement. Et ſur ce point le Roy Perion & les autres prindrent
congé des Dames pour retourner au camp, ou ilz trouuerent Balays
de Carſante, lequel eſtoit nouuellement arriué, acompagné de vingt
Cheualiers, tous ſes parens qu'il auoit amenez pour faire ſeruice à A-
madis, ayant ſceu les affaires ou il eſtoit. Et entendez que ce Balays
fut celuy qui le ſepara d'auec ſon frere Galaor, quand premier ilz combatoient enſemble, par le moyen de la Damoyſelle qui vouloit auoir
la teſte d'Ardan le Nain, & l'auoit au parauant Amadis deliuré de la
priſon d'Arcalaüs, ainſi qu'il vous a eſté dit au premier liure de ceſte
hyſtoire : lequel eſtoit paſſé par Vindiliſore, pour voir l'armée du roy
Liſuart, & aſſeura que les Romains eſtoient arriuez, & Gaſquilan
roy de Sueſſe auec grand nombre de Cheualiers : auſsi qu'on tenoit
pour certain, que le camp deſlogeroit au plus tard dedàs quinze iours,
pour marcher droit en l'Iſle Ferme : parquoy le Roy Perion delibera
d'aller au deuant & les combatte.

G iij   Comme

Comme l'Empereur de Rome

print port auec son armée à Vindilisore, ou le Roy Lisuart
l'atendoit : & de ce qu'il leur auint.

Chapitre   XV.

Velques iours apres que Giontes fut party d'auecq' Gralandor il arriua à Rome, ou trouua que l'Empereur, s'embarquoit auec son armée, pour passer en la grand' Bretaigne, auquel il fit entendre ce qu'il auoit charge de luy dire de la part du Roy Lisuart : au moyen dequoy commanda, sans plus differer, faire voile, & leuer les ancres : puis tant singlerent en la haute mer, qu'ilz arriuerent au haüre de Vindilisore, ou pour lors estoit le Roy Lisuart auec son camp, attendant ce secours : car desia tout le reste de son armée estoit assemblé. Grand honneur fut fait au Patin à son desembarquement, & furent ces gens logez au lieu plus commode pour les retraischir : & estoient si lassez du trauail de la mer, qu'ilz seiournerent huit iours entiers, auant que marcher plus outre. Durant lesquelz le Roy Lisuart le festoya plusieursfois, nõ sans auoir maints propos ensemble, de l'entreprise qu'auoit fait Amadis rauissant Oriane : mais ilz esperoient bien en prendre telle vengeance qu'il en seroit parlé à iamais, & disoit l'Empereur au Roy : Mon frere, ie vous prie ne vous tascher de vostre fille, vous asseurant si ie vis encores six moys entiers, que voz Pirates & escumeurs de mer sentiront le desplaisir qu'ilz nous ont fait, car ie les feray tous pédre & estrangler aux maz de leurs nauires : mais il contoit bien sans son hoste, comme vous entendrez cy apres. Or auint qu'vn iour ou deux auant qu'ilz fussent prestz de marcher en païs, ainsi que ces deux Princes visitoient leur camp, ilz auiserent venir vers eux Enil neueu de Gandales armé de toutes pieces, acompagné seulement d'vn Escuyer, qui luy portoit l'escu, lequel aprochant du guet, demanda si auecq' le Patin estoit point venu vn Cheualier nommé Arquisil : lors luy fut respondu que ouy. Ie vous prie, dit il, faites moy parler à luy. Adoncq' luy fut baillé deux soldatz pour le conduire ou estoit l'Empereur, lequel luy demanda qu'il vouloit à son neueu. Sire, respondit Enil, ie viens de l'Isle Ferme pour luy faire vn message de la part d'Amadis de Gaule qui m'enuoye vers luy. A ceste parole Arquisil s'auança, & luy dit : Cheualier, voicy celuy que vous demandez, dites ce qu'il vous plaira. Seigneur Arquisil, respondit Enil, Amadis de Gaule vous mande par moy, qu'au temps
qu'il arri-

qu'il arriua en la court du Roy de Boesme (se faisant lors apeller le
Cheualier à la verde Espée) il eut combat contre vn Cheualier nommé Garadan, en la presence d'vnze autres Cheualiers tenans son party, du nombre desquelz vous en estiez l'vn, & le deffist comme vous
sçauez : toutesfois le lendemain en ensuyuant quelque conuenance
que vous auiez euë auec le Roy Tasinor, vous & les autres entreprin-
stes de le venger : mais la victoire demeura du costé de mon seigneur
Amadis, auquel vous vous rendistes prisonnier : ce nonobstant pour
tousiours faire cognoistre son gentil cueur, peu apres il vous donna liberté à vostre requeste, souz condition de retourner vers luy toutes
les fois qu'il vous feroit r'apeller, & maintenant il vous semond de
promesse. Vrayement Cheualier, dit Arquisil, vous auez dit la pure
verité, & l'aycertainement ainsi promis : mais ie ne sçay si le Cheualier
à la verde Espée est Amadis de Gaule, ou non. Lors luy fut respondu
par aucuns des assistans que c'estoit il sans doute, & à ceste cause il
dit à l'Empereur : Sire, vous auez entendu la promesse que i'ay faite, à
laquelle pour mourir ie ne voudrois faire faute : parquoy ie vous suplie treshumblement que mon partement d'auecq' vous ne vous soit
ennuyeux : car faisant autrement, vous auriez grand' raison de ne me
tenir iamais pour tel que ie suis. Lors l'Empereur coleré & trop indi-
scret (veu la grauité de son estat) commença à iniurier Amadis, disant
a Enil : Cheualier, dites à celuy qui vous a fait venir vers moy, que le
temps s'aproche pour luy faire receuoir punition de tant de meschan-
cetez qu'il a faites, & que la spelonque propre à telz larrons comme
il est, ne le sauuera que ie ne le face brancher, & ses compagnons aussi
& vous Arquisil son prisonnier faites de vostre part ce que vous voudrez, vous n'en aurez autre parole de moy. Quand Enil entendit l'arrogance de l'Empereur, postposant toute crainte, il luy respondit : Sire, vous auez cogneu Amadis, & sçauez comme il vous a traité n'e-
stant lors que simple Cheualier errant, & si maintenant vous le venez
chercher comme Empereur, il viendra au deuant de vous comme
Prince & grand Seigneur qu'il est, & duquel (peult estre) vous depar-
tirez aussi peu à vostre honneur que vous fistes l'autrefois. Bien cogneut le Roy Lisuart que l'Empereur ne pourroit tant commander à
soy-mesmes qu'il n'outrageast Enil, s'il ne le retiroit, dont il seroit
trop desplaisant : & à ceste cause rompit leurs propos, disant à l'Empereur : Monsieur allons nous mettre à table, & laissez ce messager
iouir de son priuilege. Ainsi s'en partirent les deux Princes, laissans
Enil auec Arquisil qui le mena en sa tente, ou il luy fit toute la bonne chere dont il se peut auiser : puis le lendemain monterent à cheual, & firent tant par leurs iournées qu'ilz arriuerent en l'Isle Ferme,
ou Arquisil se trouua bien esbahy, voyant si grand nombre de gens

G iiii   assemblez:

assemblez : toutesfois il dissimula ce qu'il en pensoit, & vint descendre au pauillon d'Amadis, lequel apres luy auoir demandé nouuelles
du camp de l'Empereur & de ses entreprinses, il dit : Seigneur Arquisil, vostre maistre est grand Prince & puissant : mais il trouuera (s'il
nous vient assaillir) qui luy respondra plus rudement, que ne luy a
fait entendre le Roy Lisuart : & pour le vous faire cognoistre deuant
que nous departions d'icy, ie veux que vous voyez quelle est nostre
armée. Et à ceste cause il luy baila deux Cheualiers pour le conduire
par tout le camp, & luy mesmes quelquefois (durant trois iours qu'ilz
seiournerent) le menoit d'vn costé & d'autre, luy monstrant les Cheualiers de renom, en luy disant : Cestuy cy est tel, & cest autre fit en
tel lieu tel combat, & ainsi particulierement des vns & des autres : &
tant en nomma Amadis, qu'Arquisil commença à douter de la victoire des Romains, ce reputant trop mal voulu de fortune, perdant
le moyen de faire seruice à son maistre en telle necessité : mais sur
l'heure il va penser, que peult estre s'il requeroit Amadis de luy remettre sa liberté, iusques apres l'affaire qu'il ne le refuseroit, le cognoissant pour l'vn des plus affables & gracieux Cheualiers du monde. Au moyen dequoy le lendemain estant au logis du Roy Perion,
qui lors auoit en sa compagnie les principaux de son camp mettant
le genoil à terre, luy dit : Sire, ie vous suplie treshumblement permettre que ie vous die vn mot en la presence de mon seigneur Amadis, & de ces autres Cheualiers. Dites, respondit le Roy, ce qu'il vous
plaira. Adonc Arquisil se leuant, commença à reciter par le menu la
sorte du combat de Garadan contre Amadis, & depuis des vnze Romains contre les vnze Cheualiers du Roy Tafinor, & tout ce qu'auez
entendu par cy deuant : mesmes comme luy estant au plus grand danger de mort ou il se trouua oncques, Amadis luy auoit sauué la vie en
le prenant prisonnier, & depuis renuoyé sur sa foy, souz condition
de se rendre tel, toutes & quantesfois qu'il en seroit semond, & que
pour ceste cause il auoit laissé l'Empereur prest d'acomplir sa promesse : toutesfois, dit il, s'il plaisoit à mon seigneur Amadis (en vsant de
son acoustumée gentillesse & liberalité) me faire tant de bien, de permettre que i'acompagnasse encores mon maistre le iour de la bataille qui ce donnera il m'obligeroit toute ma vie à estre encores plus
sien : car il ne me pourroit auenir plus grand malheur, ce me semble,
que de perdre tel honneur : & à fin qu'il ne pense que ie le die pour
autre raison, ie iureray de me rendre vers luy les premiers iours d'a-
pres, si la vie me demeure. Lors Amadis voulant bien faire entendre à
chacun le peu de doute qu'il auoit de l'Empereur, ne du secours que
Arquisil luy donneroit, va respondre : Arquisil, encores que l'Empereur vostre maistre soit trop leger à parler, & sans grande ocasion glo-
rieux

rieux & presumptueux : toutesfois ne me voulant venger de luy sur
vous pour ceste heure , ie suis content vous remettre en liberté , pour
estre auec luy le iour de la bataille, par telle condition si en rechapez,
que le dixiesme iour ensuyuant vous viendrez vers moy en quelque
lieu que ie soye, pour faire ce que ie vous commandray , dequoy Arquisil le remercia humblement, & ainsi le promist es mains du Roy,
puis (pour le grand desir qu'il auoit de retourner) prenant congé de
toute la compagnie monta à cheual, & sans seiourner vint trouuer le
camp de l'Empereur , lequel le voyant fut merueilleusement ayse , &
luy demanda comme il estoit ainsi eschapé. A donc Arquisil luy conta tout ce qu'auez entendu , & la grand force qu'auoit Amadis pour
le combatre , & finablement le gracieux traictement & liberalité de
laquelle il auoit vsé enuers luy : & croyez Sire , dist il , qu'il viendra
au deuant de vous aussi tost qu'il sçaura que marcherez en païs , dequoy l'Empereur fut bien esbahy : car il auoit iusques la estimé (suyuant les propos que luy auoit tousiours tenuz le roy Lisuart) qu'A-
madis n'auoit moyen de recouurer gens pour resister à leur puissance , tellement qu'il faisoit estat de l'asieger dedans l'Isle Ferme, &
l'auoir par force ou famine , parquoy cognoissant le contraire deli-
beray pouruoir priant le Roy Lisuart que lon deslogeast le lendemain des l'aube du iour , apres que la monstre generale seroit faite de
leurs gens , tant de pied que de cheual , ce qu'il luy acorda , & furent
trouuez trois mile hommes d'armes Romains , & sept mile hommes
de pied , dont il y en auoit deux mile haquebuziers : Des païs du roy
Lisuart deux mile cheuaux , & quatre mile hommes de pied , dont
les cinq cens tiroient de l'arc, le reste qui se montoit iusques au nombre de mile (comprins les deux cens du roy Cildadan) auoient esté
amenez par Gasquilan Roy de Suese , puis en ordonnerent le depar-
tement tel que vous entendrez : A l'Empereur fut presentée l'auantgarde qu'il accepta , & pource que sa troupe estoit trop grosse au pris
du reste, en laissa cinq cens hommes d'armes, & mile hômes de pied,
qui furent reseruez pour l'arriere garde. Le roy Lisuart eut la bataille
acompagné de gens de ses païs , mesmes de Norandel qui eut charge
des gens de pied , & les Roys Cildadan & Gasquilan l'arriere garde
auec Brandoyuas pour les gens de pied,& croyez qu'il les faisoit tresbon voir marcher en bataille : car au partir de là le Floian frere du
prince Saluste Quide qui estoit coronnal des gens de pied de l'auantgarde , auoit fait dresser son escadron en carré , dont les six premiers
rancs estoient richement armez, & tous gens d'eslite,& au mylieu de
leur troupe voyoit on leurs enseignes au vent, acompagnées de hal-
bardiers , & puis sur les flancs estoient les deux mile haquebutiers
que conduysoit Arquisil, couuers de gorgeris & cabassetz, & à costé
sur les

sur les ælles la gendarmerie auec l'Empereur, en laquelle y auoit tant
d'enseignes, guydons & banderolles qu'il n'estoit possible de voir
troupe plus braue, pource que la plus part des hommes d'armes a-
uoient leurs cheuaux bardez, & les archiers (qui estoient separez
d'eux) si bien montez qu'il y auoit peu de difference : Entre la gendarmerie & gens de pied marchoit vne bande d'artillerie auec grand
nombre de pionniers, & le charroy portant les munitions de poul-
dres & bouletz seulement, le reste ou estoient les cordages, chables,
lanternes, fallotz, hantes, picques, pelles, serpes, coygnées, forges,
essieux, tantes & autres choses requises à l'atelage, estoient au cul de
toute l'armée à costé du bagage : puis suyuoit la bataille en pareil ordre, & l'arriere garde apres qui vindrent camper à trois lieuës de là.

Comme le Roy Perion fut a-

uerty du deslogement de ses ennemys, & de l'ordre qu'il tint
pour aller au deuant les combatre.

Chapitre　　　　XVI.

Apres que

Pres que l'armée des Cheualiers de l'Isle Ferme fut
assemblée & refraischie, du consentement de tous,
le bon roy Perion demeura chef & conducteur de
ceste entreprinse : parquoy chacun fit serment de
luy obeïr. Or estoit il gentil Prince, sage & preuoyant le possible, & à ceste cause considerât à qui
il auoit affaire, & de quelle importance seroit la perte de ceste bataille si la fortune luy disoit mal, quelques iours apres auoir depesché gés
& espies de toutes pars pour entendre d'heure à autres nouuelles de
ses ennemys, fut auerty que sans doute ilz marchoient en païs : parquoy delibera aller au deuant & les combatre s'il les trouuoit à point,
& pour ce faire il ordonna son armée ainsi que vous entendrez. Premierement fut donné charge de l'auantgarde à Amadis acompagné
d'Agraies, Bruneo, & de deux mil trois cens hommes d'armes, la
plus part Gauloys : & Quedragant la conduitte de quatre mille hommes de pied de semblable nation, meslée auec partie des Escossoys, &
six cens cheuaux legers pour aller descouurir & escarmoucher souz
l'enseigne de Bransil : Pour la bataille Gastilles fut coronnal de cinq
mille hommes de pied, quasi tous Grecz, faisant separément vn batail
lon de dixsept cens archers, qui auoient l'industrie de tirer si bien de
l'arc Turquoys qu'à chacun coup ilz descochoient cinq flesches, duquel Libée neueu de maistre Helisabet fut capitaine, & le roy Perion
auec Galuanes, les suyuoient ensemble dixhuyt cens hommes d'armes
lesquelz estoient costoyez par Brian auec l'arrieregarde de quinze
cens caualliers, la plus part d'Espagne, soustenuz par trois mille hommes de pied, desquelz Sadamon auroit la conduite : Puis ordonna
pour secourir & renforcer de fois & d'autres les plus pressez, Tiron
auec sept cens cheuaux, & Madacan pour garder le bagage suiuy de
cinq cens hommes de pied. Ce fait commanda que chacun se retirast souz son enseigne pour partir le lendemain de grand matin :
mais pour trop ne nous eslongner de ce que faisoit ce pendant Arcalaüs, entendez qu'apres auoir sceu certainement que les Roys Perion
& Lisuart marchoient l'vn contre l'autre depescha soudainement
Garin filz de Grumel, lequel Amadis occist lors qu'il secourut Oriane, comme il vous a esté recité au premier liure & luy commanda expressément ne seiourner iour ne nuit qu'il n'en eust auerty le Roy
Arauigne & les autres de sa ligue, à ce qu'en toute diligence ilz fissent partir leur armée, & entrer au païs de la grand' Bretaigne ou il
les atendoit auecq' sa troupe. Garin obeïssant à Arcalaüs, fit tant
qu'il arriua en la grand' ville d'Arauigne, de laquelle tous les Roys du
païs portoient le nom, & la trouuant celuy auquel il auoit affaire, luy
declara l'ocasion de sa venuë vers luy, & semblablement aux autres
ainsi qu'il

ainsi qu'il luy estoit enchargé, lesquelz ayans leur armée preste con-
clurent d'eux assembler deuant la ville de Califan au païs de Sansuegue, & la dresser leur camp pour eux embarquer, & ainsi le firent,
tellement qu'au iour assigné se trouuerent iusques à douze mille hom
mes de guerre & plus, lesquelz entrans dedans les vaisseaux que lon
auoit fait equiper, firent voille en la grand' Bretaigne, ou ilz prindrent port pres d'vn chasteau qui apartenoit à Arcalaüs, lequel les a-
tendoit auec six cens Cheualiers tous ennemys mortelz du Roy Lisuart & d'Amadis, & apres s'estre refraischiz vn iour ou deux sans plus,
auertiz par leurs espies de la diligence que faisoit le Roy Lisuart pour
trouuer ceux de l'Isle Ferme deslogerent & cómencerent à le costoyer
petit à petit, & conduisoit l'auantgarde le Roy de la profunde Isle,
auec six cens hommes d'armes, & trois mille cinq cens hommes de
pied, la charge desquelz seroit baillée à Barsinan qui estoit encores
ieune Cheualier & entreprenant: Le Roy Arauigne menoit la bataille, acompagné de quinze cens hommes d'armes, & trois mille
cinq cens auenturiers, souz la conduite de six Cheualiers parens de
Broutaxer, qu'Amadis deffit en la bataille des sept Roys, lesquelz
estoient expressement partiz de l'Isle Sagitaire pour eux trouuer en
ceste entreprise, esperant venger la mort de leur parent: & à Arcalaüs
fut baillé charge de l'arrieregarde auec cinq cens hommes d'armes, &
quinze cens soldatz, & pource que le ieune duc de Brisaye estoit arri:
ué des derniers auec quelque nombre de cheuaux legers, il fut ordonné pour aller descouurir & tenir escoute aux esplanadeurs : & en telle
ordre entrerent es païs du Roy Lisuart, par les endroitz plus couuers
qu'ilz peurent pour n'estre aperceuz, à ce que plus aisément ilz mis-
sent fin à leur entreprise,

Comme Gandalin & Lasinde

Escuyer de Bruneo de bonne Mer, furent faitz Cheualiers,
& de la bataille que se donnerent les Roys Lisuart & Perion.

Chapitre   XVII.

Il vous

IL vous a esté cy deuant recité que Gãdalin eut char
ge d'Amadis (allant en Gaule) de suplier la Royne
sa mere enuoyer Melicie tenir compagnie à Oriane
ce que le roy Perion auoit trouué bon: mais voyant
Galaor si mal, ne voulut qu'elle partist iusques à ce
qu'il se portast mieux, parquoy fit demeurer Gan-
dalin expressémét pour la conduire aussi tost qu'il seroit hors de dan
ger, ce qui auint peu apres: au moyen dequoy la Royne la fit embarquer bien acompagnée de Dames & Damoyselles, esperant qu'elles
trouueroient encores le roy Perion en l'Isle Ferme: mais il estoit desia party, dont Gandalin fut si desplaisant que rien plus: car il esperoit
bien estre Cheualier auant que la bataille se dõnast, pour à quoy paruenir sans faire aucun seiour partit le lendemain, & chemina tãt qu'il
arriua au camp, lors l'auisant Amadis luy demanda ou il auoit laissé
sa sœur. Monseigneur, respondit il, elle est de present en l'Isle Ferme,
auec madame Oriane, & se recõmande humblement à vostre bonne
grace. Et mon frere Galaor, dit Amadis, est il guery? Il se porte trop
mieux qu'il n'a fait, respondit Gandalin: mais il est encores si debile
qu'il ne peult sortir de la chãbre, puis luy raconta tout ce qu'il sçauoit
de nouueau. Vrayement Gandalin, dit Amadis, ie te sçay bon gré d'e-
stre retourné si a propos, veu que i'espere que nous aurons la bataille
deuant qu'il soit trois iours d'icy. C'est ce qui m'a fait haster rspondit
il: car vous sçauez le desir que i'ay d'estre Cheualier, & qu'en meilleur
endroit ne pourroys-ie receuoir tel honneur, & croyez monseigneur

H　　　　que sans

que sans la cognoissance que i'ay maintenant que vous pouuez passer
aysément de moy, ayant madame Oriane en vostre puissance, ie ne
vous tiendrois telz propoz : à ceste cause, ie vous suplie treshumblement m'octroyer que ceste bataille ne se donne point sans que i'y sois
comprins, & me faire le bien ou i'ay toute ma vie aspiré. Haa Gandalin, respondit Amadis, que tant m'est grief d'acomplir ce que tu
demandes, croy moy, qu'il me semble que tu me tires le cueur du
ventre, parquoy s'il estoit possible ie m'en exempterois volontiers:
toutesfoys voyant qu'il est raisonnable, ie postposeray toute passion
pour te complaire, estant seulement marry que ne sommes en lieu ou
ie peusse recouurer armes pour te donner, & faire en celà tout ce qu'il
est requis & que tu merites. Monseigneur, dit Gandalin, vostre frere
ya de sa grace tresbien pourueu: car au partir de luy (sachant ma deliberation) m'a fait present des siennes, & du meilleur cheual qu'il eust
& outre il me voulut donner son espée: mais ie luy dis que vous m'a-
uiez promise l'vne de celles que vous donna la Royne Menorese en
Grece. Puis qu'ainsi est, respondit Amadis, il sera donc meilleur que
la nuyt auant que nous ayons la bataille tu veilles en la chapelle du
Roy mon pere, & le iour ensuyuant ie te presenteray à luy armé comme il apartient, pource qu'il te seroit impossible receuoir cheualerie de meilleur endroit. Sur mon Dieu monseigneur, dist il, ie n'euz
oncques desir de l'auoir d'autre que de vous, s'il vous plaist. Et bien,
respondit Amadis, ie feray ce que tu voudras. Lasinde Escuyer de
Bruneo, dist Gandalin, m'a n'agueres asseuré que son maistre luy a
acordé aussi de le faire Cheualier, luy & moy veillerons ensemble,
& serons compagnons en ceste bataille. Amadis ne luy respondit
mot, ains se retira en la tante du Roy, lequel luy cómanda faire partir le camp le lendemain de grand matin : car les espies luy auoient
raporté que ses ennemys s'aprochoient. Ainsi marcherent les deux
armées l'vne contre l'autre, tellement que le tiers iour ensuyuant elles se peurent voir à demy lieuë pres ou ilz se camperent, non sans
dresser plusieurs belles escarmouches, tant de gens de cheual que de
pied : specialement de la part des Romains, qui ne taschoient qu'à
atirer ceux de l'Isle Ferme au combat, pource qu'ilz estoient en lieu
auantageux pour eux : mais le Roy Perion entendoit tresbien ceste
ruze, parquoy fist fortifier son camp par grandes trenchées, & sur
les auenues asseoir son artillerie. Et ainsi se maintindrent trois iours
durant, escarmouchans quasi depuis le matin iusques au soir, & plus
long temps eussent encores temporisé, n'eust esté qu'on leur raporta
qu'Arcalaüs auoit fait descendre le Roy Arauigne auec vne puissan-
te armée, lequel marchoit à grand iournées pour les venir trouuer.
Et à ceste cause chacun des deux camps commencerent à auoir vne
merueilleuse

merueilleufe doute, ne sçachant de quelle part il se vouloit ioindre:
car le Roy Lisuart estimoit qu'il vint au secours d'Amadis, & Amadis en presumoit autant pour le roy Lisuart. Celà seul fut cause de les
faire combatre ainsi que vous entendrez cy apres: mais premier que
ce faire Gasquilan Roy de Suese qui estoit expressément party de son
païs pour venir combatre Amadis, enuoya vn Trompette vers luy, lequel arriué luy dit: Seigneur Amadis, le Roy de Suese mon maistre
vous mande par moy, qu'au temps que le Roy Lisuart entreprint la
guerre contre Galuanes en l'Isle de Mongaze, il passa de ses païs par
deça, expressément pour s'esprouuer contre vous, non pour inimitié
ou mal qu'il vous vueille, ains seulement pour la grande renommée
qui est en vous: neantmoins il ne vous trouua pas, & fut contraint e-
stant naüré se retirer en son royaume, duquel il ne fust encores party
n'eust esté qu'il a esté auerty par le roy Lisuart, que vous seriez de ceste entreprinse: parquoy continüant en sa premiere deliberation, il
vous prie par courtoysie que demain vous vueillez rompre trois lances auec luy: car si vous attendez le iour de la bataille, mal aisément
vous pourrez vous esprouuer l'vn contre l'autre selon son desir. Trompette, respondit Amadis, i'ay entendu long temps à tout ce que tu
m'as dit, & aussi le vouloir de ton maistre, & croy certainement que
l'enuie qu'il a de me combatre ne luy procede que de magnanimité de cueur, & combien qu'il y ayt grand difference entre mes œuures
& la renommée que lon me donne, si suis-ie trescontent qu'il ayt de
moy la reputation qu'il en a, t'asseurant que le cognoissant pour tel
qu'il est, ie desireroys plustost qu'il m'esprouuast en lieu ou il receust
plus de seruice de moy: mais puis qu'il a desir de ce que tu dis, ie feray
ce qu'il demande. Mon seigneur, dit le Trompette, il sçait comme les
choses se passerent entre vous & Madraque le Geant de l'Isle Triste,
& combien qu'elles luy touchent comme de filz à pere, auerty de la
courtoysie que vous luy fistes, il vous pense plustost digne de louange que d'aucune vengeance, en sorte que le desir qu'il a de vous combatre, n'est que pour enuie qu'il porte en la grande reputation que lon
vous donne, esperant (s'il demeure vainqueur) aquerir ce à quoy il
ne peult autrement ataindre, & que s'il est vaincu, que pourtant il
n'en sera moins estimé, estant le monde assez informé des victoires
que vous auez aquises tant sur les plus fors Geans que contre les bestes
cruelles & supernaturelles. Or t'en va, respondit Amadis, demain
le matin ie me trouueray en ceste plaine pour faire ce que ton maistre
voudra. Ainsi s'en retourna le Trompette: mais auant que passer outre ie vous veux declarer la cause principale qui meut ce grand Prince
Gasquilan à trauerser tant de païs pour venir combatre Amadis.
Au troysiesme liure de nostre histoire il vous a esté recité qu'il estoit

H ii   filz

filz de Madraque & de la sœur de Laucine Roy de Suese , lequel Laucine mourut sans hoirs : au moyen dequoy Gasquilan desia cogneu
en plusieurs lieux pour l'vn des plus gentilz Cheualiers du monde,
fut apellé par ceux de Suese : qui l'esleurent pour leur Roy , & depuis
il deuint amoureux d'vne bien belle & ieune Princesse nommée Pi-
nele, laquelle estant orpheline & heritiere par la mort de ses pere &
mere de plusieurs terres & seigneuries contiguës & limitrophes des
païs de Gasquilan , qui pour l'amour d'elle entreprint plusieurs auentures, lesquelles il mist à fin , non sans grand danger de sa personne,
toutesfois elle luy portoit si peu d'affection , le cognoissant de race
de Geant cruel & superbe , qu'elle ne voulut oneques entendre à l'accepter pour mary , quelque poursuyte & grande instance qu'il en
fist , dequoy Gasquilan mal content menassoit de la ruiner & de-
struyre entierement , ce que doutans aucuns de ses plus feaux suietz,
luy conseillerent vser de dissimulation & temporiser le mieux que
elle pourroit , à quoy elle presta l'aureille tant qu'vne foys entre autres Gasquilan vsant de ses importunitez acoustumées luy faisoit toutes les plus belles remonstrances que peuuent faire en pareilz actes
gens passionnez en l'amour : mais elle sage & auisée luy respondit telles parolles : Monsieur , puis qu'il a pleu à Dieu me donner les biens
que i'ay , ie ne fausseray pour mourir la promesse que i'ay faite à feu
mon pere , ny ne vous espouseray iamais si se n'est souz vne condition . Et quelle? dit Gasquilan . Ie luy iuray , respondit elle , auant
qu'il decedast , de iamais ne prendre party qu'auec le meilleur Cheualier du monde s'il estoit en ma puissance de le recouurer , & que
pour pauure qu'il fust ie n'aurois autre mary : A' ceste cause ie me
suis enquise diligemment qui estoit celuy duquel ie vous parle , & ay
sceu que pour le iourd'huy Amadis de Gaule n'auoit de second : &
pourtant si vous voulez entreprendre de le combatre & vaincre ie feray ce qu'il vous plaira . Ceste seule ocasion donna le motif à Gasquilan, roy de Suese, de luy faire entreprendre les deux voyages qu'il a-
uoit faitz en la grand' Bretaigne , presumant tant de soy de venir au
dessus d'Amadis , duquel (comme ie vous ay dit) s'en partit le Trompette puis arriué vers Gasquilan luy recita ce qu'il auoit charge de luy
dire , dont Gasquilan fut si ayse qu'il profera ceste parolle si hault
que plusieurs l'entendirent : Par dieu Trompette ie n'en voudrois tenir la meilleure ville de Gaule : car i'espere faire entendre à vn chacun que ie suis quelque chose plus que luy , & desia luy tardoit que
le terme assigné ne fust venu . Au moyen dequoy le lendemain des
le poinct du iour s'arma d'vnes armes grises , couuertes de Griffons
d'or , tenans en leurs griffes vn cueur ensanglanté , pour tesmoignage du tourment qu'il auoit pour l'amour de s'amye : puis s'en alla vers

alla vers l'Empereur & le roy Lifuart les prier affectueufement venir
voir comme il fçauroit abatre la gloire d'Amadis, & fi du premier
coup difoit il, ie ne le defarçonne, ie fuis content ne porter harnois
d'vn an entier. Mais l'Empereur qui auoit efprouué celuy duquel il
parloit penfoit tout le contraire, & à cefte caufe fit mettre partie de
fa troupe en bataille, tant pour luy tenir efcorte, que doutant d'eftre
furprint fouz ombre de ce combat particulier : & le femblable fit A-
graies. Ainfi eftans les deux auantgardes l'vne deuant l'autre, Amadis couuert d'vn harnois verd femé de lyons d'or tout tel que celuy
qu'il portoit quand il vint vers fon Oriane à Mirefleur au retour de
la Roche pauure, lors qu'il occift les deux Geans Famongomad &
Bafagant fon filz, fit apeller Gandalin, & luy dift : Gandalin, puis
que tu ne veux eftre Cheualier de la main du Roy, va t'armer, & deuant que i'entre en ce combat ie te tiendray ce que ie t'ay promis. A-
donc s'en partit Gandalin, & peu apres retourna vers Amadis qui
l'atendoit, & le prenant par la main le conduit ou eftoit le roy Perion, auquel il dift : Sire voicy Gandalin qui defire receuoir l'ordre
de cheualerie, ie vous fuplie treshumblement puis qu'il veult l'auoir
de moy, luy feindre l'efpée, à ce qu'il ayt tant qu'il viura fouuenan-
ce de l'honneur que vous luy ferez : ce difant luy prefenta l'vne de
celles que luy donna la Royne Menorefe en Conftantinople, laquelle il auoit baillée en garde à Durin frere de la Damoyfelle de Dannemarc, puis donnant l'acollée à Gandalin luy chauffa l'efperon
droit, adonc s'aprocha le Roy & luy feignit l'efpée : ainfi eut il l'honneur qu'il auoit toufiours defiré, par les mains des deux meilleurs
Cheualiers du monde, & fur l'heure mefmes Bruneo en fit autant à
Lafinde, qui femblablement receut l'efpée par Agraies. D'vne chofe
vous puis-ie affeurer, que le iour de la bataille ilz fe porterent auffi
vaillàment que nul autre de l'armée, ce fait Amadis fortit de la troupe : car defia Gafquilan eftoit en la pleine qui l'atèdoit, & tenans chacun d'eux vne groffe & rude lance, donnans des efperons à leurs cheuaux fe chargerent de fi grand roydeur que leurs boys volerét en ef-
clatz fe rencontrans de corps & de tefte, par fi grand force, que Gafquilan fut defarçonné, & demeura fur le chàp tout efuanouy, de la
douleur que luy fit le bras gauche qu'il eut denoué en tòbant, & com
bien qu'Amadis fuft quafi eftourdy du grand choc qu'il auoit receu :
toutesfoys fentans fon cheual efpaulé trouua façon de defcendre auàt
qu'il cheuft, puis metant l'efpée au poing marcha vers Gafquilan, lequel eftoit encores fi efuanouy, qu'il ne fe remuoit aucunement : Parquoy l'Empereur craignant qu'Amadis luy trenchaft la tefte, luy fit
tirer cinq ou fix coups de harquebuze, & quant & quàtvindrent deux
hommes d'armes pour luy cuyder prendre. Ce que voyant Agraies

H iii   fortit

fortit de fa troupe auec aucuns des fiens , & pendant que l'efcarmou-
che fe dreffoit trouua moyen de remonter Amadis . Adonc fut à qui
mieux mieux:car les deux auantgardes marchoient l'vne contre l'autre, & commença l'artillerie à canonner fans ceffe : ce pendant Amadis enuoya faire hafter la bataille, & l'arrieregarde, & fit partir Bruneo auec trois cens hommes d'armes pour aller charger vne troupe de
Romains qui faifoient efcarte à fix grandes couleurines que le Roy
Lifuart auoit enuoyez fur vn coftau,duquel ilz endômageoient gran
dement fes gens de pied , & fi porterent fi vaillamment qu'ayant mis
en route leurs ennemys,enclouerent toute cefte artillerie.Ce pendant
les deux armées s'aprochoient petit à petit , & voyans qu'ilz eftoient
fur le point de combatre tabourins fonnerent l'orifon : adonc les gens
de pied baiferent tous la terre , puis fe leuant de grand fureur , tenans
leurs picques croyfées marcherent à grand pas : ce pendant les harquebuziers & archers firent deux ou trois charges, ou fut bleffé Quedragant au bras gauche : mais quand fe vint au ioindre , il fembloit
proprement à ouyr donner coups rompre & brifer picques & halle-
bardes , que ce fuft vn orage de groffe grefle tombans fur quelques
maifons couuertes de thuylle ou ardoyfe . Là peult on voir maintz
gentilz compagnons tomber fur la terre , les vns naürez , les autres
enfanglantez & mors , & dura le combat fort long temps auant que
lon cogneuft qui auoit du meilleur ou du pire : car le Floyan entrant
fur les Gauloys faifoit telle execution qu'il ne ruoit coup ou la mort
n'enfuynit . Durant cefte meflée Amadis & fa troupe chargerent l'a-
uantgarde de l'Empereur , & quand ce vint aux lances baiffer , Gandalin qui eftoit des premiers rencontra le frere d'Arquifil & rompirent l'vn fur l'autre : mais le Romain fut defarçonné : lors entrerent
peffe mefle , & qui euft veu Agraies en befongne , lon ne l'euft eftimé autre que l'vn des meilleurs Cheualiers du monde : car auant que
perdre fa lance il renuerfa quatre des plus braues Cheualiers de l'Empereur,là fut le fort du conflict,pource que les harquebuziers de l'Em
pereur que conduyfoit Arquifil donnerent au trauers de la gendarmerie d'Amadis,& fans Branfil & Tiron qui les coftoyoiét auec leurs
cheuaux legers, ilz euffent fait plus de dommage qu'ilz ne firét:mais
ilz les enfoncerent fi rudement qu'ilz n'eurent oncques loyfir de ref-
chager , & les mirent en defordre , toutesfoys Arquifil trouua façon
de les ralier . Ce pendant Agraies , Landin, & Angriote d'Eftrauaux
ioinctz enfemble combatoient les Romains d'vne merueilleufe har-
dieffe pretendans chacun de fon cofté à la victoire , & d'autre part
Amadis & quelques autres Gauloys , fe trouuans au mylieu de la
preffe faifoient telle execution que nulz ne s'ofoient trouuer deuant
eux, quand ilz rencontrerent Flamian frere baftard de la Royne

Sarda-

Sardamire, & Conſtant de Rocque, leſquelz ayans encores leurs lances entieres chargent Amadis & Landin, Landin fut abatu par Conſtant, & Flamian par Amadis: car il luy donna ſi grand coup en paſſant outre, que coupant tout ce qu'il rencontra l'eſpée deſcendit ſur
les reins du cheual, lequel tomba mort ſur terre: lors s'aſſemblerent
Romains & Gauloys à l'entour pour ſecourir & releuer ceux qui e-
ſtoient à bas, & croyez qu'en ceſte charge maintz y perdirent la vie,
pource que l'Empereur y ſuruint acompagné de pluſieurs Cheualiers
mais il trouua aſſez toſt qu'il l'arreſta ſur cul, & en ſa preſence le gouuerneur de Calabre fut mis à mort par Amadis, lequel voyant Agraies & Angriote à pied au mylieu de la preſſe, & en treſgrand danger
fit en ſorte qu'il les ſecourut par le moyen de Gandalin, Laſinde, Garuate du Val craintif & Bruneo, ces cinq ioinctz enſemble firent en
ceſt endroit tant d'armes que merueilles: au moyen dequoy la plus
part des Gauloys qui eſtoient quaſi laſſez reprindrent cueur, & commencerent les Romains à branſler, & à eux mettre en route, fuyans
droit au Roy Liſuart qui venoit apres, & ſans le Floyan & quelques
vns des plus gentilz compagnons qui ſouſtindrent l'effort, tournans
à tous propos viſage tandis que ſes gens de pied ſe retiroient à la bataille il n'en fut reſchapé vn ſeul: car Quedragant & ſon eſcadron les
chargeoit ſi rudement qu'ilz ne leur donnoient quaſi le loyſir de penſer ce qu'ilz deuoient faire, neantmoins quand il vid la force du Roy
Liſuart ſi pres, demeura quoy en bataille en atendant le ſecours du
Roy Perion, & la troupe de Gaſtilles auec les archers de Libée, leſquelz ſuruindrent toſt apres. Or s'aprochoit la nuyt & voyoit bien
le Roy Liſuart que la retraicte luy eſtoit plus proffitable, que combatre d'auantage ce iour, parquoy ſans vouloir atendre la force des autres retira le reſte de ſon armée dedans ſon fort, & demeura le Roy
Perion parqué au camp ou auoit eſté le conflict, puis ayant aſsis bon
guet, eſperant le lendemain pourſuyure ſa victoire, mais enuiron
deux heures de nuict fut prins par les eſcoutes vn Trópette que l'Empereur & le Roy Liſuart enuoyoit vers luy demander treſues pour
vingt & quatre heures ſeulement, ce qu'il leur fut acordé.

De l'ordre du combat que tin-

drent les deux armées eſtans les treſues finies.

Chapitre   XVIII.

Pres les trefues expirées, les deux camps commencerent à marcher l'vn contre l'autre, & pource que les auantgardes auoient beaucoup souffert, le iour du combat, fut auisé qu'elles seroient mises à l'arriere garde, & en leur lieu, la bataille. Ainsi les roys Perion & Lisuart furent mis deuant, & apres que l'artillerie eut longuement tiré & fait maintz grand dommage des deux costez, les gens de pied que conduysoit Gastilles vindrent rencontrer ceux de Norandel: Là y eut vn merueilleux conflict, & tant de gens mis à mort que c'estoit chose trop pitoyable: pource qu'ainsi que le roy Lisuart marchoit à costé pensant enfermer le bataillon de Gastilles, il rencontra les archers que conduisoit Libée, lesquelz d'assez loing cōmencerent à descocher & à voir flesches & fliez en l'air, il sembloit d'vn regeton de mouches à miel, sortant de la ruche pour aller faire nouueau repaire ailleurs: au moyē dequoy plusieurs de leurs ennemys furent naürez, & leurs cheuaux fort endommagez: & sur ce point se presenta le roy Perion auec sa troupe, lors peult on entendre les trompettes d'vne part & d'autre, & le bruyt si grād que lon n'eust pas ouy Dieu tonner: car les vns cryoient Gaule, les autres Espaigne, Escosse, Irlande, Boesme, & ainsi chacun selon qu'il auoit acoustumé de faire en telz actes belliqueux: mais quand se vint à mettre la main aux espées on neuid oncques tant de cheuaux naürez qu'a lors, pource que chacun taschoit à leur donner dedans les flans, & à l'instant le poulsier s'esleua en sorte que l'air en deuint tout obscur. Adonc Amadis qui menoit la bataille s'auança, pource que lon luy vint raporter que l'Empereur & sa troupe marchoient aussi en diligéce, & enuoya dire à Quedragant qu'il fist partir ses gens de pied, & à Brian & Sadamon qu'ilz s'aprochassent pour les secourir s'ilz en auoient besoin & que Bransil auec ses cheuaux legers allast faire vne charge sur le bagage du Roy Lisuart. D'autre costé l'Empereur qui auoit en auertissement du dommage qu'auoient fait les archers de l'auantgarde aux gens du Roy Lisuart, craignans qu'ilz ne peussent longuement soustenir l'effort du Roy Perion, manda à Arquisil qui le costoyast, & que Flamyan auec les harquebuziers donnast sur la queuë de leurs ennemys: toutesfoys ilz furent deceuz, pource qu'à l'instant mesmes ilz virent la bataille que conduysoit Amadis si pres d'eux, que contrainte les força de se tenir serrez pour combatre, & tost apres se ioignirent les deux arriere gardes: car Madacan qui auoit executé son entreprinse, raporta que sans doute les Romains estoient en suyte, & ce disoit il pource qu'il auoit veu vne trouppe de gens de cheual sortir de l'arrieregarde, laquelle Cildadan auoit fait partir pour aller tenir escorte à leur bagage, lesquelz voyans Madacan & sa troupe trop

pe trop forte pour eux s'estoient retirez au grand gallop, en sorte que
d'effroy ilz auoient quasi rompu les gens de pied que menoit Brandoyuas : Ainsi entrerent pesle mesle ces deux armées faisans tant d'armes qu'oncques gens ne se mirent en plus de deuoir, & tant estoient
encharnez qu'il s'en ensuyuit vn meurtre merueilleux. Durant ce
conflit Brian qui estoit suiuy de ses Espagnolz, rencontra le Roy Arban de Norgalles, & se chargeans l'vn l'autre peu s'en fallut qu'ilz
ne se desarçonnerent, là suruint le Roy Lisuart auec Grumedan qui
portoit son enseigne & autres Cheualiers de la grand' Bretaigne, qui
mirent Brian en telle necessité, que s'il n'eust esté promptement secouru par Agraies & Florestan, il eust esté prins: mais ceux la se trouue
rent si à propos qu'ilz firent reculler leurs ennemys, apres toutesfois
que le Roy Lisuart eut abatu Dragonis, lequel il vouloit tuer, quand
Agraies se mit entre deux luy criant: Roy malheureux tourne visage,
car tu mourras de la main d'Agraies qui te hayt plus qu'homme viuant : Ce disant luy rua sur l'armet si grand coup que les yeux luy e-
stincelerent, & laissant pendre son espée à la chesne qu'il auoit au bras
le saisit par le faux du corps, si estroitement qu'il le cuyda renuerser
par terre : mais le Roy Lisuart l'embrassa de toute sa force, parquoy se
mirent à tirer l'vn contre l'autre taschans tous deux à mettre bas son
ennemy, & comme ilz estoient en ces termes le Roy Perion les auisa, lequel suiuy par Landin, Florestan, Enil, & bonne troupe de ses
gens s'aprocha pour secourir Agraies & prendre le Roy Lisuart s'il
pouuoit, & poursuyuant son entreprinse rencontra Giontes, Grumedan, & grand nombre d'autres qui les chargerent, & croyez que
lors il y eut bien assailly bien deffendu, dont maintz furent grieue-
ment naürez, les aucuns mors, & les autres iettez par terre entre les
iambes des cheuaux : car le Roy Cildadan s'y trouua auecq' grand
nombre d'Irlandois, & Gastilles semblablement si bien acompagné qu'en cest endroit fut tout l'effort de la bataille, pource que les
gens de pied & de cheual se meslerent ensemble : toutesfois à la fin
ceux du Roy Lisuart se trouuerent si pressez à cause qu'Amadis, Lasinde, Gandalin, Balays, Landin, & plusieurs qui l'acompagnerent
les vindrent charger sur le derriere, & eussent prins la fuyte sans le
Floyan, lequel leur tint l'espaule auecq' vn renfort de Romains qu'il
auoit ralliez, ce nonobstant il ne demeura gueres là : car Amadis le
mit incontinent à mort en la presence de l'Empereur qui en cuyda
desesperer, & pensant le venger vint ruer sur Amadis, lequel le recogneut : lors luy redoublerent ses forces pour le mal talent qu'il luy
portoit, & ainsi que l'Empereur leuoit le bras pour luy donner sur sa
teste, Amadis le print au descouuert droit à la iointe de l'espaule, laquelle luy separa des costes auec telle douleur qu'il en mourut sur

l'heure

l'heure : au moyen dequoy les Romains trop espouentez tournerent
dos fuyans à vau deroutte, sans que le Roy Arban ou autre les peut de
là en auant arrester pour chose que lon leur dit . Lors cogneut bien le
Roy Lisuart que fortune n'estoit des siens ce iour là , & la perte de la
bataille pour luy, toutesfois il aymoit mieux mourir l'espée au poing
que se sauuer par vne suyte honteuse, & comme il vouloit rentrer en
la presse, le Roy Arban le retint, en luy disant : Ha a Sire, ne vous per-
dez à vostre escient, voulez vous seul combatre vne armée? ne voyez
vous les Romains en desordre , & la plus part de noz gens desconfiz?
retirons nous, s'il vous plaist , & sauuons le reste , auec lesquelz nous
pourrons vne autresfois donner beaucoup d'affaire à l'ennemy . Bien
cogneut le roy Lisuart qu'il disoit verité, parquoy tandis que ces gens
se retiroient luy & ceux qu'il peut asseurer demeurerent sur la queuë
soustenant l'effort de ceux qui les poursuyuoient : mais celà ne les eust
garenty sans Amadis, lequel preuoyant le desplaisir qu'auroit Oriane si vne fois le Roy son pere estoit deffait, dit au Roy Perion : Monsieur, noz ennemys s'en fuyent, ie vous prie sans hazarder nostre fortune contentons nous de l'honneur que nous auons eu ce iourd'huy:
car si nous les poursuyuons plus outre , la nuyt nous pourra surprendre , & peult estre eux comme desesperez voulans venger leur mort
nous porteront quelque grand dommage laissons les aller, & faisons
retirer noz gens qui sont las & trauaillez. Et bien, respondit le Roy Perion . Comment, dit Agraies , maintenant que nostre victoire se presente vous la voulez donc refuser? Par dieu mon cousin vous n'estes pas
digne d'estre iamais autre que simple Cheualier errant . Voulez vous
respondit Amadis, que noz gens se tuent l'vn l'autre, il est ia soleil couché & la nuyt si prochaine que s'ilz r'entrent au combat ilz ne se pourront cognoistre entre noz ennemys , contentons nous ie vous en prie.
Bien cogneut Agraies lors à quelle fin Amadis faisoit ceste excuse, par
quoy sans luy repliquer de grãd' collere tourna bride & s'en alla d'autre costé : car Amadis fit sonner la retraite . Adonc chacun retourna
arriere & se campa l'armée du Roy Perion au lieu mesmes ou auoit e-
sté le combat pour signe de victoire, pensant le lendemain paracheuer mieux que deuant : mais peu apres arriua vn herault demandant
le corps de l'Empereur, & autres trefues pour quatre iours, durant lesquelz on pourroit enterrer les morts , ce qui luy fut acordé contre l'o-
pinion de plusieurs par le moyen d'Amadis.

Des pro-

Des propos que le roy Lisuart

eut auec les Romains apres la bataille donnée, & comme le saint
homme Nascian qui gouuerna Esplandian en ses ieunes
ans, sçachant ceste guerre, partit de son Hermitage
pour venir vers les deux Roys essayer à les
mettre en bonne paix.

Chapitre   XIX.

Es treues acordées (comme ie vous ay dit) le Roy Lisuart commanda aporter le corps de l'Empereur en la plus grande magnificence qu'il seroit possible, lequel il fit mettre en sa tente, & pource qu'il craignoit que les Romains ne vousissent plus combatre voyant leur chef mort se delibera de parler à eux, tant pour leur donner courage que pour sentir leur vouloir. Et à ceste cause le iour ensuyuant enuoya prier Arqusil qu'il les fist tous mettre en bataille, à ce qu'ilz peussent mieux entendre ce qu'il auoit deliberé de leur dire. Volontiers acorda Arquisil au roy Lisuart ce qu'il demandoit, au moyen dequoy estans assemblez, dedans vne belle prairie le roy Lisuart les vint trouuer, & se mettant au mylieu de leur escadron commença à parler ainsi : Messieurs & grans amys, vous auez veu & experimenté en ces deux rencontres cóme fortune c'est monstrée nostre ennemye, tellement qu'en nous donnant le pire elle a triomphé de la mort de mon bon frere l'Empereur vostre maistre, & de maintz autres preux Cheualiers, qui par effet (en eux vengeás de noz ennemys) ont voulu venir à ce qu'ilz sont venuz, pource que c'estoit la plus belle experience qu'ilz eussent peu faire de leur vertu pour acquerir la gloire ou ilz aspiroient, pour à quoy paruenir il leur a semblé moins que rien de hazarder leurs vies, & qu'il estoit trop meilleur mourir en soy deffendant vailláment, que d'eschaper en reculant, en sorte que pour ne tóber en ce deshonneur & honte, ilz ont voulu plustost, par vne tresgrande magnanimité de courage, endurer la fortune qu'obeyr à la crainte, nó que pour celà ie vueille en rien taxer ceux qui sont eschapez, sçachant le grand deuoir ou ilz se sont mis : mais vous prier tous que preferant vostre honneur au regret que pourriez auoir de la perte de voz cópagnons, vous essayez (la treue faillie) à les venger, combatans vigoureusement ceux qui ont par trop les cueurs enflez de leur victoire. Bien suis d'auis que nous nous deuons moins exposer aux hazardz & dangers que si nous auions sur eux ce qu'ilz

ont sur

ont sur nous, non pas d'auoir moins de courage à les assaillir ou nous
deffendre si la fortune continüe à nous desfauoriser, atendu que si
nous y mourons tous, ce nous sera vne gloire immortelle, & vne sepulture la plus honnorable que nous sçaurions souhaiter : car toute la
terre en general est le vray lieu ou doiuent estre mis les corps des hômes illustres & magnanimes, la memoire desquelz n'est pas conser-
uée tant seulement par les epitaphes & inscriptions priuées, ains par
la renommée d'eux, qui s'estend & publie entre les nations estranges
qui considerent en leurs espritz plus la grandeur & hautesse de leurs
courages, que ce qui leur est auenu, veu que la lascheté acompagnée
de honte, est plus griefue & desplaisante à vn homme qui a le cueur
bon & entier, que la mort qui luy suruient par prouësse auec l'esperance de la gloire publicque. Celà me fait croire mes grans amys, que
pour ne degenerer à voz predecesseurs, vous ferez en sorte que le
monde cognoistra la grand vertu & constance qui est en vous, & que
en la mort de vostre Prince n'est pas ioincte celle de vous tous :
pourtant ie vous prie me dire la deliberation ou vous tendez, affin
que suyuant vostre resolution i'auise de mon costé à mettre ordre à
ce qui sera necessaire, vous asseurant en parole de Roy, que si ie deuois mourir de mile mors, ie ne partiray d'icy que ie n'aye la fin de
mes ennemys, ou eux de moy. Telles paroles haucerent tât les cueurs
des escoutans, que d'vne voix commune respondirent qu'ilz estoient
prestz de combatre mieux que iamais, dequoy le roy Lisuart les remercia bien affectueusement. Ce fait ordonna que lon emportast le
corps de l'Empereur au monastere de Lubayne, atendant qu'il eust
meilleure oportunité de luy faire obseques & pompes funebres, comme en telz cas il est requis : puis enuoya ses Chirurgiens regarder di-
ligément aux naürez, ausquelz il fit de grans dôs & promesses, & sem
blablement à plusieurs capitaines de son armée, & non sans cause: car
l'esperance que lon a d'auoir outre le gré de son Prince honneste recompense de son labeur, fait quelque fois plus hardiment combatre
& hazarder la vie, ce qu'ilz estoient tous resoluz de faire en la premie
re rencontre : mais le seigneur Dieu (es mains duquel sont toutes choses) en ordonna tout autrement, ainsi que presentement vous entendrez. Le bruit du mariage d'Oriane auec l'Empereur de Rome auoit
couru en tant de lieux, que le bon Hermite, lequel nourrist Esplandian es premiers iours de son enfance en fut auerty, mesmes du desplaisir qu'en auoient tous les suietz du Roy, la force qu'il faisoit à sa
fille, pour la y faire condescendre, & finablement du secours que luy
donna Amadis & ceux de l'Isle Ferme : au moyen dequoy ces deux
grosses armées s'estoient mises aux champs. Or cognoissoit il certainement les amours, l'estat & la conscience d'Oriane, & comme elle &

Amadis

promis mariage l'vn à l'autre fouz la couuerture duquel auoit efté
engendré Efplandian , & par tant elle ne pouuoit eftre donnée à autre fans que noftre feigneur y fuft grandement offenfé : Et à cefte caufe delibera l'aller trouuer en l'Ifle Ferme ou elle eftoit , pour effayer
d'obtenir congé d'aller declarer au Roy Lifuart ce qu'il en fçauoit:
à fin de mettre paix à fi grand guerre commencée . Et de fait tout
vieil & caduc , monta fur fon afne , & acompagné feulement d'vn
autre bon homme fe mit en chemin , ou il trauailla tant qu'il arriua
au palays d'Apolidon , incontinent apres le partement du Roy Perion : dequoy il fut trefdefplaifant , craignant qu'il ne peut fi toft executer fon entreprinfe , que les deux armées ne fe rencontraffent . Au
moyen dequoy il fit incontinent entendre fon arriuée à Oriane , laquelle le receut treshumainement : mais elle s'esbahiffoit qui l'auoit
meu de faire fi long chemin , & en temps fi mal propre , pour l'eftat
qu'il auoit mené plus de foixante ans au parauant : & comme elle s'en
enqueroit à luy eftans eux deux retirez à part en fon cabinet , elle luy
dit pleurant tendrement : Ah mon pere ! il m'eft bien maintenant pis
que quand ie vous vis premierement ! ie prie à noftre Seigneur qu'il
me vueille confoler . Ma Dame, refpondit Nafcian , pour cefte feule
ocafion fuis-ie party de mon petit hermitage , apres auoir entendu
que l'Empereur de Rome & le Roy voftre pere marchoient vers ces
limites , pour donner la bataille à Amadis & aux autres qui font auec
ques luy : & preuoyant l'inconuenient qui en auiendra , fi leur deliberation eft executée , tant pour la perte des perfonnes qui y pourront mourir , que pour l'offenfe que lon commettroit enuers noftre
feigneur (eftant à ce que lon m'a dit cefte guerre commencée pour le
mariage de vous auecq' le Patin) ie me fuis mis en voye pour venir
vers vous , fçauoir la verité du tout , & effayer , s'il eft poffible de pacifier les chofes , à la gloire de Dieu , & au proffit & honneur de fon
peuple : car vous fçauez , ma Dame, que ie ne puis ignorer le fecret de
voftre confcience , & le peché que vous commettriez eftant donnée
pour femme à autre qu'à celuy auquel vous eftes defia , ainfi que autresfois vous m'auez dit . Et neantmoins puis que ie l'ay fceu en confeffion , il ne m'eft loyfible de le reueler , fans voftre vouloir & confentement : parquoy eftans les chofes es termes ou elles font , il me
femble que vous y deuez bien auifer , & trouuer moyen que le Roy
voftre pere entende la promeffe , que vous & Amadis auez enfemble,
à fin qu'il ne peche deformais par ignorance : mefmement puis que
vous eftes maintenant en lieu ou il ne vous peut mal faire : & quand
bien vous feriez en fa puiffance autant que vous fuftes oncques , fi deuez vous preferer la crainte de Dieu , au defplaifir qu'il en pourroit
auoir : lequel i'efpere bien moderer , fi vous voulez me permettre que

I ie luy

ie luy en porte la parolle. Helâs mon pere , dit Oriane en vous seul
gist mon remede & mon reconfort! faites tout ainsi qu'il vous plaira,
vous supliant bien humblement prier nostre Seigneur me regarder
en pitié! Ma dame, respondit Nascian , ie suis seur qu'il vous aydera:
car il exauce tertainement le pecheur qui retourne vers luy en cueur
contrit & desplaisant de l'auoir offensé , & s'il luy plaist me donnera
aussi la grace de paracheuer ceste entreprinse, auecq' laquelle il en demeurera seruy, & vous contente : Et pource que ces deux armées sont
pres l'vne de l'autre , & que ie crains qu'ilz ne se rencontrent deuant
que i'arriue vers eux , il vous plaira me donner congé de partir ce
iourd'huy , à ce que par ma negligence il n'en auienne inconuenient
& que le fruit que i'espere de mon labeur ne perisse par ma propre
paresse. Mon pere, dit Oriane, nostre seigneur vous vueille bien conduire, vous priant affectueusement si voyez le petit Esplandian , faire tant que me le puissiez amener à vostre retour. Lors commâda que
lon luy aportast à disner, & apres qu'il eut prins sa refection remonta sur son asne , & print le chemin pour aller trouuer le Roy Lisuart:
mais il ne peut si tost cheminer , que les deux armées n'eussent desia
combatu par diuerses foys, comme il vous a esté dit , & arriua le iour
de deuant que les secondes treues fussent finies: & ainsi qu'il trauer-
soit le camp vit vne partie des gens morts que lon enterroit, dont il
fut si ennuyé que pleurant à grosses larmes leua les yeux & les mains
au ciel, & dit : O' seigneur Dieu! pour l'honneur de vous mesmes
ie vous suplie qu'il vous plaise auoir pitié de ce peuple! & me donner
la grace que ie puisse pacifier si grand desordre! Et passant outre
vint descendre ioignant la tente du Roy Lisuart , lequel l'auisa aussi
tost, & le recogneut, parquoy s'auança pour le receuoir : car il l'auoit
en estime d'homme de sainte vie , & pensa bien que sans ocasion il
n'estoit party de son hermitage , & venu vers luy , & à ceste cause il
luy dit en l'embrassant : Mon pere, vous soyez le tresbien arriué : puis
le prenant par la main le conduit en son pauillon , ou il le fit asseoir
aupres de luy dedans vne chaire couuerte de veloux . Adoncq' commanda que lon les laissast seulz & que chacun se retirast , & entrant
en propos, luy dit : Mon pere, ie croy que vous n'eussiez prins tant de
trauail à faire si long voyage sans quelque grande necessité , ie vous
suplie me la faire entendre. Sire , respondit il , vous auez bien raison
d'ainsi le penser : car pour certain ma grand' vieillesse, & l'estat ou il a
pleu à nostre seigneur m'apeller long temps a , m'excusoient bien de
me trouuer entre ce peuple de sang : toutesfois considerant le mal qui
pourroit auenir si i'eusse differé mon entreprise , ie n'ay craint le
trauail de ma personne , esperant faire seruice agreable à Dieu, & salutaire à vostre ame. Et entendez , Sire , qu'estant ces iours passez en
l'hermi-

l'Hermitage ou auanture vous guida, lors que vous & moy communi-
quafmes enfemble premierement, de l'eftrange nourriture d'E-
fplandian, i'ay fceu l'ocafion de la guerre que vous auez commencée contre Amadis & les fiens : & neantmoins ie fuis feur que vous ne
pouez faire ce qu'auez entreprins, qui eft de marier ma Dame voftre fille à l'Empereur de Rome, par lequel trop de malheuretez font
defia auenuës, non feulement pour n'eftre agreable, tant aux grands
qu'aux petitz de voftre royaume, ainfi que plufieursfois il vous ont
fait dire: mais pour quelque autre raifon, Sire, qui vous eft oculte, & à
moy manifefte, à laquelle, felon la loy de Dieu, vous ne pouuez con-
trarier. C'eft que ma Dame Oriane eft defia coniointe par mariage à
vn autre, que noftre Seigneur a eu agreable, & luy a pleu qu'ainfi fuft.
Le Roy bien esbahy, oyant ainfi parler ce vieil homme, eftima fur
l'heure que la debilité du cerueau luy faifoit tenir telz propos, &
qu'il fuft troublé d'entendement, ou bien qu'il euft efté mal informé
de ce qu'il difoit, parquoy il luy dit : Comment ? mon pere, ma fille
n'eut oncques mary que ie fçache, & n'a efté propos de luy en donner
autre que l'Empereur, auquel ie l'auois promife, eftimant que ce fuft
fon honneur & profit : & Dieu me foit tefmoin que ie ne penfay de
ma vie à la desheriter, ainfi que plufieurs ont eftimé : ains feulement
pour prendre aliance auec vn tel feigneur, par le moyen duquel luy
& moy aliez enfemble, euffions peu acroiftre la foy Chreftienne : &
par ainfi, eftant mon intention iufte, il me femble que ie n'en dois
eftre blafmé. Sire, refpondit il, c'eft pourquoy ie vous ay dit, que ce
qui eftoit à vous caché, m'eftoit manifefte, ainfi que ie vous declareray prefentement:car d'autre que de moy ne le pouez fçauoir. Sire le
propre iour que par voftre commandement ie vous fus trouuer en la
foreft, ou pour donner plus long plaifir de la chaffe aux Dames qui
eftoient auec vous, auiez fait tendre voz pauillons(ie ne fçay s'il vous
en fouuient)ie vous menay le ieune Efplandian, lequel vous prefenta
la Lyonne qui l'auoit alaité du commencement, & ce iour mefmes
ouy ma Dame Oriane voftre fille en confeffion, ou elle me declara
qu'elle auoit promis mariage à Amadis de Gaule, au temps qu'il la
deliura des mains d'Arcalaüs l'Enchanteur, à qui vous l'auiez liurée,
vn peu deuant que la Damoyfelle par laquelle vous fuftes enchanté,
mift voftre perfonne & eftatz au plus grand danger qu'il eftoit poffible, dont Galaor vous retira : & croyez, Sire, qu'il eft vray femblable que noftre Seigneur ayt donné confentement à tel mariage, car
Efplandian en eft yffu : duquel Vrgande la Defcogneuë a predit les
grands merueilles que vous fçauez. Et pourtant vous n'en deuez e-
ftre defplaifant, mefmes qu'Amadis eft filz de Roy, & outre eftimé
en tous lieux l'vn des meilleurs & plus gracieux Cheualier du mon-
I ii   de:par-

de : parquoy, Sire, ie vous conseille qu'en vous monstrant tel que vous auez tousiours esté, vous gardez l'honneur & la conscience de ma Dame vostre fille, & que mettant fin à ceste guerre, vous la rapellez & traitez desormais comme il est raisonnable : ce faisant nostre Seigneur se contentera de vous, lequel autrement se pourra courroucier par l'effusion de tant de sang humain, que sans aucune occasion vous auez fait desia respandre. Quand le Roy l'eut longuement escouté, il demeura tout pensif, puis luy respondit : Mon pere, est il possible que ma fille soit mariée à Amadis ? Ouy certes, dit Nascian, il est son mary, & Esplandian vostre petit filz. O Dieu ! respondit le Roy quel mal il est auenu pour me l'auoir tenu secret iusques à maintenant ! Sur ma foy il y eut maintz bons Cheualiers en vie qui sont morts, ou i'ay tresgrand regret : helàs que ne m'en auez vous plustost auerty ! Cela ne pouuois-ie faire, dit l'Hermite, car il m'auoit esté dit en confession, & si maintenant ie le vous ay manifesté, croyez que ç'a esté par la permission que m'en a donné ma Dame vostre fille, & autrement vous n'en eussiez iamais rien entendu de par moy : mais elle en a esté contente, tant pour l'aquit de son ame, que pour vous oster ocasion de ne plus pecher en cela par ignorance. A l'heure se vindrent presenter deuant les yeux du Roy, les seruices qu'il auoit receuz d'Amadis & de ses parens, telz qu'il ne tenoit quasi la vie que par eux, l'ayant tant de fois secouru en ses affaires, & que vrayement il meritoit sa fille, & mieux s'il luy pouuoit donner : mesmes que l'Empereur auquel il l'auoit promise estoit mort, & aussi qu'Vrgande luy auoit predit choses estranges & admirables d'Esplandian : & entre autres, qu'il deuoit vne fois estre cause de la paix perpetuelle entre Amadis & luy, ce qu'il voyoit desia quasi auenu, & tout ce discouru en son esprit, respondit à Nascian : Mon pere, encores que i'eus se arresté de mourir, & tous les miens auec moy, ou auoir le dessus de ceste guerre, voyant les choses es termes ou elles sont, ie croiray vostre conseil, vous priant affectueusement faire tant enuers Amadis, qu'il vueille entendre à la paix, laquelle quant à moy ie remetz entre voz mains, à fin que si apres vous soyez tesmoin deuant Dieu du deuoir auquel ie me suis submis. De ceste parole le bon Hermite receut tant de plaisir, que pleurát à grosses larmes se ietta aux piedz du Roy, luy disant : O prince bien heureux ! le seigneur tout puissant vous sçache gré de tant bonne volunté : & luy plaise la vous conseruer longuement. Lors le Roy le print par les mains, & le leua, puis luy respondit : Mon pere, ie feray ce que ie vous ay promis sans aucunement me reuoquer, neantmoins ie veux bien que chacun sçache, que paour, ou faute de courage ne m'y contraint, ains seulement la raison telle que vous me l'auez donnée à entendre : & pourtant il vaudra mieux
que vous

que vous alliez au camp du Roy Perion auant que la treue soit faillie,
à fin que selon ce que vous me raporterez, ie me tienne sur mes gardes. Sire, dit Nascian, ie ne boiray ny ne mengeray, si Dieu plaist, que
ie n'aye parlé à Amadis, & vous supplie me donner congé tandis que
l'occasion si offre. Ce disant le Roy & luy retournerent vers les Cheualiers qui les attendoient, ou à l'instant arriua Esplandian venant de
la part de la Royne Brisene, qui l'auoit depesché de Vindilisore pour
venir vers le Roy Lisuart sçauoir de sa bonne santé : & comme Nascian l'auisa le recogneut aussi tost. Lors le voyant tant creu & quasi
prest à prendre les armes fut si ayse qu'il le vint embrasser : mais le Damoysel bien esbahy de la caresse que luy faisoit ce vieillard, l'ayãt to-
talement oublié, commença à rougir : toutesfois peu apres il luy souuint de l'Hermite, & de son hermitage : parquoy il se ietta à genoux,
& luy baisa les mains. Adoncq' le bon homme le tenant entre ses bras
luy dit : Enfant aymé de Dieu benoiste soit l'heure que tu nasquis, &
loué soit le nom de nostre seigneur qui a permis t'acheminer en l'estat
auquel ie te voy maintenant. Durant ce propos chascun estoit esbahy
de voir se sainct homme faire si bonne chere à Esplandian, & le Roy
mesmes auerty nouuellement qu'il estoit son filz, esmeu d'vne amour
paternelle sentoit en son cueur tel plaisir qu'oncques plus grand il
n'auoit receu, tellement que l'inimytié qu'il portoit au parauant à A-
madis & aux siens, se mua soudain en vne plus grande amytié : & demanda à l'enfant dont il venoit. Esplandian bien aprins baisant les
lettres qu'il tenoit les luy presenta, & luy respondit : Sire, ma dame
m'enuoye vers vous, ainsi que vous pourrez voir par ce qu'elle vous
escrit. Lors le Roy ouurit la lettre par laquelle entre autres choses elle le supplioit que son plaisir fust d'entendre à la paix, s'il le pouuoit
faire auecq' son honneur : & apres l'auoir leuë il la monstra à Nascian
luy disant : Voyez ie vous prie, il semble que la Royne sçache desia
ce qui est aresté entre vous & moy. Sire, respondit l'Hermite, elle
vous conseille prudemment, & (si Dieu plaist) ce qu'elle desire le plus
sera mis à execution, deuant que cest enfant retourne vers elle, lequel
ie vous suplie me prester pour m'acompagner, à fin que durant mon
voyage ie puisse parler à luy facillement & à mon ayse. Ouy vrayement, respondit le Roy, ie ne veux pas qu'il vous habandonne tant
que le voudrez retenir. L'Hermite le remercia treshumblement : &
sur ce poinct monta sur son asne, & Esplandian à cheual, pour le suyure auecq' Sergil son compagnon qui estoit venu quant & luy. Ainsi
s'en partirent prenans le chemin vers le Roy Perion, durant lequel
le bon homme deuisa continuëllement auec le Damoysel tant qu'ilz
arriuerent au guet : lors furent arrestez pour sçauoir qu'ilz demandoient : mais quand ilz entendirent que Nascian venoit pour parler

à Amadis, ilz le conduirent en sa tente & le luy presenterent. Or ne l'auoit il oneques veu, & ne sçauoit que penser que pouuoit auoir affaire à luy vn tel personnage : & à l'instant aperceut Esplandian qu'il recogneut aussi peu, encores qu'il eust autresfois parlé à luy,& le iour propre qu'il combatit les Romains pour l'amour de Grasinde,lors que l'enfant luy demanda les deux Cheualiers qu'il vouloit mettre à mort mais Quedragant qui l'auoit mieux marqué quand il le rencontra au retour de son dernier voyage de la grand' Bretaigne le vint embrasser, luy disant : Mon mignon vous me priastes n'a pas long temps (& Brian aussi) de faire voz recommendations au Cheualier Grec,ce que auons acomply, & voy le cy qui vous en pourra asseurer. Ceste parole aporta seur tesmoignage à Amadis, que celuy auquel Quedragant parloit estoit son filz, dont il receut plaisir inestimable. Lors l'enfant s'auança & luy fit la reuerence,non comme filz à pere(l'ignorant encores) mais comme au meilleur Cheualier du monde , & par lequel il auoit esperé receuoir cheualerie du iour mesmes qu'il luy vit combatre les gens de l'Empereur : toutesfois les discordz suruenuz entre les Cheualiers de l'Isle Ferme , & ceux de la grand' Bretaigne , luy causerent vn doute merueilleux de ne pouuoir paruenir à son intention. Adonc Amadis l'embrassa luy demandant si le Roy Lisuart luy auoit donné congé de venir vers luy. Monsieur, respondit il, le bon pere Nascian vous dira ce qu'il en est . Or auoit Amadis souuent ouy parler de l'Hermite, qui estoit reputé entre le peuple vn saint personnage, parquoy s'adressant à luy, luy dist; Mon pere, ie vous prie me pardonner , car ie ne vous cognoissois quand vous estes entré ceans mais maintenant ie sçay qui vous estes, & l'honneur que vous meritez . L'honneur soit à Dieu, respondit Nascian , ie suis son humble seruiteur, qui desire à sa louenge parler à vous en secret, s'il vous plaist de m'escouter. Ouy sur ma foy, dist Amadis, lequel le print par la main & se retirerent à part. Lors Nascian commença à luy dire : Mon filz , auant que vous entendez la cause qui m'a meu vous venir voir , ie vous veux mettre deuant les yeux les grandes obligations dont vous estes redeuable à nostre seigneur, à fin que vous soyez desormais plus enclin à faire chose qui luy soit agreable.Ie croy que vous auez souuét ouy dire & asseurer, que des premiers iours que vous nasquistes vous fustes habandonné aux vndes de la mer , & mis dedans vne petite nasselle seul , sans autre garde que de Dieu , par la bonté duquel vous tombastes es mains de tel qui depuis vous a esleué, tant que vous estes paruenu à estre Cheualier le plus acomply que lon sçache à present: car nostre seigneur vous a donné la force de combatre & venir au dessus de plusieurs gens & bestes trescruelles, dont vostre renommée s'est estendue en tous les endroitz de la terre:

& puis

& puis qu'il vous a pourueu de tant de grace , il est bien raisonnable
que le recognoissez , & mettez peine de le remercier, vous humi-
liant deuant sa face, autrement toutes ces faueurs qu'il vous a prestées
vous tourneront en honte & vitupere . Mon filz vous me pouez voir
tant vieil & caducq que quasi nature me deffault : toutesfois ie n'ay
crains d'entreprendre ce long voyage vers vous, pource que i'ay entendu (estant en mon petit hermitage) le discord d'entre vous & le
Roy Lisuart, auquel i'ay n'a-gueres parlé, & trouué tel, que doit estre
vn bon Prince seruiteur & ministre de Dieu , & prest (s'il ne tient à
vous) d'entendre à la paix, ce que ne deuez refuser, tant pour le repos
de vostre conscience que de vostre personne : & à fin que vous ne me
desguisez vostre fantasie, ie vous puis asseurer que ie sçay de voz affaires plus que ne pensez : car ma dame Oriane m'a dit en confession
le secret de vous deux . Quand Amadis l'entendit parler si auant , il
pensa bien qu'il disoit verité, parquoy il luy respondit : Mon pere, si
ie seruois nostre seigneur selon les graces qu'il m'a faites, ie serois bien
le plus heureux Cheualier du monde , mais comme pecheur que ie
suis preferant quelquefois mon plaisir à sa gloire, ie saulx ainsi que les
autres hommes faillent, dont il me desplaist , & espere (cognoissant
ma faulte) faire desormais mieulx que ie n'ay fait par le passé , vous
suppliant humblement ne craindre ou differer à me dire, ce que vous
verrez que ie dois faire pour luy estre agreable : car ie vous obeïray
à mon possible. Ah mon filz ! dit il , vous faites beaucoup pour vous
de prendre ce chemin salutaire ! par lequel ie vous pourray guider
au bien de paix , & tranquillité de tant de personnes : puis luy conta comme il auoit passé en l'Isle Ferme , & veu Oriane du consentement de laquelle il estoit venu vers le Roy Lisuart , & luy auoit dit
tout ce qu'elle luy auoit enchargé specialement le mariage d'eulx
deux , dont estoit yssu Esplandian . Et croyez mon enfant, dit l'Hermite, que le Roy s'est en cecy porté tresuertueusement, & l'a si bien
prins que s'il ne tient à vous, i'espere que vous aurez aliance perpetuelle ensemble. Or deuinez si Amadis entendoit voluntiers ces nouuelles? Ie vous asseure qu'elles luy furét si agreables qu'il auoit grand'
peine à les dissimuler, & respondit à Nascian: S'il plaist au Roy m'accepter pour son filz, ie vous prometz mon pere qu'il aura en moy vn
gendre qui sera prompt à luy faire seruice . Il ne reste doncq' plus, dit
l'Hermite, qu'à vous faire parler ensemble , pourtant auisez comme,
& quand vous voulez y entendre . Ie vous diray, respondit Amadis,
ie suis d'auis que vous alliez vers le roy Perion mon pere , & que vous
luy declariez la cause de vostre arriuée vers moy, aussi que vous pensez que le Roy Lisuart acceptera maintenant les offres , que luy presenterent dernierement en la grand' Bretaigne (de par nous tous)

I iiii   Quedra-

Quedragant & Brian de Moniaste, touchant ma dame Oriane si on
les luy offre de rechef, ie suis seur que vous le trouuerez raisonnable
& prince de paix autant qu'il y en ayt en ce monde: vous luy pourrez bien dire ausi que vous m'en auez parle, mais que i'ay le tout remis en sa bonne volunté. Pour l'honneur de Dieu, dit le preud'homme, ie vous prie que sans plus differervous me faciez conduire ou il est
Mon pere, respondit Amadis, moy mesmes vous seruiray de guide:
& sur ce poinct s'acheminerent vers le Roy Perion, lequel auerty de
la venuë de Nascian vint le receuoir: & auisant Esplandian ioignant
de luy ne sçauoit penser qu'il pouuoit estre, bien luy sembla il voir
l'vne des plus belles creatures qu'il estoit possible: parquoy demanda
à l'Hermite s'il estoit son parent, Sire, respondit il, il est mien comme
celuy que i'ay nourry en ses premiers ans, duquel nostre seigneur m'en
donna la garde quasi miraculeusement. Ouy, dit le Roy, si c'est luy
que la Lionne allaicta au commencement, ainsi que i'ay ouy dire, &
duquel Vrgande la Descogneuë a predit tant de grandes choses, &
entre autres qu'il sera cause de mettre paix & amytié entre le Roy
Lisuart, & Amadis mon filz, dont ie prie Dieu luy en donner la grace: Et certes puis que par luy doit sortir tant de fruict, il merite bien
d'estre aymé. En verité, Sire, respondit l'Hermite, c'est il dont vous
parlez, & quand bien vous le cognoistrez vous l'aymerez encores plus
que vous ne pensez: ainsi que ie vous feray entendre quelquefois: puis
appella Esplandian & luy commanda faire la reuerenee au Roy. Lors
l'enfant s'auança, & mettant vn genoil à terre luy voulut baiser les
mains: mais le Roy le print entre les braz, luy disant: Mon mignon,
vous estes tant beau, & de si bonne grace, que ceux qui ne vous virent oncques, vous louent & estiment: & croy que vous serez si preu-
d'homme que cheualerie demeura bien employée en vous. Esplandian s'oyant ainsi louër eut vn peu de honte, & voyant le Roy qu'il
rougissoit, demanda à l'Hermite s'il sçauoit de qui il estoit filz. Sire,
respondit il, l'enfant n'en sçait riens, & quant à moy, ie m'asseure bien
qu'il n'a pere ne mere de qui il ayt encores receu grandes faueurs: toutesfois nostre seigneur l'a preserué iusques icy, & me le donna au commencement pour l'aymer & endoctriner comme mon enfant propre, & sur ce poinct le Roy (pensant qu'il ne luy vouloit dire deuant
tant de gens) le tira à part: mais l'Hermite changea de propos, & luy
dit: Sire, ie vous suplie croire que veu l'estat ou ie suis de long temps
apellé, & le grand' aage qui est en moy, ie ne fusse sorty de mon
boys pour venir entre tant de guerres, n'eust esté que mon retardement eust peu causer vn mal duquel nostre seigneur se fust courrous-
sé, non seulement contre vous & le peuple qui est assemblé en ces
deux camps, ains aussi contre maintz autres qui ne peuuent mais des

discordz

difcordz d'entre vous & le roy Lifuart, auquel i'en ay defia parlé, &
fi bien conuerty à la paix, qu'il eft preft d'entendre à la receuoir, ainfi que i'ay dit à Amadis voftre filz, qui m'a du tout remis à vous: pour
tant ie vous fuplie, fire (preferant voz paffions au bien & tranquilité
de tant de peuple) ne defdaigner ce qui vous eft offert, & que vous
mefmes deüriez pourchaffer. Mon pere, refpõdit le roy Perion, Dieu
me foit tefmoing du defplaifir que i'ay eu pour les chofes qui fe font
paffées, auec la perte de tant de gens de bien, & comme volontiers
i'euffe prins autre voye, fi le roy Lifuart euft voulu y entendre: mais
il s'eft monftré toufiours fi hault à la main, que quelque remonftrance que nous luy ayons fait mettre en auant par noz embaffadeurs, fpecialement pour l'eftat de ma dame Oriane qu'il vouloit desheriter, il
n'en a tenu conte, prefumant tant de foy, que par l'ayde de l'Empereur de Rome, il affuiectiroit tout le monde: au moyen dequoy il a
refufé, non feulemĕt mettre ce different en iuftice, ains mefprifé d'en
ouyr parler. Et toutesfoys s'il fe veult maintenant fouzmettre à la raifon, ie me fie tant des miens, qu'ilz fuyuront mon auis, lequel a toufiours afpiré à acourfir ces difcordz, qui ne procedent que par chofe à
quoy il eft obligé par droit de nature enuers fon fang: tellement que
s'il veult rapeller ma Dame fa fille en fa bonne grace, & ne la marier
point à perfonnage fi peu agreable, non feulement à fon peuple: mais
à tous ceux qui le cognoiffent, ou en oyent parler, nous la luy rendrons demeurans fes bons amys s'il en a enuie, ou telz qu'il voudra.
Sire, dit le bon hõme, fi Dieu plaift tout ce fera par moyen: Et fi vous
trouuez bon d'eflire deux Cheualiers desvoftres pour vuyder les differens, pour lefquelz font defia auenuz tant de maux, le roy Lifuart
en nommera deux des fiens, & moy au mylieu, effayray à acorder ce
ou il furuiendra debat ou contention. Ie vous en prie, dit le Roy. Sire
dift Nafcian, deuant que ie dorme i'efpere y pouruoir en forte, que
tout fortira l'effet que vous defirez. Et fur l'heure print congé de luy
& des autres, pour retourner dont il eftoit party, paracheuer ce qu'il
auoit commencé. Et auffi toft le roy Perion fift affembler les principaux de fon armée, puis leur dit: Meffieurs & grans amys, tout ainfi
que nous fommes tenuz de mettre noz biens & perfonnes en danger,
non feulement pour la defenfe de noftre honneur, ains auffi à mainte
nir l'equité & iuftice, auffi fommes-nous obligez de poftpofer toute
paffion & hayne, pour nous reconfilier auec noftre ennemy, quãd de
luy mefmes il prefente la paix. Car encores que du commĕcement la
guerre fe puiffe conduire fans offencer Dieu, toutesfois à la fin fi par
fantafie & peu de cognoiffance nous nous efloignons de la raifon, ce
qu'au premier eft raifonnable, fe cõuertift en iuftice: & n'eftimez que
fans caufe ie vous tiéne tel propos. Nafcian le faint hõme (cogneu de
la pluf-

la pluſpart de vous) eſt venu n'a gueres vers moy , comme auez peu
voir, pour eſſayer de mettre quelque paix entre nous & noz ennemys
à quoy le roy Liſuart eſt preſt d'entendre, s'il ne tient à nous: & neant
moins ie n'ay voulu luy donner aucune reſolution , ſans premier entendre voz deliberations: Car il me ſemble raiſonnable, que tout ainſi que vousvous eſtes faitz participans aux trauaulx, que vous le ſoyez
auſſi au bien du repos& tranquilité: & pourtant ie vous prie que ſans
diſſimulation , chacun de vous die ce qu'il auiſera pour le meilleur,
puis Dieu nous conſeillera au ſurplus . Quant à moy , ſuyuant l'auis
que m'a donné Naſcian, ie trouueroys bon que nous eſliſiſſions deux
Cheualiers des noſtres, auſquelz nous dõnerons toute puiſſance, pour
determiner auecq' deux autres que nommera le Roy Liſuart, de tous
les differents, pour leſquelz ceſte guerre a prins commencemét, combien que ie ne vueille ſeul eſtre creu en ce cas : mais ſuyure l'auis que
vous trouuerez propre pour le bien de nous tous enſemble . Lors ſe
preſenta Angriote d'Eſtrauaux , auquel le Roy demanda ſon auis.
Sire , reſpondit il , vous auez eſté eſleu chef de ceſte entreprinſe, tant
pour la dignité de Roy qui eſt en vous , que pour eſtime & faueur
que chacun vous porte : au moyen dequoy vous pouuez reſouldre
des affaires de ceſte guerre , ainſi que bon vous ſemblera : toutesfoys
puis qu'il vous plaiſt que ie die premier mon auis, il ſemble (ſouz cor-
rection) que ſi la paix nous eſt offerte par noſtre ennemy , que nous
la deuons accepter : car elle ne peult venir à preſent qu'à noſtre auantage , ayant non ſeulement le deſſus de luy : mais ma Dame Oriane
encores en noſtre puiſſance , pour laquelle nous auons mis ceſte armée aux champs . Et quant au regard de nommer deux de noz compagnons pour acorder (comme vous dites) de tous differents, ie n'en
cognois point de plus propres en ceſt affaire, que les ſeigneurs Quedragant, & Brian de Moniaſte , qui eurent au commencement quaſi
ſemblable charge , lors qu'ilz furent en la grand' Bretaigne nous excuſer enuers le Roy Liſuart , de l'arreſt qu'auions fait à ſa fille , la tirant hors du pouuoir des Romains : & croy qu'ilz prendront volontiers ceſte peine de paracheuer, s'ilz en ſont priez. Et pource que chacun ſe trouua de ceſte opinion , Brian, & Quedragant s'y acorderent
ſur l'heure : dequoy le Roy Perion fut treſioyeux, eſperant que la
guerre commencée pourroit par ce moyen prendre fin.

Comme

Comme Nascian retourna vers

le Roy Lisuart auec la responce du Roy Perion.

Chapitre　　　X X.

 Stant l'hermite de retourvers le Roy Lisuart, il luy fit entendre tout ce qu'il auoit acordé auec le Roy Perion, l'asseurant qu'à son auis il les rendroit amys deuant que partir d'auec eux : car ie l'ay laissé (dist il) en propoz d'en parler auec les siens, & de les y faire condescendre s'il peult. Mon pere, respondit le Roy, c'est tresprudemmét auisé à luy, à fin que nulz d'eux se mescontentent, & de ma part i'ay bien pensé d'en faire autant, ainsi que vous cognoistrez presentement. Lors s'en vint trouuer Gasquilan qui gardoit encores le lict pour la douleur du bras, qu'il eut desmis combatant contre Amadis : puis enuoya querir le roy Cildadan & quelques vns des principaux de son camp, ausquelz il recita les propoz que l'hermite Nasciã luy auoit tenuz pour paruenir à la paix taisant toutesfoys ce qui touchoit à Amadis & à sa fille: & finablemét leur fit entendre la responce, que luy auoit faite le roy Perion sur cest affaire: & pourtant ie vous prie me conseiller que ie dois faire:& premierement(vous) dist il à Arquisil, puis que vous tenez auiourd'huy le lieu du feu Empereur mon frere, pour lequel en partie ceste guerre a esté commencée. Monsieur, respondit il, si l'Empereur viuoit auiourd'huy nous qui estions ses vassaux serions contraintz le seruir en la guerre comme en la paix: mais estant mort comme il est, auec la fin de sa vie est finy le pouuoir qu'il auoit de nous commander:& toutesfoys nous ferons pour vous à present cóme pour luy, en sorte que vostre seruice(quant à nous) ne sera aucunement retardé, tant que vous trouuerez bon nous employer: neantmoins si le roy Perion veult entendre à la paix, ie croy que ceux qui ayment vostre honneur (ainsi qu'ilz doiuent) vous conseilleront tousiours de l'accepter, pouru_eu qu'elle ne vous soit trop dommageable : car vous pouez cognoistre à veuë d'œil que fortune n'est à present des vostres, & qu'à la longue nous aurons (peult estre)encores pis qu'au precedant. Monsieur, dist le Roy de Suesse, si la paix se peult traiter auec vostre ennemy, ie vous conseille de ne la refuser, veu que la plus part de noz gés sont naürez, les autres malades & recreuz, à tout le moins faites vne bien lógue treue, durant laquelle vous vous pourrez renforcer, puis commencer apres si bon vous semble. S'il m'est possible, respondit le Roy, nous

ne serons

ne ferons pas en ceste peine : car le roy Perion a de sa part esleu deux de ses Cheualiers, pour acorder de noz differens, & i'en nommeray deux autres, qui seront : Vous dist il au roy Arban de Norgales, & Guilan le pensif, qui entendez les choses comme elles se sont passées pour y auoir tousiours esté presens : ce pendant ie renuoyray Nascian vers le Roy Perion, luy prier qu'il face retirer son camp d'vne iournée plus arriere, & nous autres prendrons le chemin de la ville de Lubanye, tandis que le pourparler de la paix durera. Telle fut leur resolution, parquoy le roy Lisuart s'en retourna aussi tost vers Nascian, auquel il recita le tout comme il vous a esté descrit cy deuant, le priant tresaffectueusement paracheuer ce qu'il auoit commencé. Sire respondit il, ie vous obeyray en ce qu'il vous plaira me commander, puis ayant parlé au Roy Perion vous feray sçauoir l'heure que vous pourrez partir d'icy, & que son armée deslogera. Et prenant congé de luy se mist en chemin vers Amadis, qui luy demãda aussi tost qu'il l'aperceut quelles nouuelles il aportoit, & si le Roy Lisuart continüoit en son premier propos. L'hermite luy fit le tout entendre, & que pour le mieux il seroit bon que les deux camps s'esloignassent vn peu plus loing l'vn de l'autre, ainsi qu'il auoit esté auisé : à quoy s'acorda aysément le Roy Perion. Et à ceste cause chacun troussa de grand matin son bagage, & retournerent camper à sept grandes lieuës plus arriere : ou nous les laisserons dresser leurs tentes, pour vous declarer qu'elle fin eut l'entreprinse du roy Arauigne, qui espioit l'heure pour surprendre l'vne des deux armées.

Comme le roy Arauigne estant

auerty de la perte qu'auoit faite le Roy Lisuart, & du deslogement de son camp, delibera de luy donner la bataille.

Chapitre   XXI.

Vous

Ous auez cy deuant entendu l'entreprinse du Roy Arauigne, lequel depuis que son armée fut ioincte, ne cessa de cheminer par les montaignes, si couuertement que les Roys Lisuart & Perion n'en pouoiét sçauoir nouuelles certaines: car il se tenoit caché attendant l'oportunité pour assaillir le premier des deux camps qui se romperoit. Et à ceste cause incontinent apres que le Roy Lisuart fut deslogé pour tirer droict en la ville de Lubanye, le guet du camp d'Arcalaüs, qui estoit au sommet d'vne haute montaigne, descouurit l'armée qui se retiroit, dont il auertit le roy Arauigne, lequel estimant quelle fust en route delibera d'aller au deuant & l'assaillir plustost que celle d'Amadis, esperant s'il venoit au dessus de son entreprinse, que le roy Perion se souciroit peu de quereller puis apres contre luy le royaume de la grand' Bretaigne, & que facilement il en demoureroit Roy paciffique. Et pour paruenir à ses fins resolut se tenir couuert iusques sur le soir ensuyuant, qu'il donneroit l'alarme, & la bataille ensemble, s'il pouuoit les surprendre: Lors commanda à Esclauor son nepueu homme ruzé à la guerre autant qu'il estoit possible, de prendre vingt Cheualiers auec luy, & suyure le plus secrettement qu'il pourroit le train de l'armée de leur ennemy, pour voir au vray ou il camperoit la nuict prochaine. Or estoit le Roy Lisuart tousiours en souspeçon que vouloit faire le Roy Arauigne, ayant eu plusieurs auertissemens qu'il marcheroit en païs auec grande puissance: toutesfois il ne sçauoit bonnement quel chemin il prenoit. Bien luy auoient dit aucunes gens du païs qu'il y auoit

K   embus-

embufche dedans les montagnes. Et à cefte caufe voulant pouruecir
aux inconueniens, fit apeller le roy Cildadan, & tous les capitaines,
aufquelz il le leur raconta, les prians de mettre ordre, que leurs gens
fe tinffent ferrez fans aller fourrager, ne courir d'vne part & d'autre:
mais qu'ilz fuyuiffent toufiours en bataille l'artillerie ainfi qu'ilz a-
uoient efté ordonnez. Et combien qu'aucuns fuffent d'auis que lon
deuoit mander au roy Perion l'auertiffemét que lon auoit eu du Roy
Arauigne, tant pour fe tenir fur fes gardes, que pour auoir fecours,
s'ilz eftoient preffez, le roy Lifuart auoit le cueur fi hault & magnanime, qu'il ne vouloit oncques fi confentir, aymant trop mieulx hazarder fa vie, que d'amoindrir tant foit peu fa reputation: Mais enuoya Filipinel auec vingt Cheualiers defcouurir, & courir le païs, luy
commandant expreffement coftoyer la montaigne, pour luy faire
fçauoir d'heure à autre ce qu'il aprendroit de leurs ennemys. Puis
ayant cheminé enuiron quatre lieuës fe campa, & fit dire de main à
main, que chacun fe repofaft pour marcher toute la nuiét droiét à Lu
banye. Or n'eut Filipinel couru longuement, qu'il defcouurit les
vingt Cheualiers d'Efclauor, dont il aduifa incótinent le roy Lifuart,
& que fans doute le fort de l'armée d'Arauigne, eftoit caché dedans
les rochers. Au moyen dequoy le Roy Lifuart deflogea fur l'heure,
pour gaigner la ville, en laquelle il faifoit eftat d'atendre fecours s'il
eftoit preffé, & petit à petit s'eflongnea de la montaigne, entrant en
la plaine. Ce que voyant Efclauor, l'enuoya dire au Roy Arauigne,
qui en toute diligence cheminoit par lieux couuers: mais le chemin
eftoit fi eftroit, que fes gens ne pouuoient paffer que deux de front
pour le plus. Et à cefte caufe, auant qu'ilz euffent atainctz le roy Lifuart, il eftoit quafi tout au plus pres de la ville, dont Arauigne cuyda defefperer, doutant auoir failly à fon entreprinfe. Et à l'heure mef
mes Efplandian, & Sargil (lefquelz l'Hermite auoit defpechez pour
aller vers le roy Lifuart, le trouuant deflogé de fon camp) cheminerent tant qu'ilz virent les gens de pied, & de cheual defcendre de la
montaigne: Lors penferent bien que ceftoit l'armée d'Arauigne, de
laquelle ilz auoient ouy parler à la Royne Brifenne auant que partir
d'auec elle. Parquoy craignans leur force eftre trop grande, pour celle du roy Lifuart qui auoit quafi efté deffait aux deux batailles precedentes, entrerent en vne fi merueilleufe crainte, qu'Efplandian dift
à Sergil: Mon frere, ie vous prie retournons vers Amadis, & luy faifons entendre ce que nous auons veu, Sergil en fut trefcontent. Et partant reprindrent en diligence le chemin qu'ilz eftoient venuz, en
forte qu'ilz arriuerent à laube du iour, au camp du roy Perion, lequel
pour l'auerriffement qu'il auoit eu nouuellemét, que les gens du Roy
Arauigne marchoient en païs, auoit fait tenir la plus part de fon ar-

mée

mée toute nuict en bataille. Lors Esplandian & Sergil vindrent descendre en la tente d'Amadis, ou ilz trouuerent l'Hermite Nascian,
qui fut bien esbahy de les voir si tost de retour, & leur demanda ou
ilz alloient. Mon pere, respondit Esplandian, il est necessaire que ie
parle à Amadis, pour luy faire entendre chose qui importune grandement le Roy Lisuart, & ceux de sa trouppe. Or ne faisoit Amadis que
de se retirer pour se refraischir : car il auoit esté toute la nuict en armes, neantmoins quand il entendit ce que disoit l'enfant, il l'apella
luy demandant que c'estoit. Monseigneur, respondit il, le Roy Arauigne a assiegé le Roy mon maistre ioignant la ville de Lubanye, a-
uec telle puissance, que se ne luy enuoyez secours, & bien tost, ie ne
pense pas que le voyez de vostre vie, que prins ou mort, & ceux qui
sont auec luy : Parquoy ie vous supplie faire pour eulx ainsi que vous
auez de coustume faire pour tant d'autres qui (peult estre) n'en auroient tel besoin. Quand Amadis entendit ces nouuelles, la souuenance qu'il eut du desplaisir qu'auroit Oriane, si son pere estoit des-
fait par le plus grand ennemy qu'il eust au monde, & par faulte de
luy donner secours, luy enflamba tellement le cueur, que sans respondre vn seul mot s'en alla trouuer le Roy Perion, auquel il dit : Monsieur, à ce que i'ay entendu, le Roy Arauigne nous a tourné le doz,
pour combatre le Roy Lisuart, & desia est si pres de luy, que c'est gran
de auenture s'il ne luy a donné la bataille, dont ie serois trop desplaisant, sçachant bien que ceux de la grand' Bretaigne ont perdu tant de
leurs gens côtre nous, qu'ilz ne sont à present puissans pour soustenir
ceste nouuelle force, & s'il auient qu'ilz soyent deffaitz, estans sortiz
de leur camp, souz l'esperance d'vne paix future entre eux & nous,
il semblera à beaucoup que nous leur ayons fait dresser ceste embusche, & que de nostre inuention, & par nostre moyen, le Roy Arauigne les ayent assailliz, dont nous pourrions acquerir vne tresmauuai-
se reputation enuers plusieurs : parquoy ie vous supplie estre content
qu'auec partie de ceste armée, ie leur aille donner secours. Mon filz,
respondit le roy Perion, faites en ainsi que bon vous semblera : Si vous
allez deuant ie vous suyuray, pour vous faire espaulle, si d'auenture
vous le chargez. Bien humblement le remercia Amadis, & sortant
de là, rencontra Florestan, Quedragant, Garuate, & Gastilles, auxquelz il declara son entreprise, qu'ilz trouuerent tresbonne : Et à ceste
cause firent incontinent mettre leurs gens en ordre, pour tirer droit
en la ville de Lubanye bien deliberez de combatre le Roy Arauigne,
s'ilz le rencontroient en la compagnie.

K ii   Comme

Comme le Roy Lisuart fut af-

sailly du Roy Arauigne, qui le deffit, & du secours
que luy donna Amadis.

Chapitre   XXII.

Ous vous auons cy deuant descrit bien amplement, comme le Roy Lisuart fut auerty par ses auantcoureurs, que l'armée du Roy Arauigne le suyuoit, au moyen dequoy il estoit deslogé pensant gaigner sa ville de Lubanie, auant que combatre car il sçauoit bien, qu'il n'estoit fort pour soustenir si grosse trouppe de gens fraiz en la campaigne : mais il fut surprins, & poursuyuy si chauldement, qu'il n'eut moyen de s'enfermer, & commencerent les deux camps à s'escarmoucher, tant que la nuict les surprint, & partant demourerent campez l'vn aupres de l'autre, en attendans le poinct du iour, pour recommencer mieux qu'au parauant. Or ne vouloit le Roy Lisuart reculer, craignant estonner ses gens, & leur faire perdre du tout le cueur, parquoy faisant de necessité vertu, aussi tost que la nuict fut passée, ordonna sa bataille au mieux qu'il peut, deliberant, en soy-mesmes, de mourir parmy les
siens plu-

siens, pluſtoſt que bleſſer tant ſoit peu ſon honneur, quand Barſinan
qui menoit l'auantgarde du roy Arauigne l'aſſaillit auec ſa trouppe:
mais deuant qu'ilz vinſſent au combat de la main, pluſieurs furent ietez par terre de l'eſcopeterie qui tiroit ſans ceſſe: toutesfois à la fin ilz
entrerent peſle meſle, & fut abbatu en ceſte premiere rencontre par
Norandel, Griſal qui portoit l'enſeigne d'Arcalaüs, lequel mit tout
ſon effort pour la releuer: mais le roy Cildadan acompagné des principaux des ſiens commença à fendre la preſſe, en ſorte que Barſinan
euſt eſté deffait à l'heure ſans le renfort que leur enuoya le roy Arauigne, auec le Duc de Briſtoye. Là peult on voir mainte lance voller
en eſclatz, & tant de gens de cheual & de pied par terre, que c'eſtoit
choſe eſtrange & pitoyable: car le Roy Liſuart iouant à quite ou dou
ble, acompagné du reſte de ſon armée, vint donner ſur les flancs de
ſes ennemys, & le premier qu'il rencontra fut le frere d'Aluinas (que
Floreſtan miſt à mort à la fontaine des Oliues ou eſtoient les trois Da
moyſelles gardées par le Nain) lequel il deſarçonna ſi lourdement
qu'il luy rompit le col, tombant de deſſus ſon cheual : & pourſuyuât
ſa pointe, Arcalaüs l'auiſa qui le recogneut tresbien, & fit tant qu'il
le monſtra à Barſinan, luy diſant: Il ne tiendra qu'à vous que ne ven-
gez maintenant la mort honteuſe de voſtre pere : car voylà celuy qui
la luy fit ſouffrir. Lors Barſinan aſſembla dix Cheualiers des ſiens, leſ
quelz vindrent charger le Roy Liſuart, & le ieterent par terre, ou il
fut ſoudain encloz de tous coſtez par Arcalaüs, & grand nombre de
autres, qui mirent leur effort pour le cuyder prendre : mais Filipinel le ſecourut auec ceux qui auoient le iour precedant deſcouuert
l'armée d'Arauigne : toutesfois ilz n'euſſent eu du meilleur, ſans le
roy Cildadan, Arquiſil, Norendel & Brandoyuas. Ces quatre fen-
dirent tellement la preſſe que quelque reſiſtance que fiſſent leurs ennemys, ilz remonterent le Roy ſur le cheual de Norendel, qui ſe ieta à pied pour le luy bailler, & print vne eſpée à deux mains qu'il
trouua de fortune, auec laquelle il fit tant d'armes qu'en peu de temps
maulgré Barſinan & les ſiens il recouurit monſture, à quoy luy ayda
grandement Brandoyuas. Lors cogneut bien Arcalaus qu'ilz auoiét
du pire, ſi le roy Arauigne ne s'auançoit auec ſa troupe : parquoy il
apella vn ieune Cheualier des ſiens, & luy commanda luy aller dire,
qu'il s'esbahiſſoit pourquoy il les laiſſoit en tel beſoin. l'Eſcuyer y
courut haſtiuemét, & luy fit ce raport: mais Arauigne luy reſpondit,
qu'il le faiſoit pour cuider atirer le Roy Liſuart & les ſiens plus loing
de la ville qu'ilz n'eſtoient, à ce que puis apres il les peuſt enclorre à
ſon plaiſir: toutesfois il fit auancer ſon eſcadron, lequel furieuſement
donna dedans les gens du Roy Liſuart, qui eſtoient deſia tant laſſez,
& en ſi petit nombre, que force leurs fut reculler iuſques dedans les
K iii	portes

portes de la ville, ou ilz se sauuerent par le moyen du roy Cildadan,
Arban, Grumedan, Norendel, Guilan, Arquisil, & autres qui se tindrent sur la queuë: mais si ceux là combatoient de grand cueur, le
roy Lisuart monstroit bien qu'il ne vouloit oublier son honneur en
telle necessité: car il ne se trouua Cheualier qui plus hazardast son
corps au peril que luy, esperant venger cruellement sa mort: & comme il estoit en ceste extremité Grumedan qui portoit son enseigne &
le roy Arban furent abatuz & prins prisonniers, dont il cuida perdre
patience, & à toute force vouloit rentrer en la presse pour les secourir: mais aucuns des siens l'engarderent & trouuerent façon de le faire entrer dedans la ville, puis fermerent les portes. Ainsi demeura le
Roy Arauigne maistre de la compagnie, non sans grande perte des
siens, qui toutesfois estoit peu au respec de celle du Roy Lisuart, qui
cogneut lors par experience le dommage qu'il auoit receu pour trop
aiouster foy aux paroles de Brocadan & Gandandel, par le moyen
desquelz il auoit chassé de sa court Amadis & maintz autres bons &
loyaux Cheualiers qu'il regrettoit, & non sans cause, veu le peu d'esperance qu'il auoit à sortir du danger ou il estoit. Cependant le Roy
Arauigne retiré au mylieu de ses gens voulut mettre en deliberation
s'ilz assaudroient soudainement la ville, ou differer iusques au lendemain: & ainsi qu'en telz affaires les opinions sont diuerses, les vns furent d'auis de laisser refraischir leurs gens, les autres disoient au contraire, remonstrans que lon ne deuoit permettre à leurs ennemys de
eux remparer ne prendre cueur, ains viuement & sans seiourner les
assaillir, pour leur augmenter la paour & leur amoindrir le courage.
Cest auis fut trouué le meilleur & si acorderent tous, parquoy le roy
Arauigne commanda à Barsinan & au Duc de Bristoye mener leurs
gens par l'vn des costez de la ville, tandis que luy & sa troupe assail-
liroient l'autre, & que chacun s'efforçast en mesmes instant d'entrer
dedans. Adonc commencerent tabourins & trompettes à sonner l'assault & gens de toutes pars à courir droit à la muraille, ou ilz trouuerent le Roy Lisuart & le reste de ses gens auec les habitans de lavil-
qui le, les repoulserent par deux ou trois fois à coups de hacquebutes,
d'arcz, & d'arbalestes: ce neantmoins le roy Arauigne s'y trouua auec
tant de renfort, que sans la nuict qui suruint, le Roy Lisuart eust esté
forcé & la ville prinse: mais l'obscurité fut si grande qu'ilz ne veoient
quasi l'vn l'autre, au moyen dequoy le Roy Arauigne fist sonner la
retraicte, esperant de recommencer au poinct du iour, ou d'auoir
ceux de dedans à sa mercy.

Comme

Comme Amadis vint au se-

cours du Roy Lisuart, & de la deffaite du Roy
Arauigne.

Chapitre   XXIII.

Ar le chapitre precedent vous auez peu lire comme le damoysel Esplandian, & Sergil ayans descouuert l'armée d'Arauigne, & craignans que le roy Lisuart ne fust puissant pour la cōbatre, retournerent court vers Amadis, le suplier de venir le secourir, ce qu'il acorda volontiers: toutesfois il ne peult tant se diligenter (combien qu'il cheminast iour & nuit) que le Roy Lisuart ne tombast au plus grand danger de sa personne ou il se trouua onques, & ainsi ne luy fut auenu: mais de malheur les guides qui conduisoiēt Amadis & sa troupe s'esgarerent enuiron la mynuict, sans cognoistre la part ou ilz estoient, dont Amadis fut si desplaisant qu'à merueilles, & neantmoins il s'auisa de leur demander s'ilz estoient encores loing de la mōtagne ou non. Les guydes luy respōdirent qu'à leur auis(veu le chemin qu'ilz auoiēt fait)ilz en estoient bien pres: parquoy il commanda à Gandalin d'aller tant d'vne part & d'autre qu'il trouuast

K iiii   moyen

moyen d'en aprocher, puis qu'il montaſt au plus hault pour voir s'il
pourroit deſcouurir les feuz du camp d'Arauigne. Lors s'en partit
Gandalin, & print l'vne des guides pour le conduyre : mais ilz n'eurent gueres cheminé qu'ilz vindrent ou ilz deſiroient : parquoy commencerent à monter iuſques au ſommet de la coſte. Adonc Gandalin ieta ſa veuë de toutes pars, & auiſa les feuz du camp de leurs enne
mys qu'il monſtra à la guide, luy demandant s'il pourroit de là en a-
uant conduire leurs gens, ſans plus les eſgarer, lequel luy reſpondit
qu'il n'y faudroit plus, & qu'ilz le ſuyuiſſent hardiment. A ceſte cauſe retournerent vers Amadis, & luy reciterent ce qu'ilz auoient veu,
dont il fut treſaiſe, eſperant ſurprendre le roy Aratigne tout endor-
my, voulant par ce moyen donner à cognoiſtre au roy Liſuart, combien il vouloit encores faire pour luy, nonobſtant leur inimytié precedente : Et à ceſte cauſe, ne ceſſa de cheminer toute la nuict : toutesfois il ne peult ſi toſt arriuer, que le roy Arauigne n'euſt recommen-
cé l'aſſault, ſi aſpre & merueilleux, que ſes gens forcerent ceux de dedans, & furent maiſtres de la principale porte : par laquelle ilz entrerent en ſi grand nombre, que le Roy Liſuart ſe trouua contrainct de
gaigner l'entrée d'vne ruelle, ou il r'alia aucuns de ſes principaulx
Cheualiers, & là reſolut de viure ou de mourir pluſtoſt que ſe rendre
priſonnier : au moyen dequoy eux tous enſemble, deſeſperez de tout
remede, commencerent à faire tant d'armes qu'ilz arreſterét ſur eux
le duc de Briſtoye & Barſinan, & d'autre part le roy Cildadan, Arquiſil, Flamian & Norandel, qui ſemblablement tenoient fort vn des
autres cantons, donnerent tant d'affaires à Arauigne qui les tenoit
aſſiegez, que ſans l'ayde de ſix Cheualiers de l'Iſle Sagitaire, il ne ſe
fuſt iamais auanturé de paſſer outre : car les femmes & enfans de la
ville eſtoient aux feneſtres, ietans huille, eau bouillante, & finablement tout ce qu'ilz pouuoient auoir. Or penſoit bien Norandel &
ceux qui l'acompagnoient finer là leurs iours, non pas cóme recreuz,
ains en Cheualiers preux & hardiz : Et à ceſte cauſe le roy Cildadan
s'adreſſant à l'vn des ſix de l'Iſle Sagitaire, luy mit l'eſpée au trauers
du corps, ſi auant qu'il tomba mort en la place. Ce coup eſpouuen-
ta tellement les autres, qu'ilz commencerent à reculer, & le Roy Cildadan & ceux de ſa trouppe à prendre cueur, les pourſuyuant viuement : mais ſi n'euſſent ilz peu à la fin ſouſtenir les forces du roy Arauigne, ſans eſtre tous deffaitz, n'euſt eſté le ſecours que leur donna
Amadis, lequel à ſon arriuée ſe trouua bien esbahy, de voir leurs ennemys ayant tel auantage ſur le Roy Liſuart, qu'il doutoit grandement eſtre mort ou prins : parquoy bien deliberé de le venger, commanda à tous ſes gens d'eux mettre à pied, & de donner dedans, criát
à haute voix : Gaule, Gaule. Adonc les autres entendans ce tumulte,
& ſe ſen-

& se sentans chargez par derriere, cogneurent bien que leur entreprinse estoit faillie, & leurs vies en tresgrand danger, en sorte que
le Roy Arauigne tout effroyé, commença à fuyr auec Arcalaüs, dedans vne maison, esperant là tenir fort, & y mourir plustost que de
se rendre : mais ilz n'y seiournerent longuement, que le roy Lisuart y
suruint, & furent si vertueusement assailliz, qu'apres quelque peu
de resistance, ilz se rendirent prisonniers : Et à mesme instant Amadis rencontra les cinq Cheualiers de l'Isle Sagitaire, qui combatoient
de tresgrand cueur contre ses gens. Lors leur courut sus, acompagné
de Florestan, & Angriotte, & finablement furent prins, & mis en seure garde, puis passans oultre, arriuerent ou estoient Barsinan, & le duc
de Bristoye, qui faisoient merueilles : mais aussi tost qu'ilz auiserent
Amadis, se vindrent ietter entre ses braz, demandans misericorde.
Ce qu'il ne leur refusa, ains le bailla en garde à Florestan. Et pource
que grand' partie de l'armée du Roy Arauigne s'estoit sauuée à vau
de routte, dedans les montaignes, & qu'il ne trouuoit plus de deffen-
se en la ville, sortit hors la porte par ou il estoit entré, ou il trouua Gan
dalin, auquel il dit : Va ie te prie, dire à Quedragant, qu'il face retirer
noz gens : car ie ne veux estre cogneu du Roy Lisuart, & que pour
ceste cause ie m'en vois deuant l'attendre à demye lieuë d'icy. Gandalin y courut incontinent, & trouua Quedragant, auquel il fit ce mes
sage : parquoy sans plus tarder fit sonner la retraicte, & r'allia sa troupe, & ainsi qu'il se retiroit, le roy Lisuart ne sçachant presumer dont
luy estoit venu telle faueur, demanda à Guillan s'il en sçauoit rien.
Par dieu, respondit il : Sire celuy est bien sourt qui n'a ouy ce iour-
d'huy crier tant de foys Gaule, qui vous peult asseurer, qu'Amadis
sans autre, vous à pourchassé le bien que vous en auez receu. Ie vous
prie donc, dit le Roy, faire tant que vous le puissiez trouuer, & l'arrester s'il est possible iusques à ce que i'aye parlé à luy. Lors s'en partit
Guillan, qui sceut (quasi aussi tost) comme Amadis estoit desia deslogé : Parquoy courut le droit chemin qu'il auoit prins, & l'attaignit,
puis luy dit ce que le Roy luy mandoit, lequel ilz auiserent à l'instant
tout au plus pres d'eulx. Et à ceste cause voyant Amadis qu'honneste-
ment il ne pouuoit passer oultre, descendit du cheual, & vint luy faire la reuerance : mais le Roy l'embrassa en luy monstrant tresgrand
signe d'amour. Et sur ces entrefaites, suruindrent le roy Cildadan,
& maintz autres Cheualiers, mesmes Florestan, & Angriotte, lesquelz furent tant bien receuz par le Roy Lisuart, qu'il eust esté impossible de mieux, & comme il parloit à eux, Brandoyuas luy vint
dire que ceux de la ville faisoient tel meurtre des gens du roy Arauigne, qu'ilz n'en prenoient nul à mercy, & croyez Sire, dit il, que ce
seroit le meilleur de faire cesser telle cruauté : car si leurs chefz ont
                                                        merité

merité la mort, ceux pourtant qui sont en leur seruice, doiuent estre
autrement traitez. Sire, dit Amadis, faites y s'il vous plaist donner ordre, & vous contentez de la victoire que vous auez sur eux. Lors le
Roy apella Norandel, & luy commanda aller faire retirer vn chascun
& que cessant l'execution, on print prisonniers ceux qui restoient. A
l'heure suruint vn Escuyer de la part du Roy Perion, auertir Amadis, qu'il estoit pres de là, auec le reste de son armée, pour luy donner
secours s'il en auoit besoin. Non, respondit il, pour ceste heure, graces à dieu. Et partant Sire, dit il au Roy Lisuart, vous nous donnerez
s'il vous plaist congé à fin que sans trauailler d'auantage le Roy Perion, nous le facions tourner arriere. Sur mon Dieu, respondit il,
encores que vous ayez esté iusques à present inuincible, si serez vous
de tant forcé par moy à ce coup, que vous l'attendrez icy, affin qu'il
ayt part au plaisir que nous auons receu par vostre secours : & regardant le Roy Cildadan, luy dit : Aydez moy à le prier, & voyez si
vostre requeste aura point enuers luy plus de vigueur que la mienne.
Vrayement, dit le Roy Cildadan : Seigneur Amadis, vous ne refuse-
rez pas le Roy, puis qu'il vous prie auec tant d'affection. Non, respondit il, si mes compagnons en sont d'auis. Que vous en semble, seigneur Quedragant ? Vous deuez obeïr au Roy, dit il, & puis que vous
auez desia tant fait pour luy, ferez encores cecy d'auantage. Ainsi
fut arresté Amadis : A l'heure mesmes que le roy Arban, & Grumedan retournoient de prison, de laquelle ilz estoient eschapez, ayans
encore les mains derriere le doz lyées de grosses cordes : car leurs gardes, voyans le secours qui estoit venu d'Amadis, les auoient haban-
donnez, & s'en estoient fuyz. Quand le Roy Lisuart les auisa, ie croy
qu'oncques homme ne receut plus grand' ioye, pource qu'il les pensoit certainement mors, ou plus naürez qu'ilz n'estoient. Parquoy
leur tendant les bras, vint les embrasser. Et sur ces entrefaites, descouurirent d'assez loing, l'armée du roy Perion qui s'approchoit, laquelle
Grumedan monstra au roy Lisuart, luy disant : Sire, voicy comme ie
croy, encores quelque nouueau secours, qui vous vient : Mais si le premier que vous a amené Amadis, eust autant arresté, on eust fermé l'e-
stable apres que les cheuaux s'en fussent allez, Grumedan, respondit
le Roy Lisuart (en se souzriant) ie sçay bien que celuy qui voudroit
contester contre vous, en ce qui concerne l'honneur d'Amadis, auroit prou affaire, & plus encores à se deffendre, si à l'extremité il en
falloit venir aux cousteaux. Sire, dit Amadis, le seigneur Grumedan
à raison de me voulloir bien : car il n'a parent, ou amy, qui luy portast
plus d'obeïssance que moy : Et pour tel suis-ie certain qu'il m'estime
& cognoist. Ce pendant le Roy Perion s'approchoit peu à peu. Et à
ceste cause le Roy Lisuart delibera d'aller au deuant pour le receuoir
dont Ama-

dont Amadis l'auertit par Durin . Parquoy commanda à ſes gens marcher au petit pas , & print auec luy Gaſtilles, Graſandor , Brian de Moniaſte, & Tiron, laiſſant Agraies , pour la conduite de la troupe: Car le Roy Perion ſçauoit l'inimytié qu'il portoit au roy Liſuart, & craignoit que paroles ne s'eſmuſſent entr'eux deux, s'ilz ſe veoient par le moyen dequoy la paix quaſi arreſtée, ſe pourroit du tout rompre . Ainſi marcherent ces deux Roys l'vn vers l'autre , leſquelz s'auiſans de loing, donnerent des eſperons à leurs cheuaux , & d'vne treſgrande amytié s'entr'acollerent, diſant le Roy Perion au roy Liſuart. Monſieur mon frere , il me ſemble que voſtre harnoys eſt bien empiré , depuis que vous partiſtes du camp, combien que ie ſois ſeur que ne l'auez gueres tenu en voſtre garderobe , pendant le combat de voz gens , & des miens: Et à ce que depuis i'ay entendu , ceux qui vous l'ont ainſi deſcloué, en ont receu leur payement . Ouy ſur mon ame , reſpondit le Roy Liſuart , Dieu mercy , & le bon ſecours que vous, Amadis, & ces autres Cheualiers m'auez fait, ſi à propos, comme vous pouuez deſia auoir eſté auertis . En bonne foy , diſt le Roy Perion , i'ay toute ma vie deſiré mes enfans eſtre voſtres , en bonne paix & amytié . I'eſpere , reſpondit il , que deuant que nous nous ſeparions, qu'elle y ſera telle que iamais elle n'amoindrira , au moins quand à moy : Et ne voyant là le prince Agraies , le demanda . Or s'en enqueroit il expreſſement , eſtant bien auerty de la hayne qu'il luy portoit , & vouloit bien l'apaiſer , & le faire ſon amy , s'il luy eſtoit poſſible, quand le Roy Perion luy reſpondit , qu'il eſtoit demouré derriere, pour conduire le reſte de l'armée qui le ſuyuoit . Ie vous prie, diſt le Roy Liſuart, l'enuoyer querir : car ie ne partiray de ce lieu , premier que ie l'aye veu , & embraſſé . Sire diſt Amadis , s'il vous plaiſt ie l'iray doncques querir. Ceſt tresbien auiſé, reſpondit le Roy Liſuart, il fera plus pour vous , que pour autre que ie cognoiſſe. Lors courut Amadis, droit ou eſtoit Agraies , lequel il rencontra aſſez pres de là , & luy recita tout ce que vous auez entendu , le priant bien affectueuſement qu'oubliant toute inimytié du paſſé , il vint auecq' luy , & fiſt le meilleur viſage au Roy Liſuart, qu'il luy ſeroit poſſible. Monſieur mon couſin, reſpondit Agraies , vous ſçauez que mon plaiſir , ou deſplaiſir , me dure ainſi qu'il vous plaiſt: Et Dieu vueille que le ſecours que vous auez donné à celuy duquel vous me parlez , vous ſoit mieux recogneu que les autres precedens , vous aſſeurant que pour l'honneur de vous , ie ſuis content ne me ſouuenir du tort qu'il à fait à vous , à moy & à maintz autres preud'hommes par deſpit de vous , & ſans ocaſion quelconque . Adonc s'en vindrent eux deux enſemble vers le Roy Liſuart, lequel auſſi toſt qu'il aperceut Agraies, laiſſa ſa troupe , & à bride abatuë le courut acoller , luy

diſant:

difant : Mon coufin , vous femble il que ceft embraffement foit aufsi
dangereux pour moy , que celuy que vous me donnaftes à la derniere iournée que nous eufmes enfemble . Par mon Dieu fire , refpondit
il, pour le moins i'efpere me trouuer mieux de ceftuy, que de l'autre:
car ie ne fuz oncques(que ie fache)en plus de danger . Nous en deui-
feronsvne autre foys mieux à propos, dift le Roy: Voylà le Roy mon
frere qui nous atend , allons s'il vous plaift le conduire à Lubanye, ou
i'effayeray de vous faire la meilleure chere qu'il me fera poffible:
Lors retournerent vers le roy Perion, prenans enfemble le chemin de
la ville . Or eftoit le Roy Lifuart naüré en plufieurs endroitz , fur le
corps : mais les chirurgiens ayans veu fes playes luy donnerent efperance de brefue guarifon: toutesfoys il demoura couché dix iours entiers, non fans eftre vifité fouuent de princes & feigneurs , tant de fes
païs, qu'autres lefquelz pour luy donner plaifir ne tenoient quafi pro
poz d'autre chofe, que des ruzes & fineffes d'Arcalaüs, par le moyen
defquelles il eftoit fouuent paruenu à fes fins, mefmes quand il trouua manière d'emmener la princeffe Oriane prifonniere . Et depuis
le Roy Perion, Amadis,& Floreftan par la fubtilité de Dinarde, auffi la forte qu'il efchapa des mains de Galaor , & Norandel, faignant
eftre Branfilles coufin germain de Grumedan . Et mefmement l'entreprinfe qu'il auoit dreffée par l'ayde d'Arauigne , contre eux tous,
laquelle il euft affeurément executée , fans l'empefchement que luy
auoit donné Amadis. Celà auient fouuent,refpondit le Roy Lifuart,
aux mefchans comme luy , lefquelz s'en hardiffent à faire mal , & y
preignent tout plaifir, trouuant le commencement doulx & ayfé , à
l'inftigation du dyable, qui leur ofte la cognoiffance du deshonneur
qui leur en peult aduenir , auecques vne vie fi miferable , qu'à la longue , la mort leur eft plus agreable que le viure , ainfi qu'Arcalaüs
peult efprouuer, fe trouuant maintenant en la puiffance de fes plus
grans ennemys,feruant d'exemple à tous autres entachez de vice fem
blable. Et comme il acheuoit ce propos,furuint le bon homme Nafcian, qui n'auoit peu fuyure fi toft le Roy Perion, lequel trouuant les
Princes en telle & fi bonne paix , fe mit à louer grandement nôftre
feigneur , & le bon auis du damoyfel Efplandian, qui auoit efté caufe de faire partir Amadis fi à propos, pour venir au fecours du Roy
Lifuart, ainfi que le Roy Perion declaira lors deuant toute l'affiftan-
ce. Vrayement, dift le Roy Lifuart, ie voudrois bien fçauoir qui luy
donna fi bon confeil. Sire, refpondit l'enfant: Mon pere Nafcian me
enuoyoit vers vous, pour vous auertir de ce qu'il auoit acordé auecq'
le Roy Perion: mais ie ne vous trouuay plus au camp , parquoy mon
frere Sergil & moy paffafmes outre , tant que nous defcouurifmes
l'armée du Roy Arauigne,qui defcendoit de la montaigne: A l'heure il

l'heure il me souuint d'auoir ouy dire à la Royne quand ie partis d'a-
uec elle , qu'il estoit vostre ennemy , & craignant ce qu'il vous auint
depuis, ie retournay court en auertir monseigneur Amadis , à fin de
vous donner secours, ainsi qu'il à fait. Par Dieu mon mignon, dist le
Roy Lisuart, ie n'oubliray de ma vie le bien qui m'en est auenu : Ce
disant le print entre ses bras, & commença à le baiser . A l'heure arriua le Roy Gasquilan en litiere, qui estoit demouré derriere, n'ayât
peu endurer le trauail du cheual, pour la cheute qu'il auoit receuë par
Amadis le premier iour que se rencontrerent les deux batailles , lequel fut conduit (en la chambre que lon luy auoit reseruée) par les
principaux de la compagnie , mesmes d'Amadis qui le vint saluer,
en luy disant. Sire, ie desireroys grandement vous voir en meilleure
disposition que vous n'estes : mais s'il plaist à Dieu, vostre santé sera
aussi prompte, qu'a esté le mal qui vous est auenu . De bien bô cueur
le remercia Gasquilan sans (toutesfoys) le cognoistre, aussi ne l'auoit
il oncques veu desarmé, dequoy le Roy Arban s'aperceut . Et à ceste
cause il luy dist : Sire , vous ne cognoissez comme ie croy , ce Cheualier qui parle à vous ? Si vous ay ie ouy souuent tenir propoz de luy,
cest Amadis de Gaule , contre lequel vous vous estes ces iours passez
tant esprouué. Bien esbahy fut lors Gasquilan, luy voyant visage plus
propre (se luy sembloit) à côtenter les Dames, qu'à endurer le trauail
de Cheualerie , & s'il ne l'eust essayé , il eust mal aysément adiousté
foy à la renommée qu'on luy donnoit en tant d'endroitz , au moyen
dequoy il luy dist : Ie vous iure ma foy , Seigneur Amadis , que vous
estes le Cheualier que plus i'ay desiré voir , depuis mon commencement aux armes , non pour bien que ie vous voulisse : mais pour me
combatre à vous iusques à la mort, si le malheur ne me fust auenu, tel
que chacun peult sçauoir: car si fortune m'eust tant voulu fauoriser, de
me donner sur vous, ce que vous auez eu sur moy, outre la gloire que
i'eusse eu de vous vaincre, ie me fusse reputé le plus heureux Cheualier du monde, gaignant l'amour d'vne que i'ayme plus que moymesmes, & par le commâdement de laquelle , ie vous suis venu deux
foys chercher en ces païs , auec tant de malheureté, qu'il ne sera iour
de ma vie que ie ny aye regret, pource que i'ay perdu par vous, l'esperance de iamais la recouurer . Sire dist Amadis , vostre honneur eust
peu augmenté , ayant le dessus de moy, apres tât de haulx faitz d'armes qu'auez mis à fin : Et quand à celle que vous tenez pour perduë à
mon ocasion , si elle est femme de bon iugement (comme ie l'estime)
il est impossible qu'elle ne vous ayme ainsi que le meritez , & comme l'vn des meilleurs Cheualiers de la terre , vous asseurant (sire) que
ie serois trop desplaisant d'auoir esté moyen de vous eslongner de sa
bonne grace, vous supliant neantmoins (s'ainsi est) de me le pardon-
L   ner, à

ner, à la charge qu'en quelque lieu que ie fois, ie demourray preft à
vous faire feruice. Cefte parole gracieufe contenta tant le roy Gafqui
lan, qu'il tendit les bras pour l'embraffer, & de ce iour furent faitz a-
mys, luy tenant Amadis ordinairement compagnie, tant qu'il s'ef-
iourna en la ville de Lubanie, ou Arquifil fe rendit aufsi prifonnier,
pour fatisfaire à ce qu'il luy auoit promis: Mais Amadis qui l'auoit en
eftime de gentil Cheualier, luy quita fa foy. Et outre luy promift tenir la main à le faire eflire Empereur, auant qu'ilz partiffent d'enfem
ble, par le moyen de l'Archeuefque de Tarente, le Marquis d'Ancone, Brandaiel de Rocque, & les autres qui eftoient encores prifonniers en l'Ifle Ferme, lefquelz (dift il) ie prieray affectueufement de
vous faire ce bien à ma faueur, a quoy ilz ne contrediront(comme ie
croy) ne cognoiffant autre plus proche, ne propre à l'Empire que
vous. Quand Arquifil l'entendit ainfi parler, il fut trefayfe,non igno
rant les menées que ceux de Rome faifoient pour en eflire vn autre,
efquelles mal ayfément il pourroit obuier, fans la faueur d'Amadis,
& à cefte caufe il luy refpondit: Monfieur, vous m'auez defia tant
fait de biens, & d'honneur par le paffé, que ie me fens voftre entierement, mefmes cognoiffant ce que voulez encores entreprendre pour
mon auancement, lequel auenant en pourrez difpofer, & de ma propre perfonne aufsi tenant le tout de vous feul, & non d'autre. Or me
en laiffez le foing, dift Amadis, & comme il acheuoit ce propos, entrerent ou eftoient Arcalaüs,& le roy Arauigne, que Gandalin auoit
en charge, & les trouuerent couchez fur vn lict, fi melencoliques, que
rien plus, parquoy Amadis leur demanda à quoy ilz penfoient. Qui
es tu?(refpondit Arcalaüs)qui le veux fçauoir.Comment, dift Amadis, ne cognois tu plus Amadis de Gaule, que tu as tant de foys me-
naffé? fe fuis ie qui parles à toy. Quand Arcalaüs l'entendit, il fe mit
à le regarder plus fermement qu'au premier, & fe fouuenant de l'a-
uoir veu autresfoys, luy refpondit: Certainement ie croy que tu dis
vray, & encores que la longueur du temps m'a ofté partie de ta cognoiffance, fi croy ie bien que tu es celuy que i'ay eu en mes prifons
de Valderin, ou ta ieuneffe & grande beauté me peurent tant cóman
der,que la pitié que ie prins de toy m'a depuis porté maint grád dom
mage, & iufques à me contraindre maintenant à te demander mifericorde. Mifericorde, dift Amadis, ie ne fçay comme tu veux que ie
te la donne, veu que toymefmes ne la peuz oncques dóner a toy mefmes: car s'ainfi fuft, tu euffes mis fin(long temps a) a tant de cruautez
que tu as exercées: Neantmoins fi tu te veux repétir, & de bon cueur
me promettre de plus n'y retourner, ie te feray pardon. Ie penfe,ref-
pondit il,qu'il me feroit trop difficile, voyre impofsible: Car la con-
tinuë a fçeu tellement me vaincre, & acouftumer a prendre plaifir
de faire

de faire mal, que ie ne pourrois maintenant m'adonner à bien : Mais
necessité qui est le frain dur & rigoureux, pour transmuer toute coustume mauuaise en vertueuse, contraindra parauanture mes ans vieux
(voyant l'estat ou ie suis) d'auoir en eux ce que ma ieunesse & liberté
ont desdaigné de fait & de vouloir. Quelle autre rançon doncques,
dit Amadis, auray-ie de toy pour te laisser aller ? Tous mes chasteaux
& autres biens, respondit il, par le moyen desquelz ie me suis adonné
à la plus grand' partie de ce que tu me reproches, & me laisse seulemét
ce qu'il te plaira pour le reste de mavie, & si tu me fais tant de grace, il
pourra estre que ceste seule bonté acquerra en moy chose que raison
ne sceut oncques auoir. Par ma foy, dit Amadis, la cognoissance que tu
as en toy mesmes de ta meschante vie, est l'esperance seule que i'ay de
ton amendement, par l'ayde de ceste fascheuse prison de corps, ou tu
es maintenant, sera clef pour donner liberté à ton ame, laquelle tu as
de si long temps engagée au diable : Et sur ce poinct luy tourna le dos
pour s'en retourner : quand Arcalaüs l'apella, & luy monstrant Arauigne, luy dit : Ie te prie Amadis contemple ce Roy malheureux, lequel estoit n'a gueres prest d'estre l'vn des plus grãds Princes du mon
de, & en vn moment, la mesme fortune qui se monstroit luy estre aymable, l'a abatu & ruyné du tout, à quoy tu dois auoir esgard : Car toy
& tous autres qui aspirent es plus grandes choses, sont subietz à semblables defaueurs : Et pource que le vaincre & pardonner sont communément familiers des cueurs nobles & magnanimes, fay nous à
present tout tel traitement que tu voudrois receuoir de nous, tenant le
lieu que nous tenons, à ce que tu n'en ayes reproche à l'auenir. Plus
estima Amadis ce bien dire, que celuy qui le disoit, & entendoit tresbien la fin ou il vouloit venir, encores qu'il n'en fist semblant : ains
sans contester le laissa là, pour aller en son logis depescher Ardan le
Nain vers Oriane, luy faire entendre comme la guerre estoit finie,
& tout ce qui estoit passé entre les Princes & Seigneurs des deux
camps. Et oultre luy bailla vne lettre, adressante à Ysanie, par laquelle
il luy mandoit enuoyer incontinent vers luy Brandaiel de Rocque,
le Marquis d'Ancone, l'Archeuesque de Tarente, & les autres prisonniers Romains. Ainsi s'en partit le Nain, qui ne cessa de cheminer nuict & iour, tant qu'il arriua au palays d'Apolidon : Lors fit dire à la Princesse par l'vne de ses femmes qu'il auoit à parler à elle de
la part d'Amadis, mais quand elle entendit son arriuée, crainte d'aucune mauuaise fortune luy esmeut tellement le cueur, qu'elle commença à trembler, considerant que la victoire n'auroit peu fauoriser
à l'vn des deux camps, sans qu'elle eust occasion de demourer toute sa vie en douleur & trop grand' tristesse. Et sur ce point entra Ardan, lequel à sa contenance monstroit assez, qu'elle n'auroit cause de

L ii   tant se

tant se melencolier : Ce neantmoins (aussi tost qu'elle l'auisa , sans a-
uoir patience qu'il luy declairast sa creance, ayant quasi la larme à
l'œil)luy dit : Helàs Ardan mon amy ! dy moy ie te prie en quel estat
tu as laissé le Roy mon pere , & si ton maistre est vif ou mort ! Mort?
ma dame, respondit le Nain , ilz ne firent oncques si bonne chere ensemble . Adonc luy conta tout ce qui vous a esté recité par cy deuant
mesmes le danger ou estoit le roy Lisuart, quand Amadis le secourut,
le bon recueil qu'il auoit fait au Roy Perion, & finablement l'amytié
que portoit le Roy Lisuart à Esplandian, par l'auis duquel Amadis e-
stoit venu au secours de ceux de la grand' Bretaigne , qui donna tant
de ioye à Oriane,qu'elle commença à ioindre les mains , & leuant les
yeux au ciel , dist si hault que chascun l'entendit : O' Dieu tout mise-
ricordieux ! benoiste soit vostre diuine bonté , quand il vous a pleu
regarder en pitié vostre humble seruante , & l'enfant tant desiré , qui
a esté cause d'vn si grand bien ! ie vous supplie bien affectueusement
(sire)permettre aduenir en luy les predestinations que la sage Vrgande en a faites . Or pensoient les Dames qui l'acompagnoient qu'elle
parlast ainsi affectueusement d'Esplandian, pour le secours qu'il a-
uoit amené au Roy Lisuart, ignorans la part qu'elle auoit en luy.
Puis elle demanda à Ardan s'il n'estoit venu pour autre affaire . Ma
dame , respondit il, i'ay lettres de monseigneur, adressantes à Ysanie,
& luy mande par moy luy enuoyer incontinent les Romains qui sont
par deça. Et quel chemin doit il prendre apres, & le Roy aussi ? dit la
Princesse . Ma dame, respondit le Nain,à ce que ie puis entendre, ilz
ne partiront d'ensemble sans acorder de tous leurs differens . Nain
mon amy, dit la Royne Sardamire, dy moy ie te prie comme se portent les Romains,en est il beaucoup mort en la bataille?Ma dame,res-
pondit il, grand' partie d'eux y ont finy leurs iours vaillamment,& le
surplus quasi tous naürez : mais depuis le trespas de l'Empereur du
Floyan, & Constance , il n'est decedé homme de nom, que ie sçache,
& vy encores quand ie partiz, Arquisil parler longuement auec mon
maistre . Quant à Flamyan vostre frere, il commence à se bien porter
& sont ses playes quasi du tout gueries.Nostre seigneur leveueille garder,dit la Royne,& sauuer le demourant. Or auoit Ardan charge de
par Amadis, faire peu de seiour par delà , parquoy demanda à Oriane s'il luy plaisoit luy commander quelque chose. Tu feras,respondit
elle , mes humbles recommendations à la bonne grace du Roy Perion, Agraies, & d'Amadis, à qui ie n'escris point,puis que tu ne m'as
aporté aucunes lettres de luy . Adoncq' le Nain print congé d'elle,&
vint trouuer Ysanie , auquel il bailla la lettre de son maistre , luy faisant entendre ce qu'il auoit à luy dire de par luy : au moyen dequoy
Ysanie y donna tel ordre, que deuant que la semaine fust hors, les
Romains

Romains prindrent le chemin de Lubanie, ou ilz trouuerent encores
le roy Lisuart, & les autres princes & seigneurs, mesmes Amadis qui
le iour mesmes les apella en sa chambre, & estans retirez seulz, leur
dist : Messieurs, il n'est pas que n'ayez desia sçeu la fin qu'a prins la
guerre esmeuë es païs de pardeçà, par le moye de laquelle, quasi tous
les princes occidentaux, & la plus part de ceux du leuant, estoient en
armes, & pource que nous sommes maintenant sur les termes d'vne
paix perpetuelle, il ma semblé raisonnable, que nonobstât que soyez
mes prisonniers, rien ne se deuoit conclure sans vous en cômuniquer,
& tant pour ceste ocasion vous ay-ie fait venir, qu'aussi pour vous
prier, qu'en ma faueur vous trouuez bon d'eslire & accepter Arquisil
pour vostre Empereur : car outre ce qu'il ne se trouuera (comme i'ay
entendu) autre plus proche pour paruenir à l'Empire que luy, ie sçay
qu'il le merite, & pour ceste raison vous en priay-ie plus affectueusement : Ce faisant vous vous apresterez deux grands biens, le premier
apellant au gouuernement de si excellente monarchievn prince sage,
prudent & vertueux, pour bien la conseruer, & vous traiter doucement & amyablement : l'autre que pour l'amour de luy ie vous donneray (auec liberté) la rançon que i'aurois de vous, demourant outre
tant que ie viuray vostre amy particulier : Or auisez doncques qu'elle response vous me donnerez, à fin que de ma part i'auise apres comme ie me deueray porter aussi enuers vous. Lors Brandaiel de Rocque (le plus ancien de tous) print la parolle, disant à Amadis : Monsieur il est vray que nous sommes voz prisonniers, & cognoissons
tresbien l'honneur que vous nous faites, & le bon traitement que
nous auons eu de vous, depuis le iour que nous arriuasmes en l'Isle
Ferme : parquoy ie respondray asseurément pour mes compagnons,
qu'il n'ya celuy d'entre nous, qui tresvolontiers ne s'employast à vous
faire seruice : Mais nous ne vous sçaurions resouldre ce que pourchas-
sez pour le seigneur Arquisil, premier que d'en parler à Flamyan, &
autres capitaines Romains qui sont en ceste armée, à ceste cause nous
vous suplions permettre que leurs en conferions, vous iurant que de
nostre part y tiendrons la main, en sorte que vostre vouloir sera du
tout satisfait. Et bien respondit Amadis, parlez leur en doncques, &
demain faites moy responce. Lors se retirerent tous, pour aller trouuer Flamyan en son logis : car il gardoit encores la chambre, n'estant
bien guary des playes qu'il auoit receuës à la derniere rencontre. A-
donc luy descouurirent le propos que leur auoit tenu Amadis, les offres & promesses qu'il mettoit en auant pour la faueur d'Arquisil, &
finablement la response qu'ilz luy auoient donnée. Vrayement, respondit Flamyan le seigneur Amadis parle en bon Cheualier, & tous
tant que nous sommes luy deuons sçauoir gré du bien qu'il nous desi-
L iii   re, ce

re, ce neantmoins l'eslection de l'Empereur est de telle importance,
qu'il est raisonnable y apeller les autres Capitaines Romains, demain
ie les manderay tous, & metterons la matiere en deliberation, puis
nous en dirons à Amadis ce qu'il nous en semblera pour le mieux. Et
ainsi le fit Flamyan, lequel apres les auoir assemblez, leur declaira
l'ocasion qui l'auoit meu, & la requeste d'Amadis, pour le Prince
Arquisil, qui de droite ligne, dist il, vient à l'Empire : Et outre ce, il
est sage, hardy, & vertueux Prince, autant qu'il est possible, ainsi
Messeigneurs, auisez quelle resolucion vous en donnerez, à fin que
nous nous puissions excuser, ou acorder à Amadis, ce qu'il a desir de
auoir. A l'heure chacun respondit ce que bon luy sembla : Mais à la
fin Arquisil fut nommé Empereur, dont ilz aduertirent incontinent
Amadis, & tous les autres Princes & Capitaines, qui en furent merueilleusement ayses, principalement les Roys Lisuart, Perion & Cildadan, lesquelz auec grosse trouppe vindrent le iour d'apres, le conduyre en l'eglise, ou deuant tout le peuple, on le proclama Empereur
des Romains, & le seruirent à son disner, Amadis deschançon, Gastil
les, de pennetier, & Agraies de trenchant. Puis estans les tables haucées, le Roy Lisuart (assis vn peu au dessouz de luy) parlant des auentures à luy auenuës : depuis qu'il fut coronné Roy de la grand Bretaigne, tomba sur les plaisirs & seruices qu'il auoit receuz d'Amadis, &
se mist si auant en propos, qu'il luy dist deuant tous : Seigneur Amadis, combien que peu de gens ignorent ce qu'auez fait pour moy depuis le iour que vous arriuastes en ma court, quand vous defistes Ardan le Superbe : si ne laisseray-ie à le declairer presentement pour la
raison que cy apres lon pourra entendre. Adonc commença à reciter
par le menu, tout ce qui estoit passé, & les seruices qu'il auoit receuz
d'Amadis : En faueur desquelz, dist le Roy, ie vous donne ma fille
pour vostre femme, la faisant heritiere (apres mon decez) des royaume & païs de la grand' Bretaigne. Lors Amadis bien ayse, & plus con
tent, mit vn genoil à terre, & le remercia humblement. Or mon filz,
dist le Roy, vous ne serez pas marry, si ie prie Nascian conter à l'Empereur comme Esplandian fut engendré, & de qui il est yssu, à fin
que chacun sache le consentement que nostre seigneur à donné long
temps a au mariage de vous, & d'Oriane. Là estoit present le sainct
homme, lequel pour satisfaire au Roy declaira ainsi que le tout estoit
auenu, & la promesse qu'Amadis & la Princesse auoient ensemble,
par le moyen de laquelle Esplandian auoit esté mis sur terre. Si lors
l'enfant fut ayse vous n'en deuez douter : car il auoit iusques adonc,
ignoré de qui il estoit filz. Et à ceste cause le Roy Lisuart l'apella, &
deuant tous l'auoua sien, qui augmenta grandement le plaisir d'Ama
dis, lequel cognoissant le vouloir de l'Empereur, aspirer au mariage

de luy

de luy & de la sœur d'Oriane, dit au Roy Lisuart : Sire, ores que vous m'ayez donné la chose que plus i'ayme en ce monde, ie vous suplie acorder encores à l'Empereur madame Leonor, qu'il a desiré sur toutes autres. Vrayement, respondit il, ie ne la luy refuseray pas s'il la veult. Ouy sire s'il vous plaist, dist Arquisil. Et ie la vous donne de bon cueur, respondit le Roy, & si la vous ameneray en l'Isle Ferme, à fin d'en faire les noces, quand & celles d'Amadis, & des demain ie partiray pour l'aller querir à Vindilisore, ou elle est auec la Royne, cependant vous en pourrez tous aller deuant m'atendre au palays d'Apolidon, ou le Roy mon bon frere fera venir Galaor, & pour ne laisser rien derriere, ie manderay aussi mon cousin Galuanes & Madasime. Et à ceste cause incontinent que les tables furent leuées, les mareschaux des logis, tant des Roy Lisuart, que Perion partirent pour aller les vns vers l'Isle Ferme, les autres à Vindilisore.

Comme le Roy Lisuart arriua

à Vindilisore ou l'atendoit la Royne, laquelle il fit peu apres desloger auec sa fille Leonor, pour aller en l'Isle Ferme.

Chapitre   XXIIII.

     Apres que

Pres que le roy Lisuart fut deslogé de la ville de Lu
banie, acompagné du reste de son armée, chemina
tant qu'il arriua à Vindilisore, ou l'atendoit la Royne Brisene, ainsi qu'il luy auoit mandé, & combien
qu'il eut en son cueur vn regret merueilleux, voyant
sa reputacion amoindrir par la deffaueur qu'il auoit
receuë de fortune, quelque acord qu'il eut fait auec Amadis : neantmoins (cóme prince sage & preuoyant) dissimuloit son ennuy, monstrant trop meilleur visage que sa volonté ne luy cómandoit, à quoy
l'incitoit grandement, la cognoissance qui se representoit deuant sa
conscience, pour auoir esté cause de l'effusion de tant de sang chre-
stien, souz couleur d'vne vengence iniuste, qu'il auoit preferé à tout
conseil, & remonstrance qui luy eust esté faite par les princes & seigneurs de ses païs, dont nostre seigneur courroucé, luy auoit donné
des verges, non qu'il en murmurast contre luy : ains le remercioyt &
louoit continuëllement en son esprit, & en ceste pensée vint descédre
au logis de la Royne, laquelle desia auertie par Brandoyuas, de tout
ce qui estoit suruenu durant son voyage, le receut hüblement, & com
me elle auisa le petit Esplandian qui le suyuoit de pres, elle le print
entre ses bras, & le baisant doucement luy dist : Mon petit filz, benoiste soit l'heure que vous nasquistes, ayant (en si ieune aage) fait tel seruice au Roy, que sans vostre bon auis il ne fust (come i'ay entendu) iamais retourné pardeça. Madame respódit le Roy, i'espere, puis qu'il
a commencé de si bonne heure, que croissant plus, plus s'augmentera
en luy le vouloir & la puissance de faire bien en mieux, vous asseurant qu'outre le droit de nature qui m'incite à luy vouloir bien, il ne
sera iour de ma vie, que ie ne luy porte vne amytié particuliere, pour
le bon tour qu'il m'a fait. Durát que le Roy & la Royne tenoient telz
propos d'Esplandian, les autres princes & seigneurs entretenoient les
Dames & Damoyselles, lesquelles curieuses d'ouyr raconter comme
les combatz auoient esté faitz entre les gens du Roy & ceux d'Amadis, furent long temps sans s'enquerir d'autre chose : mais quand elles
sçeurent les mariages encommencez, & qu'elles deuoient aller en
l'Isle Ferme, celà leur donna plus de plaisir, que le recit des froydes
peurs & alarmes, dont ilz leur parloient, faisans les vnes estat d'esprouuer l'arc des loyaux amans, autres la chambre deffenduë & singularitez de l'Isle, & en ce plaisir passerent le iour : puis venant l'heure de dormir, le Roy se retira en la chambre de la Royne, & estans
eux deux à part, il commença à luy dire : Ma dame si vous trouuastes esbahye lors que vous entendistes les affaires de vostre fille & de
Amadis, croyez que ie ne le fus moins, quand i'en ouys les premieres
nouuelles, & à ce que i'ay cogneu depuis, vous & moy estions bien
loing de

loing de noftre conte, vous affeurant que i'ay plus receu d'ennuy pour
ne l'auoir fceu, auant le fcandale defcouuert, que de chofe qui m'a-
uint oncques, mefmement pour la perte de tant de gentilz Cheualiers
qui fuffent au iourd'huy pleins de vie, lefquelz font morts en ces guerres precedentes, qui me donne vn tel remords de confcience, que vous
ne pourriez croire : mais puis que la chofe eft faite, le remede en eft
hors, parquoy ie fuis bien d'auis, que le demourant ce parface le plus
honorablement qu'il fera poffible, oubliant les offenfes paffées de
voftre fille, qui a trouué bon choifir vn mary à fa pofte, qui la merité,
& mieux : car ie ne vy oncques Cheualier errant, acquerir tant d'a-
mys, ne tant de Roys, Princes & Seigneurs qu'il a à fon commandement, de forte qu'il femble fortune le vouloir preferer à tout autre.
Et pource qu'à mon partement de Lubanye, ie luy ay promis vous mener en l'Ifle Ferme, & là paracheuer le mariage de luy & d'elle, ie vous
prie faites donner ordre à tout ce que vous cognoiffez eftre neceffai-
re, mefmes pour la conduicte de voftre fille Leonor, que i'ay femblablement acordée à l'Empereur, me l'ayant fait demander. Grand
plaifir eut la Royne, voyant le Roy en fi bons termes, & tant content
d'Oriane, qui eftoit ce que plus elle defiroit : Au moyen dequoy,
pour toufiours l'entretenir en cefte bonne volunté, luy refpondit:
Monfieur il me femble que noftre feigneur fait beaucoup pour vous
& pour moy, de nous donner deux telz gendres, en la faueur defquelz leurs amys feront dorenauant les voftres, quant au refte repofez
vous en fur moy : car ie feray en forte que vous ferez content. Et à cefte caufe le lendemain matin, elle fit appeller le Roy Arban de Norgalles, grand maiftre de la maifon du Roy, auquel elle donna cefte
charge.

Comme le Roy Perion, & fa

compagnie, prindrent le chemin de l'Ifle Ferme, & de
ce qu'ilz firent auant l'arriuée du Roy
Lifuart vers eux.

Chapitre   XXV.

Apres que

APres que ceux de la grand' Bretaigne furent deflogez de Lubanye, le roy Perion & fon armée s'acheminerent en l'Ifle Ferme, ou les attendoit Oriane,
nouuellement auertie par Gandalin, de la conclu-
fion prinfe auecq' le Roy Lifuart. Et aufsi toft qu'ilz
furent arriuez, ilz la vindrent voir : Lors Amadis
luy prefenta l'Empereur Arquifil, qu'elle n'auoit oncques veu, en luy
difant : Ma dame, vous ne cognoiffez encores ce Cheualier, fi eft il en
branfle d'eftre plus voftre alié, que vous ne penfez. A cefte parolle elle entendit bien que c'eftoit l'Empereur, parquoy s'auança pour luy
faire la reuerance, & luy au femblable, qui d'vne bien bonne grace luy
dit : Ma dame, ie fuis tant obligé au feigneur Amadis que vous & luy
pouuez difpofer de moy, & de ce qui eft en ma puiffance, ainfi qu'il
vous plaira . Monfieur, refpondit la Princeffe, ie fçay qui vous eftes,
parquoy ie vous fuplie bien humblement que d'icy en auant vous
me tenez comme voftre meilleure fœur & amye . Ce pendant A-
graies, Floreftan Quedragant, & Brian entretenoient la Royne Sardamire, Grafinde, & Olinde : & Bruneo de bonne Mer fa tant aymée
Melicie, quand Amadis auifa Grafandor filz du Roy de Boefme,
ioignant l'Infante Mabille, efpris (toutesfois) fi fort de l'amour d'elle,
que crainte acouftumée en telles affaires, luy fermoit la bouche fans
ofer proferer vn feul mot, & à cefte caufe apella fa coufine, & luy
dit en l'aureille : Ma dame, vous cognoiffez que Grafandor vous
ayme plus que foy-mefmes, neantmoins vous faites femblant de
vous en foucier peu, ie vous prie parler à luy : car ie fçay bien que
ceux qui

ceux qui sont entaschez de semblable maladie qu'il est , perdent souuent(voyant celle qui les tient en toute extremité) non seulement la parole : mais le sentement d'eux mesmes , parquoy ie le vous recommande: Mais elle sentant Amadis l'ataindre droit au lieu, ou plus elle enduroit de mal, n'estant moins à Grasandor,que luy à elle, se mit si fort à rougir,que ceux qui y prenoient garde, s'aperceurent de l'alteration qu'elle enduroit : Toutesfoys pour aucunement la couurir, respondit à Amadis, qu'elle luy obeyroit : Au moyen dequoy il la print par la main, & s'aprochant de Grasandor, luy dist : Monsieur, voicy vne Damoyselle qui se plainct de vostre melencolie , ie vous prie beau sire,donnez luy à entendre dont elle vous procede, puis les laissa ensemble . Lors Grasandor se trouuant à propos , pour parler à elle(d'vne parole tremblante & mal asseurée) commença à luy dire: Madame , il semble que le seigneur Amadis sente la mesme passion en moy , qu'il enduroit au commencement des amours de luy , & de madame Oriane, & a dire vray, quád ie cuide vous faire part de mes doleances, les trois principales parties de moy, sont en la plus estrange peine que lon sçauroit estimer , ce sont mes yeux , mon cueur, & ma langue : car aussi tost que mon œil vous aperçoit , il s'efforce de parler , & vous dire ce qui me cause douleur : mais c'est en vain , lors ma langue cuydant suplier à ce deffault, fait ouurir ma bouche,quád peur suruient qui la contraint tenir quoye : Si adonc mon cueur est en martire , vous le pouez penser , veu qu'il se plaint & souspire sans cesse , & se voyant despourueu de tout moyen , blasme l'œil qui luy aporta les premieres nouuelles de vostre grand beauté , lequel en s'excusant luy promet faire l'office de la lágue , puis qu'en vostre endroit elle est muette , & que par aparence exterieure (en se monstrant piteux) vous demandera pour eux tous mercy & remede . Durant que Grasandor faisoit ces complaintes, Amadis (ne sachant comme il leueroit le siege à l'Empereur qui parloit à Oriane) auisa entrer la royne Briolanye, laquelle il vint baiser, & apellant l'Empereur luy dist: Monsieur , encores n'auez vous veu toutes les belles de ceste troupe, voicy la Royne Briolanye qui vous en peult tesmoigner . Sur mon Dieu respondit il , vous dites vray : Adonc laissa Oriane pour saluer la Royne, qui luy sembla tant belle,& de si bonne grace,qu'il profera ceste parole: Ie croy qu'Apolidõ,faisant les singularitez de ce lieu, y a laissé pour la perfection d'iceluy ces dames tant excellentes , & ne puis estimer qu'elles soient autres qu'immortelles,& ordonnées pour rendre les hommes en volonté de demourer tant qu'ilz viueront en leur compagnie . Or s'estoit Amadis mis en la place de l'Empereur incontinent qu'il se fut leué d'aupres Oriane , faignant luy faire plaisir de le laisser aller auecq' Briolanye : mais il auoit bien son in-

tencion

tencion ailleurs, & ne taschoit qu'à mettre ses compagnons en train
auecq' les autres Dames, pour demourer priuément ou il c'estoit a-
dressé : car il n'auoit parlé familierement à la princesse, depuis qu'elle arriua en l'Isle Ferme, parquoy se trouuant en lieu assez commode,
commença à luy dire : Madame, i'ay toute ma vie estimé qu'il me seroit impossible recognoistre enuers vous les graces que i'ay receuës
de si long temps par vostre seul moyen, & dernierement ayant esté
cause, que Nascian a declairé au Roy vostre pere, la part que nous
auions l'vn à l'autre, par le moyen dequoy, vostre filz & le mien a
esté cogneu de luy, & la paix amenée entre ceux de la grand' Bretaigne & nous, dont nostre seigneur vous sçaura gré, comme ie croy, &
au regard de moy i'en demeureray vostre obligé d'auantage, tant
que i'auray vie au corps, & pourtant auisez qu'il vous plaist que ie face, vous asseurant que ie prendray plaisir à vous obeïr en ce que vous
me commãderez. Quand Oriane l'entendit ainsi parler, ayant deuãt
les yeux le deuoir auquel se doit mettre toute femme d'honneur, &
sage enuers son mary, luy respondit : Monsieur vous me faites tort, ce
me semble, ie vous suplie que desormais vous parlez à moy comme a
vostre humble femme & seruante, & nõ ainsi qu'auez fait par le passé, n'estant autre que vostre amye : Et au demourant faites moy, s'il
vous plaist, le bien de me reciter fidellement en quel estat vous auez
laissé le Roy mon pere, & quelle part i'ay maintenant en sa bõne grace. Madame, dist Amadis, ie ne vis oncques homme plus content selon le bon visage qu'il ma monstré estans ensemble, combien que i'e-
stime (veu l'entorce qu'il a receuë en ceste derniere entreprinse, ou il
esperoit vous recouurer par force) qu'il n'ayt en son cueur vn merueil
leux desplaisir : toutesfois il le sçait dissimuler autant sagement qu'il
est possible, & iusques à se donner le tort, & à vous & à moy l'excuse
de ce qui c'est passé entre nous, bien deliberé, cõme il dit, faire pardeç
ça meilleure chere qu'il fit oncq' en autre lieu : Et de fait il est retourné à Vindilisore pour aller querir la Royne, & vostre seur Leonor, la
quelle est promise à l'Empereur. Monsieur respondit Oriane, ie l'ay
ainsi entendu, dont suis merueilleusement ayse, speciallement pour
auoir recouurer sa bonne grace : car apres vous, ie l'ayme plus qu'autre viuant, encores qu'il m'ayt fait beaucoup souffrir, comme vous
sçauez : mais ie vous prie dites moy que vous semble d'Esplãdian. Par
ma foy ma Dame, respõdit Amadis, à voir ses gestes & façons de faire, il se monstre bien vostre, & qui eust creu le bon Nascian, il le vous
eut amené quand & luy : Toutefois le Roy à voulu qu'il l'acõpagnast
pour donner plaisir à la Royne, laquelle ne la encores veu comme son
filz. Et mettant fin à ce propos, le roy Perion qui auoit entretenu bien
long temps Grasinde, print congé d'elle, & de la compagnie : car il
estoit heu-

estoit heure d'aller soupper, parquoy se retira en son logis, ou peu apres estans luy & Amadis apuyez sur vne fenestre , attendans que les tables fussent dressées , luy dit : Mon filz , puis qu'il a pleu à Dieu, qu'auecq' tant d'honneur vous ayez mis fin à voz querelles , il fault que la gloire luy en soit du tout reserée, & que tant que viurez vous en sçachez gré à voz amys , lesquelz pour vous secourir en tel besoing, n'ont espergné leur propre vie , qui vous oblige à les aymer & honorer , & outre à les recompenser le mieux qu'il vous sera possible , attendu que sans l'ayde qu'ilz vous ont faitte , il est certain que vous eussiez esté en grand bransle de perdre , non seulement la vie : mais l'honneur que i'estime cent fois plus. Et pourtant il est raisonnable, que tout ainsi qu'ilz ont esté participans aux perilz & dangers , qu'a present ilz le soient aussi aux plaisirs & contentemens que vous auez receu par leur moyen . Ainsi doneques auisez à les fauoriser en tout ce que cognoistrez qu'ilz seront affectionnez , leur distribuant le butin qui est entre voz mains, tenant prisonniers les Roys Arauigne , Barsinan, & autres . Et outre faire tant pour ceux que vous cognoissez pretendans aux Dames qui sont en la compagnie d'Oriane , qu'ilz ayent semblable contentement que vous auez , espousans celles qu'ilz ayment . Et à ceste cause ie metz entre voz mains vostre seur Melicie, pour la donner à celuy que vous estimerez la meriter. Vous auez aussi vostre cousine Mabile, la Royne Briolanie, qui vous a tant obligé à elle, Grasinde, & la Royne Sardamire, qui toutes ont eu bonne part aux ennuyz d'Oriane : il me semble qu'elles se doiuent bien sentir de son ayse & auancement, ie les vous recommande, vous asseurât que le plus grand plaisir que ie pourrois auoir en mes vieux ans , est que voz freres Galaor , & Florestan , soient mariez , à fin de me voir auant mourir , reuiure en eux par la lignée de vous tous : Et pourtant ie vous prie auiser à ce que ie vous ay dit , & le plustost que vous pourrez . Monsieur , respondit Amadis , ie feray tout ce qu'il me sera possible pour vous complaire . Il suffit , dit le Roy , lequel voyant la viande preste, se mit à table . Et Amadis retourna en son logis, ou le lendemain matin enuoya prier les principaux Cheualiers d'eux y trouuer , puis estans assemblez, leur dit ainsi : Més compagnons & amys , les grands trauaux & fatigues passées, que vous auez soustenuz en ceste derniere guerre , meritent bien que maintenant vous donnez plaisir & repos à voz espritz : & que pour l'obligation que i'ay à vous, i'essaye par tous moyens à vous faire auoir ce que ie cognoistray vous estre plus affectionné , tout ainsi que par le bon secours que m'auez donné , i'ay attaint à la chose que i'ayme le plus en ce monde qui est ma dame Oriane : Ainsi doneques ie vous prie de bien bon cueur, que chacun declare tout presentement, s'il pretend à Dame ou Damoyselle de celles

M   qui sont

qui font icy, vous affeurant en foy de Cheualier, de faire tant enuers elles, qu'au contentement de leurs amys, ilz me croiront de ce que ie les fuppliray. Et au furplus vous fçauez comme le Roy Arauigne, Barfinan, & plufieurs autres noz prifonniers, poftpofans la vertu à quoy les obligeoit l'ordre de cheualerie, ont exercé (tant qu'ilz ont eu moyen) tyrannie, au moyen dequoy ilz ne font dignes d'aucune rançon : ains grandement puniffables pour la grauité de leurs trahyfons, & pourtant il me femble que deuez auifer à departir leurs biens entre vous : quant à moy i'en quite ma part, me tenant trop plus que fatisfait, fi ie puis auoir moyen de vous faire particulierement plaifir ou feruice qui vous foit agreable. Quand ceux qui faifoient l'amour aux Dames ouyrent tenir propos de leur faire auoir leurs amyes, croyez qu'ilz ne firent les fourds : & principallement Agraies, qui le fuplia humblement luy tenir la main pour le mariage de luy & de la belle Olinde, Bruneo pour Melicie, Grafandor pour Mabile, mefmes Quedragant, qui n'auoit oncques aymé iufques alors, fe declara affectionné de Grafinde, difant deuant tous : Ie cognois bien maintenant que le temps & la ieuneffe ont efté par le paffé fort contraires à mon repos, n'ayant lors foucy que du traitement de mon cheual, & de l'apareil de mes armes : mais à prefent l'aage & la raifon me contraignent à prendre autre eftat, tellement que s'il plaifoit à ma dame Grafinde m'auoir agreable pour mary, ie m'eftimerois bien heureux. Par Dieu, dit Floreftan, i'auoys auffi bien deliberé retourner en Alemaigne, auffi toft que les affaires de monfeigneur Amadis auroient prins fin, tant pour voir ma mere, que plufieurs de mes amys : toutesfois ie ne fçay de quel œil i'ay regardé la Royne Sardamire, tant y a que fi ie pouuois trouuer moyen de l'efpoufer, ie oublirois mon voyage, & toutes autres chofes : mais les autres plus libres de la fubiection d'amour, ayans leurs cueurs du tout adonnez à fuyure les armes, parlerent autre langage, fuplians Amadis de les employer, fuft en la conquefte du royaume d'Arauigne, des païs de Barfinan, ou ailleurs, ne demandans autre part du butin (dirent ilz) que le moyen d'acquerir renommée, prouëffe, & cheualerie. Puis qu'ainfi eft, refpondit Amadis, fouz le bon plaifir de la compagnie, ie le departiray prefentement : A fçauoir le païs de Sanfuegue à Quedragant, pour le mieux apaner en efpoufant Grafinde. Et à vous, dit il à Bruneo, le royaume d'Arauigne, auec ma fœur Melicie : & au regard de mon frere Floreftan, ie feray auec l'Empereur qu'il luy donnera le païs de Calabre, & la Royne Sardamire, qu'il defire tant. Quant aux feigneurs, Agraies, & Grafandor, ilz font, graces à Dieu riches & puiffans, par le moyen de leurs peres, & fe contenteront, comme ie croy, d'auoir pour cefte heure la iouïffance de celles qu'ilz

ayment:

ayment : Le demourant sera distribué particulierement, ainsi que lon
cognoistra le merite des personnes aussi tost que le roy Lisuart sera
arriué . Ce que tous eurent agreable , lesquelz nous laisserons retourner en leurs logis , atendans l'heure d'aller chez les Dames , comme il
auoient de coustume.

Comme Bruneo de bonne Mer,

*& Bransil , furent ordonnez pour aller en Gaule querir la
Royne Helisene , & Galaor , & des auentu-
res qu'ilz eurent en retournant.*

Chapitre　　　　XXVI.

Velques iours apres que le Roy Perion, & les autres
Cheualiers furent arriuez en l'Isle Ferme, Agraies,
Bruneo , & ceux qui esperoient en brief estre mariez, craignans que l'absence de la Royne Helisene
& Galaor, retardassent ce iour tant desiré, vindrent
suplier le roy Perion de les enuoyer querir, ce qu'il
leur acorda. Au moyen dequoy Bruneo se presenta le premier, disant
au Roy : Sire , ie vous suplie humblement qu'autres que mon frere &
moy n'ayent ceste charge, autrement vous nous ferez tort. Ouy bien,
respondit le Roy (en ce souzriant) si ie vous acorde ce que demandez,

M ii　　　　estant

estant seur que vous aurez plus de plaisir à tenir compagnie à Melicie que de vous en eslongner. Par ma foy, Sire, dit Bruneo, le bien d'estre aupres d'elle, est le plus grand que ie sçaurois souhaiter : Toutesfois ie suis trescontent d'aller trouuer la Royne & Galaor, pour l'enuie que i'ay de leur faire seruice. Vrayement, respondit Angriote, s'il plaist au Roy, vous ne ferez pas ce voyage sans moy. Vous irez donc tous trois, dit le Roy, & Dieu vueille que vous trouuiez mon filz en meilleure sorte qu'il n'estoit quand ie le laissay. Sire, respondit Ysanie, ces iours passez aucuns marchans venans de Gaule, m'asseurerent qu'il faisoit bonne chere, & l'auoient veu (comme ilz disoient) portant toutesfois encores assez mauuais visage du retour de sa maladie. Ceste nouuelle pleut grandement au Roy, & à toute la compagnie : Au moyen dequoy Bruneo & les deux autres s'embarquerent le lendemain, & nauigerent par si bonvent que sans fortune arriuerent peu de iours apres ou estoit la Royne, de laquelle ilz furent tresbien receuz, & mieux encores de Galaor, pour le desir qu'il auoit d'entendre nouuelles de son frere & autres ses amys. Et comme il les embrassoit, leur dit quasi en larmoyant : Par ma foy mes bons seigneurs, malheur m'a si longuement tenu compagnie, que pensant au tort qu'il m'a fait, ayant esté cause de m'esloigner ainsi de vous, & habandonner les armes ie meurs par trop de desplaisir. Monsieur, respondit Bruneo, nous vous aportons telles nouuelles, qu'elles satisferont au mal que auez enduré. Adonc luy recita deuant la Royne, les rencontres & batailles d'entre les Roys Perion & Lisuart, les perilz & dangers ou ilz s'estoient trouuez par la surprinse du roy Arauigne, & d'Arcalaüs, & finablement l'amytié & alliance qui en estoit suruenuë, mesmes les mariages acordez d'vne part & d'autre. Dequoy Galaor fut bien esbahy, n'ayant oncques rien entendu de telles entreprinses, & respondit à Bruneo : Est il possible que le Roy Lisuart mon bon Seigneur ce soit trouué en telle extremité sans moy? Sur mon ame ie cognois bien maintenant, que fortune m'a plus aymé que ie ne pensois: car si ie n'eusse esté malade, quelque obligatió que i'aye au Roy mon pere ie n'eusse espargné ma vie pour le secourir : Et pis encores me fut auenu si durant ma maladie i'en eusse ouy seulement le bruit, estant tout certain que ie fusse mort de trop grand regret pour luy faillir à ce besoin. Il vaut trop mieux, dit Bruneo, que le tout se soit passé ainsi sans vous : Et au suplus i'ay charge de par monsieur Amadis faire ses affectueuses recommendations, à vostre bonne grace, & vous prier de par luy, prendre peine à vous resiouïr & renforcer le plus que pourrez : car il delibere (si le trouuez bon) vous faire espouser la Royne Briolanye, aussi tost que vous serez arriué vers luy, & nous à le Roy Perion depeschez expressement pour conduire la Royne en

l'Isle Ferme

l'Ifle Ferme, ou il l'atend auecq' bonne troupe de Cheualiers, Dames
& Damoyfelles . Mon filz dift elle à Galaor , partons doncques cefte
fepmaine prochaine , ce pendant donnez ordre qu'ayons vaiffeaux,
& autres chofes qui nous font neceffaires pour ce voyage . Ie le feray
ma Dame, refpondit Galaor : & à cefte caufe manda le iour mefmes
mariniers, lefquelz apres auoir entendu fon vouloir , firent incontinent freter & equiper le meilleur nauire qui fe trouua au port , ou ilz
s'embarquerent le fixiefme iour d'apres : Mais ilz n'eurent gueres ef-
loigné la cofte de Gaule, qu'ilz defcouurirent en pleine mer vn vaiffeau, ayantvent en poupe, finglât d'vne merueilleufe legereté, duquel
le nocher ou comite fit caller le voile, auffi toft qu'il aperceut le nauire de la Royne. Parquoy les Cheualiers de l'Ifle Ferme eftimans eftre
courfaires ou pirates, coururent incontinent aux armes, & pour en entendre au vray la verité, enuoyerent vers eux l'vn de leurs Efcuyers,
en vn efquif fçauoir qu'ilz demandoient, & ou ilz tiroient. L'Efcuyer
qui ne fut des plus affeurez, aprochât le vaiffeau apella d'affez loing,
difant : Hau de la nau, ceux du nauire que vous voyez deuant vous,
vous prient par courtoyfie leur mander qui vous eftes , & la route ou
vous allez . Mon amy, refpondit vn Cheualier qui eftoit fur le tillac,
en ce vaiffeau eft vne Dame d'honneur , laquelle voudroit bien eftre
en l'Ifle Ferme . En bonne foy dit l'Efcuyer elle a trouué compagnie
s'il luy plaift : car ceux qui m'ont enuoyé vers vous, y font voile, lefquelz vous pouez aborder feurement . Et comme il eut acheué cefte
parole, retourna dôt il eftoit party . Ce pendant le Cheualier auquel
il auoit parlé, vint vers la Dame qu'ilz conduyfoient, l'auertir de ce
que l'Efcuyer luy auoit dit. Au moyen dequoy elle l'enuoya incontinent apres dedans en vne fregate s'enquerir au vray, fi à la parolle de
l'Efcuyer elle fe pourroit feurement aprocher, lequel peu apres fe ioignit au nauire de la Royne . Et auifant premier Angriote, luy dift:
Sire Cheualier, vn Efcuyer des voftres eft n'a gueres venu fçauoir qui
nous eftions, & ou nous faifons voile : nous luy auons refpondu , que
noftre intention eft de tirer droit en l'Ifle Ferme, ou il dit que vous allez auffi : & pource que nous y conduifons vne Princeffe de grande
eftime, nous vous prions nous affeurer de voftre compagnie. Cheualier, refpondit Angriote, s'il vous plaift venir quant & nous, la dame
que vous dites trouuera ceans vne Royne qui la receuera en fa compagnie de bien bon cueur, & luy fera toute la gracieufeté dont elle fe
pourra auifer. Seigneur, dift il, ie vous mercie humblemét pour elle,
d'vne chofe vous puis-ie auifer, que l'ayant cogneuë, & l'affaire pour
laquelle elle eft entrée en mer, vous en aurez tant de compaffion, qu'à
mon auis ne luy denirez fécours, fi elle vous en requiert. Puis prenant
congé de luy, retourna vers le vaiffeau dont il eftoit forty, lequel fe
M iii   ioignit

ioignit peu apres à l'autre . Adoncq' se presenta vne Dame vestuë de
drap noir, monstrant (elle & tous ceux qui l'acompagnoient) visages
tristes à merueilles . Dequoy Angriote (qui y prenoit garde) fut fort
esbahy, l'estimant à sa contenance Dame de reputation & de maison
Et à ceste cause il la salua , en luy demandant s'il luy plaisoit monter
auec la Royne . Sire Cheualier, respondit elle , ie feray ce qu'il vous
plaira : toutesfois ie vous suplie me nômer qui est celle que vous me
dites, & ceux qui l'acompagnent. Ma dame, dit Angriote, c'est la roy
ne de Gaule , monsieur Galaor son filz , & trois autres Cheualiers de
l'Isle Ferme ou nous allons. Ie vous suyuray doncq', dit elle. Lors An
griote luy tendit la main, & elle entra ou il estoit: puis la conduict en
la chambre de la Royne, laquelle desia auertie de tout ce qu'auez entendu , la receut humainement : Mais la dame trop desolée se ieta à
ses piedz pour les luy baiser. Ce que la Royne ne voulut souffrir, ains
la releua gracieusement, la priant de luy declairer sa douleur. Ma dame, respondit elle , encores qu'à present ie sois desnuée de tous biens
de fortune , & que ie n'aye plaisir ne repos , sinon à reciter mes malheurs, si deuez vous croire que i'estoys (n'a pas long têps) grand' dame, ayant espousé le feu Roy de Dace , duquel i'ay deux filz , & vne
seule fille malheureuse, & plus encores malheureusemét née, pour a-
uoir esté cause de la mort du Roy son pere , & de la totale ruïne de
moy & de ses freres . Et entendez ma Dame, qu'apres l'auoir mariée
auec le Duc de Suesse, l'vn des plus grans princes voysin de mes païs,
d'autant que le iour de ses noces nous fut agreable, d'autant m'a esté
depuis ce mariage ennuyeux: car peu apres iceluy consommé, estant
ce Duc mon gendre, ieune & ambitieux de regner, conspira la mort
du Roy mó mary, & de mes deux autres enfans, le plus vieil desquelz
n'a pas encores ataint quatorze ans , & ainsi qu'il le pourpensa , ainsi
l'executa il enuers monseigneur, tellement qu'vn iour faignant nous
venir visiter , acompagné de grand nombre de gens, pour nous faire
(côme il disoit) plus d'honneur. Le Roy mon mary, qui ne se doutoit
aucunement de la trahison premeditée, alla au deuant le receuoir, &
côme il l'embrassoit, le meschant tira sa dague, & le meurdrit cruellement . Lors mes deux filz qui (de bon heur pour eux) le suyuoient de
loing, entendans le tumulte, retournerent à bride abatuë droit en la
ville, ou le trahistre les tient encores assiegez. Or estois-ie adonc absente, & en vn pelerinage de nostre Dame, eglise tresantique, edifiée
sur le hault d'vn promontoire , ou lon me vint auertir de mon malheur. Si à l'heure ie fus esperduë, ma dame vous le pouez penser, veu
qu'en vn moment ie me trouuay desnuée de tout remede, & quasi ha
bandonnée d'esperance, en sorte que sans le bon auis & reconfort que
me donnerent ces deux Cheualiers qui m'acompagnoient , ie n'eusse

vescu

vescu vne seule heure,quand ilz me firent souuenir d'vn nómé Amadis de Gaule,lequel on dit estre refuge & suport de toutes Dames affligées, ne leur ayant oncques denié son ayde , qui a esté cause de me
faire entreprendre ce long voyage,pour le trouuer en l'Isle Ferme,ou
lon tient pour certain qu'il est auec grand nóbre d'autres bons Cheualiers ses compagnons , lesquelz sachans le tort que m'a fait le meschant Duc mon gendre,& l'extremité ou il tient mes enfans assiegez
en auront cóme i'espere telle compassion,qu'ilz me donnerót secours
par le moyen dequoy ie chasseray mon ennemy hors de mes païs: car
mes suietz n'atendent (pour prendre les armes contre luy) qu'vn chef
à les conduire . Grand' compassion eut la Royne & les escoutans, de
l'infortune auenuë à la Royne de Dace, & telle , que les trois Cheualiers delibererent sur l'heure de l'aller secourir . Adonc la Royne luy
dist : Ma cousine m'amye , vostre ennuy me desplaist autant qu'il est
possible: toutesfois ie considere fortune telle,que peu souuét elle pardonne à fort ou à foible, à Roy ny à souldat : en sorte que ceux qui
sont plus fauorisez d'elle, plus doiuent craindre & douter sa mobilité, veu qu'au temps qu'ilz pensent estre plus asseurez , plus promptement leur suruient le semblable qui vous est auenu:& puis que nostre
seigneur vous a adressée vers moy, i'auray plaisir que nous allions de
compagnie en l'Isle Ferme , ou i'espere que trouuerez le secours que
cherchez.Ma dame,respondit laRoyne de Dace,il me souniét qu'au-
euns Cheualiers(n'a pas long temps) trauersans païs conterent au feu
Roy mon mary , cóme Amadis auoit secouru Oriane fille du roy Lisuart,lequel l'enuoyoit par force à l'Empereur de Rome: mais Amadis l'auoit ostée aux Romains,& émenée en l'Isle Ferme malgré eux,
ou lon la dit estre encores bien acompagnée, qui m'a fait esperer,puis
qu'elle a esprouué les rigueurs de malheur,qu'elle aura pitié du mien
tellement que par son moyen, ie pourray obtenir partie de ce dont ie
suis en peine. Par ma foy ma Dame, dit Angriote,s'il plaist à la Royne vous ne passerez pas plus outre : car ie suis prest d'aller auec vous,
& n'espargner ma personne pourvous faire seruice.Et le semblable di
rent Bruneo, & Branfil, suplians treshumblement la Royne leur don
ner congé,veu qu'elle estoit si pres de l'Isle Ferme, qu'elle y pourroit
arriuer en brief sans empeschement . Et tant la sceurent importuner,
qu'elle y consentit . Et à ceste cause entrerét au nauire de la Royne de
Dace, laquelle prenant congé des autres, cómanda à ses mariniers retourner arriere : parquoy la Royne de Gaule & Galaor suyuirent la
route de l'Isle Ferme, ou peu apres ilz prindrent port,dont furent incontinent auertiz les Cheualiers,qui les vindrent receuoir . Et quand
le roy Perion auisa Galaor en bonne santé , ce blanc vieillart eut vn
si merueilleux plaisir,qu'il luy dit en se riát:Par ma foy mon filz, puis

M iiii   que nous

que nous sommes en amytié auec le Roy Lisuart, ie douteray desormais de vous moins que ie n'ay fait par le passé. Monsieur respondit
il, ie n'euz de ma vie tant d'ayse, que m'en ont aporté les aliances que
vous auez auec luy, & Dieu vueille que la paix puisse durer longuement. Il ne tiendra à moy, dist le Roy, lequel auisant Oriane auecq'
sa suyte, sortit du parc pour venir vers la Royne, & la luy monstra,
disant: Ma dame, voyez si nous auons faute de bonne compagnie par
deçà. Non vrayement (monsieur) respondit elle, & ie ne m'esbahys
plus si i'ay esté tant long temps sans entendre de voz nouuelles, vous
estiez (comme ie croy) assez empesché à gouuerner ces Dames. Or la
conduisoient souz les bras Amadis & l'Empereur: & à l'instant Oriane vint luy faire la reuerance, & la Royne au semblable: mais Galaor
qui n'estoit des derniers, voyant la Royne Briolanie, laissa toutes les
autres pour s'aprocher d'elle & la baiser, dont Briolanie rougit si fort
qu'Amadis s'en aperceuant luy dist: Ma Dame, i'espere que desormais (ayant telle part au Cheualier que vous auez) que vous luy de-
partirez quelque peu de la couleur qu'il vous à fait venir au visage, &
dont il a grand besoin comme vous voyez, ie le vous recommande.
Lors Galaor qui ne l'auoit veuë depuis son partement de Sobradise,
quand il y mena Florestan, sinon vne autrefois estant encores fort ieune, qu'elle vint chercher Amadis en la grand' Bretaigne, la trouua si
belle, & creuë en tant de perfections, que l'amytié precedente qu'il
luy portoit se renouuella, de sorte que luy qui n'auoit oncques cher-
ché femme pour espouser, resolut de n'en auoir iamais autre, & elle
au semblable & a bon droit: car peu apres ilz furent mariez, & yssi-
rent d'eux enfans preux & hardiz, lesquelz côquirent par leurs prou-
esses maintes contrées estranges, ainsi que vous entendrez au cinquies-
me liure, lisant les faitz d'Esplandian, auquel leurs grádes entreprinses sont amplement declairées. Mais pour retourner sur noz brisées,
aussi tost que la royne Helisene fut entrée au parc, les Cheualiers s'en
retirerent suyuant la coustume qu'Oriane auoit establie des le iour
qu'elle y fut amenée par Amadis, qui dura iusques à ce que les mariages acordez furent celebrez en la presence du Roy Lisuart, & de la
Royne Brisene, qu'ilz atendoient d'heure à autre, & ce pendant ilz
alloient ordinairement, les vns à la chasse, les autres à la volerie, ainsi que le temps & l'ocasion se presentoit: car le lieu estoit tant acom-
modé de bestes rousses, oyseaux de riuiere, & autres que c'estoit chose admirable. Parquoy nous les y laisserons esbatre, pour vous declairer ce qui suruint à Bruneo, Angriote, & Branfil qui auoient laissé
la Royne Helisene.

Comme Bru-

Comme Bruneo de bonne Mer,

Branfil, & Angriote, fuyuirent la Royne de Dace, &
des auantures qu'ilz eurent.

Chapitre　　　　XXVII.

A Pres que les trois Cheualiers furent entrez au vaiffeau de la Royne de Dace, elle qui ne fçauoit leurs
noms commença à leur dire : Meſsieurs, puis qu'il
vous plaiſt tant prédre de trauail pour moy, ie vous
ſuplie me dire qui vous eſtes, à fin que ie vous face
l'honneur que meritez : car vous ſçauez que ie vous
cognois côme celle qui ne vous auoit oncques veuz, quand i'aborday
le nauire ou ie vous trouuay auec la Royne. Ma Dame, reſpôdit Angriote, nous ſommes encores ſi peu renommez par le môde, que pour
vous dire noz noms, vous nous cognoiſtrez auſsi peu qu'au precedent
toutesfois puis qu'il vous plaiſt, ie les vous diray preſentement. Ces
deux miens côpagnons ſont freres l'vn nommé Branfil, & l'autre Bruneo de bône Mer, qui puis n'agueres a fiancé la princeſſe Melicie, ſeur
d'Amadis de Gaule, lequel vous allez chercher. Quand à moy ie ſuis
Angriote d'Eſtrauaux, qui vous deſire faire ſeruice. Sur mon dieu, dit
elle ce ſont biê les meilleures nouuelles que ie ſçaurois ſouhaiter pour
le preſent : car ie vous ay tant ouy eſtimer par ceux qui côterent au feu
Roy mon mary le ſecours que fit Amadis à la princeſſe Oriane, que
i'eſpere mieux que iamais, auoir vengeance du trahiſtre qui m'a ſi fort
offencé. Ma Dame, reſpondit Angriote, nous y ferons ce que nous
pourrôs ſans y eſpergner choſe qui ſoit en noſtre puiſſance. Bien hum
blement le remercia la Royne, laquelle de là en auant ſe monſtra plus
ioyeuſe qu'elle n'auoit acouſtumé, & quelque temps apres deſcouuri
rent la coſte du païs de Dace, ou ilz vindrent ſurgir : Lors fut Angriote
d'auis, que la Royne demouraſt au nauire iuſques à ce qu'ilz viſſent
comme ſes affaires ſe porteroiét, & qu'eux (guidez par les deux Cheualiers qu'elle auoit amenez) yroient droit àla ville aſsiegée, trouuer
moyen d'entrer dedans, & dire des nouuelles à ſes deux filz. Et à ceſte
cauſe la commanderent à Dieu & ſe mirent en chemin, tenant le païs
plus couuert qu'il leur fut poſsible pour n'eſtre aperceuz, tant que la
nuit les ſurprint : toutesfois ilz ne ceſſerent de cheminer iuſques à ce
qu'ilz virent les feuz du camp, & comme ilz tiroient à quartier, penſant euiter le guet, dix Cheualiers qui eſtoient aux eſcoutes, les auiſerent, & vindrent les charger : mais ilz furent ſi bien receuz que les
cinq pre-

cinq premiers tumberent par terre , parquoy leurs compagnons doutans embusche retournerent au camp , faire alarme . Ce pendant Angriote, & les autres passerent outre, en sorte qu'ilz vindrent ioignant
les murailles de la ville . Adonc ceux qui les guidoient apellerent la
sentinelle, & pource qu'ilz furent cogneuz du guet, on ouurit vne po-
terne, par laquelle ilz entrerent, & aussi tost furent conduitz au logis
des deux Princes , enfans du feu Roy , lesquelz auertiz de l'ocasion
de leur arriuée, mesmement du retour de la Royne leur mere en bonne santé , louërent grandement nostre Seigneur , & les receurent le
plus honorablement qu'il leur fut possible, s'ilz furent tresmal seruiz à
leur souper n'en doutez : car desia les viures deffailloient en la ville:
mais ilz auoient si grand faim, n'ayant mégé tout le iour, qu'il ne leur
estoit besoin d'aucune sauce pour leur donner apetit . Or estoient ilz
las & trauaillez, parquoy ne tarderent gueres à eux aller reposer. Tandis le Duc & son armée se tenoient en bataille , & y demourerent iusques à ce qu'il fut iour hault & cler , pour autant que les cinq Cheualiers du guet leur auoient donné tel effroy , qu'ilz tenoient pour certain le secours de la ville estre pres d'eux : Mais quand le iour aparut
chacun se retira, & se trouuerent les Cheualiers de l'Isle Ferme au leuer des enfans du Roy , ou fut auisé auec les principaux capitaines,
que partie de leurs gens se tiendroient prest pour sortir la nuit ensuyuant au changement du guet, tant pour essayer à surprendre leurs ennemys, que pour mettre dehors (durát l'alarme) le plus ieune des deux
Princes auec Bruneo , & vne guide seulement , pour le conduyre aux
places circonuoysines , essayer de les faire reuolter contre le Duc . A
quoy ilz se consentirent aysément, puis que la Royne estoit de retour,
& auec elle les Cheualiers qu'elle auoit amenez: Et à ceste cause sur le
minuit Angriote & Branfil (chefz de ceste entreprinse) vindrent à la
place ou ilz trouuerent leurs gens prestz à marcher . Le temps estoit
lors obscur, & faisoit vn vent & vne pluye si froide que merueilles, qui
leur donnoit grande esperance de trouuer peu de resistance au guet, &
ainsi leur auint : car aussi tost qu'ilz eurent prins vn linge blanc pour
eux entrecognoistre en l'obscurité, sortirent secretemét par vne fauce
porte, & marchans au petit pas, & sans faire bruit surprindrent les es-
coutes, lesquelz ilz tuerent auant que le guet en entendit aucune chose : car pour la faueur du temps , les vns dormoient, les autres estoient
cachez dedans les tranchées, de sorte qu'ilz les taillerent en pieces
premier que l'alarme vint au camp , au moyen dequoy ceux de la
ville poursuyuans leur fortune, ruerent sur les autres qu'ilz trouuerent
aux tentes & cabanes, desquelz il fut fait si grande boucherie, que la
clameur en vint aux oreilles du Duc , qui promptement monta à cheual auec si peu de gens qu'il peust assembler: Lors se renforça l'alarme,
& estoit

& estoit le bruit des trompettes & tabourins si grand, auec le cry des soldatz, & l'impetuosité du vent, que le plus hardy se trouuoit mal asseuré, aussi qu'il n'y auoit tente ne pauillon qui ne fust renuersé & mis par terre. Ce nonobstant le Duc trouua façon de r'alier la pluspart de sa gendarmerie, & auec quelque petit nombre de gés de pied, marcha droit contre ses ennemys, lesquelz sentans l'aprocher (eux contens de ce qu'ilz auoient fait) se retirerent au petit pas vers la ville, n'estant leur force à rien esgale à celle de leur ennemy, qui les chargea rudement: mais Angriote & Bransil (sur la queuë) soustindrent si bien l'effort, que plusieurs furent desarçonnez & naurez. Ce que voyát le Duc cuyda desesperer, & comme il auient souuent que tel pense venger son iniure qu'elle luy acroist, ce Prince malheureux (plus de furie que par raison) entra si auant dedans ses ennemys, que d'vn coup de masse fut abatu, prins & emporté, dont la peur de ses soldatz s'augmenta si fort, que perdant du tout le cueur, se retirerent en leur camp: & Angriote & ses gens dedans la ville auec leur butin. Durant ceste escarmouche Bruneo de bonne Mer voyant temps commode pour desloger, sortit auec le ieune Prince & sa guide, ainsi qu'il auoit esté ordonné, & sans empeschement quelconque, cheminerent tant qu'ilz arriuerent ainsi que le iour poignoit, pres d'vne bonne ville nommée Alumente, ioignant laquelle rencontrerene deux Cheualiers armez de toutes pieces, qui auoient esté enuoyez par le Duc le iour precedent pour quelques affaires, & le premier qui les auisa fut la guide, qui les monstra à Bruneo, luy disant: Cheualier, pour Dieu destournons nous ne voyez vous ces deux qui viennent à nous, qui sont de noz ennemys? As-tu paour? respondit Bruneo, pren seulement garde à ton maistre, & me laisse faire le demourant. Lors chargea sa lance, & donnant des esperons à son cheual, cria à haute voix aux deux Cheualiers: Trahystres larrons, soustenuz du plus meschant Duc de la terre, vous estes morts, & vous defendez si vous pouez. A ce cry cogneurent bien les autres que force leur estoit iouër des cousteaux, parquoy sans respondre, coururent sus à Bruneo, l'vn desquelz croisa & rompit son bois, & l'autre faillit d'atainte, non pas Bruneo: car le prenant entre les cuysses & l'arçon, le rua par terre, d'vn si grád sault, qu'il demeura esuanouy: lors son compagnon cuydant le venger, mit l'espée au poing, & retournant vers Bruneo, luy en donna tel coup, qu'il luy fendit l'escu en deux: mais il ne le porta loing: car Bruneo le ioignit incontinent, & l'ataignit sur la creste de l'armet, de si grand' force qu'il l'estourdit, parquoy le saisit au colet, & sans le lascher tira si fort à soy, qu'il le tomba bas: adonc commença à le petiller, faisant passer & repasser tant de fois le cheual sur le ventre, qu'il le rendit tout froissé, & plus mal encores l'eust acoustré, s'il n'eust demandé mercy. Leue toy

doncques

doncques, dit Bruneo, & regarde si ton compagnon est mort ou non.
Le Cheualier se releua à toute peine, & approchant pres de l'autre, le
desarma de la teste : & aussi tost qu'il eut air se mist à respirer. Or le
monte, dit Bruneo, dedans la selle de ton cheual, & le soultiés en croupe. Ce que le Cheualier fit. Lors s'aperceut que le ieune Prince & sa
guide s'en estoient fuyz: toutesfois ilz retournoient vers luy, ayans veu
la victoire, & aussi tost qu'ilz furét arriuez, il dit au filz du Roy. Monsieur, voicy deux prisonniers lesquelz ie vous presente, auise z si voulez que ie leur pardonne, ou que ie les mette à mort deuant vous, pour
plus intimider les autres qui sont au seruice du Duc leur trahistre maistre. Ha sire Cheualier, respondit l'enfant, ilz ne doiuent porter la penitence pour luy, ie vous prie renuoyez-les au camp, ou s'ilz veulent
estre des nostres, ie les feray autant bien traiter qu'il me sera possible.
Cest auis trouua Bruneo tresbon, & loua grandement le bon conseil
du ieune Prince : Parquoy apres auoir receu leur foy s'en allerent ensemble à la ville, ou ilz ne furent plustost arriuez, que les habitans recogneurent la guide & leur petit seigneur. Et à ceste cause en moins
d'vn rien, tout le peuple s'assembla autour de luy, pour luy baiser les
mains, luy offrant tout ce qui estoit en leur puissance. Dequoy Bruneo
bien ioyeux, cómença a leur dire: Seigneurs citoyens, la fidelle amour
que vous monstrez à ce ieune Prince vostre droiturier seigneur, l'o-
blige grandement à vous vouloir bien tant qu'il viura, & la fiance
aussi qu'il a en vous, vous doit esmouuoir à l'honorer, vous le voyez
ieune & auecq' peu de moyen pour chasser son ennemy hors de voz
limites, lequel (comme vous sçauez) meurdrist en trahyson le feu Roy
vostre bon Prince, & depuis pensant vsurper son royaume, a assiegé
la principalle cité, & la tient encores de si pres, que sans vostre ayde,
elle est en danger de succomber & venir en ruïne, auecq' les gens de
bien & bons Cheualiers qui sont dedans, parquoy, seigneurs citoyens,
maintenant que l'occasion s'offre d'elle mesmes, par le retour de la
Royne vostre bonne maistresse, qui a amené quant & elle trois Cheualiers de l'Isle Ferme (dont ie suis l'vn) deliberez-vous de venger
l'iniure qu'auez receuë par le trahystre, & faire tant que voz seigneurs
liges, puissent estre remis en leurs terres, vous asseurant, si me voulez
suyure, que i'auray moyen de surprendre luy & son armée, & le deffaire par la faueur que nous aurons de mes compagnons qui sont dedans la ville, lesquelz ne faudront à sortir aussi tost qu'ilz verront le
signal que ie leur donneray. Et comme il leur faisoit telles remonstrances, arriuerent deux païsans, lesquelz à grand' haste venoient du
camp, vers ceux de la ville les auertir que pour certain, les Cheualiers assiegez auoient fait la nuict precedente vne saillie sur le guet,
qu'ilz auoient forcé & taillé en pieces, auec grand' partie d'autres, a-
uant qu'ilz

uant qu'ilz eussent esté secouruz, & que le Duc mesmes auoit esté a-
batu de son cheual, prins & mené prisonnier en la ville par deux Cheualiers estrangers, comme le bruit estoit, & de ce ne faites doute, dirent les vilains : car nous estions au camp, lors que l'alarme a esté donnée, ou force nous fut de coucher, à l'occasion de la nuict qui nous y
surprint vendant noz viures : mais nous n'eusmes oncques si grande
frayeur, & à bonne raison, veu que les soldatz estoient & sont encores si esperduz, que la plus part d'eux s'en vont à vau de routte & à la
file droit en leurs païs. Ce maistdieux, dit Bruneo, ce sont bonnes nou
uelles. Ie vous prie mes amys sortons tous, & leur donnons sur la queuë
pour les haster d'aller . A ceste parolle chacun crya aux armes : Mais
Bruneo les pria de differer iusques au soir, à fin de les prendre au
despourueu, & ce pendant que chascun allast repaistre pour marcher
toute la nuict, ce qu'ilz luy acorderent, bien deliberez de le suyure
& mourir auec luy : Et à ceste cause venant l'heure qu'il leur auoit assi-
gnée, se trouuerent tous en la place, & la ordonna son bataillon, puis
sortans de la ville, marcherent en bon ordre droit au camp, & enuiron le poinct du iour arriuerent à vn quart de lieuë pres . Adonc Bruneo fit vn signe de feu, à ceux de la ville, pour les auertir de son entreprinse que les gens du Duc (estans au guet) aperceurent, & en a-
uertirent leurs capitaines, parquoy se doutans de ce qui leur estoit
prochain (encores recens de la perte qu'ilz auoient receuë la nuict
precedente) firent secretement trousser leurs tentes, & leuer le siege
à si grand' haste, qu'ilz estoient à plus de troys grandes lieuës loing,
deuant que lon s'en aperceut : Mais aussi tost que les nouuelles en vindrent à Angriote, & Bruneo, eux & leurs gens monterent à cheual
pour aller apres, & les trouuerent en tresbon ordre, chassans leur bagage deuant eux . Lors commencerent à s'escarmoucher l'vn contre l'autre, & combien que leurs haquebuziers se tinssent tousiours
sur la queuë auec la plus part de leur gendarmerie, si furent ilz chargez par ceux de la ville de telle hardiesse, qu'ilz les firent esquarter
& sortir de leurs rangs, par le moyen dequoy plusieurs y perdirent
la vie, & grand nombre d'autres prins prisonniers, & plus encores
eussent receu de dommage, n'eust esté qu'ilz trouuerent moyen de
eux rallier, & se tenir serrez . Et à ceste cause Angriote, se souuenant
que la poursuyte de l'ennemy desesperé, est souuent cause de la perte
d'vne bataille gaignée, fit sonner la retraicte, mesmes que la nuict
s'aprochoit : Au moyen dequoy ilz reprindrent le chemin de la ville,
ou arriuez, chacun s'alla reposer iusques au lendemain matin, qu'ilz
delibererent aller querir la Royne, laquelle estoit (comme ie vous ay
dit) demourée en son nauire, attendant nouuelles des Cheualiers de
l'Isle Ferme, & de ses enfans, qui la vindrent trouuer, tant mellanco--

N   lique que

lique que rien plus:car elle ne sçauoit s'ilz estoient mors ou non:Mais
quand elle les vid si dispostz, & sceut la prinse de son ennemy, & la
ruïne de son camp, vne ioye extresme la saisit de sorte, que son esprit pensant auoir le plus grand bien qu'il pourroit acquerir en ce
monde, fut sur le point de s'en partir, & laisser le corps content &
satisfait, quand les Princes & Cheualiers s'aprocherent d'elle pour
luy baiser les mains,lesquelz elle receut d'vne tresgrande amour, puis
fut mise dedans vne riche lictiere que lon luy auoit amenée, & la conduirent en son palays bien honorablement, ou elle ne fut si tost descenduë,qu'elle commanda luy amener le Duc,ce que fut fait:Et combien qu'elle n'eut deliberé d'vser d'aucune vengeance enuers luy,ains
oublier pour l'honneur de Dieu, partie du tort qu'elle auoit souffert,
si se trouua elle vaincuë & forcée de tant de regret (pour la perte du
Roy son mary) que le voyant, commanda soudain l'enuoyer au gi-
bet : Mais les Cheualiers de l'Isle Ferme n'en furent pas contans : ains
(le plus gracieusement & modestement qu'ilz peurent) luy remon-
strerent, qu'oncques ilz n'auoient prins prisonnier à mercy, à qui ilz
fissent puis apres aucun moleste, parquoy la suplierent differer son
vouloir iusques à ce qu'ilz fussent deslogez : lors qu'elle en ordonnast
comme bon luy sembleroit, & qu'elle trouueroit par conseil.Et à ceste
ocasion luy demanderent congé.Ie feray,respondit elle, ce qu'il vous
plaira, & toutesfois acordez moy encores, d'attendre pour huit ou
dix iours, entre cy & lesquelz i'espere faire couronner mon filz, &
l'enuoyer à Amadis par vous, si me voulez faire le bien de l'y conduyre. Ma dame,dirent ilz, nous en sommes trescontans. Au moyen
dequoy enuoya incontinent apeller l'vn de ses maistres d'hostelz, &
& luy commanda donner ordre à tout ce qu'il estoit necessaire pour
vn tel apareil, ce qu'il fit auecq' tresgrande diligence . Et par tant
venu le iour du triumphe, le ieune Roy acompagné des Princes de
son sang, des Cheualiers de l'Isle Ferme, & autres entra en la principale esglise,ou il ouyt le seruice diuin, puis le conduyrent sur vn thea-
tre richement paré, & là fut par les Heraux proclamé à haulte voix
Roy, iettans entre le peuple mainte piece d'or & autre monnoye, en
cryant par troys fois largesse, de par le treshault, trespuissant, & tres-
magnanime prince Garinter Roy de Dace. Et ainsi que quatre des
principaux Ducz de ses païs le portoyent au lieu ou le festin estoit
dressé, les trompettes & clairons sonnoient de toutes pars, tellement
que troys iours durant, tout le peuple ne cessa de faire feux de ioye,
& ceux de la court masqueries,tournoys,dances, & semblables passetemps, qui eussent encores plus continué, si Angriotte & ses compagnons eussent voulu arrester : Mais ilz pressoient la Royne de leur
donner congé(laquelle ne pouant plus differer)le leur acorda, & toutesfoys

tesfoys auant qu'ilz s'embarquaſſent, elle leur diſt : Meſſieurs, combien qu'il me tuſt impoſſible ſatisfaire au deuoir en quoy vous vous
eſtes mis pour moy qui ne l'auoys merité enuers vous, ſi m'auenture-
ray-ie à vous faire encores vne ſeconde requeſte, laquelle ie vous ſuplie ne me refuſer. Vous ſçauez que ie ne viz onques Amadis de Gaule, pour l'amour duquel vous auez en partie (comme i'eſtime) entreprins le long voyage par deça, qui m'a eſté ſi heureux que le fait en
eſt ſorty tel que i'eſperois : Or n'ay-ie auiourd'huy choſe plus chere,
que le nouueau Roy mon filz, lequel (comme ie vous ay dit) ie deſire
enuoyer en l'Iſle Ferme, pour demourer entre tant de bons Cheualiers qui y ſont, iuſques à ce qu'il vienne en aage de receuoir Cheualerie, eſperant que ceſte nourriture luy ſeruira grandemẽt, & que
lors Amadis luy fera tant d'honeur de la luy dóner de ſa main, & par
tant ie vous ſuplie le mener quand & vous, & le luy preſenter de par
moy. Madame, reſpondit Brunco, ie vous prometz que nous le ferons
de bon cueur, & quand au demeurant, aſſeurez vous qu'il y ſera le
bien venu, ainſi faites donner ordre à ſon equipage, à ce que nous
puiſſions demain embarquer, & ſortir du port, tandis que le vent
nous eſt propre. Au moyen dequoy, apres que la Royne eut pourueu à tout ce qui eſtoit neceſſaire à ſon filz, le conduit auecq' groſſe
compagnie iuſques dedans ſon vaiſſeau, & commandans à Dieu
luy & les Cheualiers de l'Iſle Ferme, firent voile, en ſorte qu'en peu
de temps s'eſlongnerent de la coſte, & deſcouurirent l'Iſle Ferme, ou
ilz vindrent aborder : Toutesfois auant que prendre terre, enuoyerent vers Amadis luy faire entendre comme ilz auoient en leur compagnie le Roy de Dace, lequel venoit expreſſement vers luy, pour
demeurer en ſa compagnie. Et à ceſte cauſe Amadis monta incontinent à cheual, & vint le receuoir auec pluſieurs Cheualiers qui le con
duirent au logis du Roy Perion.

Comme le roy Liſuart, la roy-

ne Briſene, & Leonor leur fille, partirent de Vindiliſore pour venir en l'Iſle Ferme, ainſi qu'il auoit eſté deliberé au partir de Lubanye.

Chapitre   XXVIII.

N ii   N'agueres

'Agueres ie vous ay recité, comme le iour mesmes que le roy Lisuart arriua vers la Royne, il luy fit entendre la promesse faite à Amadis & aux autres, la priant affectueusement donner ordre à ce qu'elle, & sa fille Leonor, qu'il auoit acordée à l'Empereur, peussent partir la prochaine semaine. Et ce pendant enuoya vers Galuanes & Madasime, pour luy venir tenir compagnie, ce qu'ilz firent : Et aussi tost deslogerent, prenant le chemin de l'Isle Ferme, & le huitiesme iour ensuyuant vindrent coucher à quatre lieuës pres du palays d'Apolidon. Dont le Roy Perion & les autres auertis, monterent à cheual auecq' les Dames & Damoyselles : Mais ilz n'eurent longuement cheminé, qu'ilz se rencontrerent. Là y eut maint embrassement fait d'vne part & d'autre : Toutesfois Amadis & Galaor mirent pied à terre aussi tost qu'ilz aperceurent le Roy Lisuart, pour luy baiser les mains. Ce qu'il ne voulut souffrir, ains en les acollant, les pria de remonter. Lors le Roy Perion qui estoit derriere brocha son cheual des esperons, & à bride abatuë vint droit au Roy Lisuart qui l'aperceut : Parquoy laissant tous les autres, en fit autant, & s'aprochans s'embrasserent de grande amour. Tandis Oriane s'adressa à la Royne sa mere, & luy fist vne grande reuerance, & elle la receut auecq' vn si bon visage qu'il seroit possible de plus. Et comme les Roynes Helisene, Briolanie, Sardamyre, & toutes les autres Dames la saluoyent. L'Empereur Arquisil suruint, & descendit de cheual pour la baiser. Adoncques les Cheualiers de la grand' Bretaigne se meslerent entre les Dames, lesquelles ilz entretindrent

entretindrent tant qu'ilz arriuerent au palays d'Apolidon, ou fut logé le Roy Lisuart, & la Royne Brisene. Quedragant emmena le Roy
Cildadan en son logis. Amadis le Roy Arban, Grumedan & Guillan,
Galaor, Norendel. Et Agraies son oncle Galuanes, à qui il portoit
autant d'honneur qu'au Roy d'Escosse son pere. Or estoit lors Esplandian de l'aage du Roy de Dace, & le iour mesmes print à luy si bonne acointance, qu'ilz se firent compagnons, sans que de là en auant
se separassent gueres : Specialement depuis qu'ilz eurent l'ordre de
Cheualerie, & durant le voyage de Constantinople, ou Esplandian
deuint amoureux de la belle Leonorine, de laquelle il eut iouïssance
par le moyen de son compagnon Talanque filz de Galaor, & Manely
le sage, filz du Roy Cildadan, qu'ilz engendrerent aux deux nie-
ces d'Vrgande la Descogneuë durant leur prison, comme l'histoire
du cinqiesme liure declare amplement : Parquoy nous tairons à present pour suyure nostre premier propos. Estant dõcques ces Seigneurs
Dames & Damoyselles ensemble, apres que le Roy Lisuart fut arriué,
ainsi qu'ilz s'esbatoient au iardin d'Apolidon regardans les excellan-
tes paintures d'iceluy, ilz entendirent (hors du palays) vn meruceil-
leux bruyt & clameut du peuple : Et à ceste cause enuoyerent incontinent sçauoir que c'estoit. Adonc leur fut raporté, que pour certain
ou auoit descouuert en mer vn feu le plus espouentable que lon vid
oncques, lequel s'aprochoit du port à veuë d'œil, & partant les Cheualiers enuoyerent querir leurs cheuaux, sur lesquelz ilz y coururent
diligemment, & les Dames monterent au plus hault des tours, pour
voir ceste merueille. Lors fut veu de tous en mer vn hault Rocher ar-
dent poussé du vent & des vndes, par telle impetuosité, que si fortune
eust couru, & ce qui augmenta leur crainte, ilz l'aperceurent peu apres
muër en vn Serpent horrible & trop merueillenx, lequel d'vne façon
supernaturelle estendoit ses æsles plus loing qu'vn bon archer ne pour
roit traire : Mais si celà leur donnoit esbahissement, le demourant du
monstre ne leur en aportoit gueres moins : car il venoit droit à eux,
ayant la teste esleuée comme la hune ou gabie d'vn vaisseau, iettant
par les narines, vne fumée si espesse, que de tresgrande obscurité on
le perdoit de veuë par interualles, puis tout soudain on l'oyoit siffler,
& faire heurlemens telz qu'oncques dyablerie pareille n'auoit esté en
tenduë. Au moyen dequoy le commun peuple estimant estre puni-
cion diuine, & chose enuoyée de Dieu, pour les endommager, s'en-
fuyt amont l'Isle, & le semblable auint aux Cheualiers, combien que
ce fust maugre eux : car leurs cheuaux espouentez de ce monstre, se
mirent à ronfler & petiller, & finablement à prendre leurs mors aux
dens, & courir à trauers païs, sans ce qu'il leur fust possible les arrester, dont aucuns de leurs maistres (aussi mal asseurez qu'eux) n'en

N iii　　　　furent

furent trop mal contens : Toutesfoys à la fin ceux qui preferoient leur
honneur à leur vie, firent tant, qu'ilz mirent pied à terre, & retournerent au riuage de la mer, pour resister à la beste, si d'auenture elle
prenoit terre : Mais ilz ne furent si tost de retour, qu'ilz virent le Serpent haucer ses æsles, comme s'il eust voulu voller, & à l'instant sortit de dessouz vne fregatte couuerte de drap d'or, auec deux Nains,
qui à force de rames amenoient à bord vne bien belle Damoyselle, &
deux ieunes Escuyers qui l'acompagnoient. A l'heure se va souuenir
le Roy Lisuart de l'effroy que luy donna Vrgande, quand premierement elle le vint trouuer en la ville de Fenuse, & asseura deuant tous
que c'estoit elle sans autre. Sire, respondit Amadis, ie m'en suis douté aussi tost que i'ay descouuert la fregatte, combien qu'au parauant ie
ne sçauois sur mon dieu ou i'en estois, & pensois pour vray que ce fust
quelque dyable, qui nous donnast beaucoup à souffrir. A peine eut
il acheué ceste parolle, qu'Vrgande se monstra à chacun d'eux. Et à
ceste cause, la premiere peur fut conuertie en ioye & plaisir : car en v-
sant d'vne familiarité non acoustumée print terre en sa propre forme,
ce que peu luy estoit auenu : Ains toutes les autresfoys qu'elle s'estoit
trouuée en compagnies semblables, le plus souuent se faisoit vieille,
enfant, beste, ou oyseau, ainsi que bon luy sembloit. Lors le Roy Lisuart & Amadis s'aprocherent pour la reccuoir, & semblablement
l'Empereur, qu'elle n'auoit oncques veu. Neantmoins elle s'adressa à
luy premier qu'aux autres, & luy dit : Sire, ie ne me trouuay de ma vie
en lieu ou ayez esté, ce neantmoins ie vous cognois comme celle qui
desire faire seruice à vous & à l'Imperatrix, ainsi que vous aperceurez
quelquefoys : Car par mon moyen sera mis hors de danger le premier
fruit qui sortira de vostre generation, & vous en souuienne, & encores que mon demeure soit loing des limites de vostre Empire, si puis
ie quand il me plaira vous aller trouuer iusques dedans Rome en vn
iour naturel. Ma dame, respondit l'Empereur, ie ne refuse pas vn tel
bien de vous, & moins de l'amytié que vous me portez, vous asseurant que ce m'est le plaisir plus grand qui me sçaucoit auenir pour l'e-
sperance que i'ay que me tiendrez promesse. Ie le feray, dit Vrgande
laquelle se trouuant pres d'Amadis vint le baiser, & luy dit : Encores
(monsieur) que vous ayez esté si fauorisé de fortune, qu'elle vous a
fait attaindre à la perfection de voz plus affectionnez desirs, si ne deuez vous auoir grande asseurance d'elle : Car combien qu'il vous semble maintenant estre au dessus du vent, pour iouir à vostre ayse de ma
dame Oriane que vous preferez à toutes choses, si vous auisay-ie, que
doresenauant vous aurez plus d'affaires que vous n'eustes oncques,
d'autant que le blasme vous seroit plus grand, perdant la reputation
ou vous estes, que si ne l'eussiez oncques aquise : Mais tout ainsi que ie
me suis

me suis faite voſtre par le paſſé , croyez que ie le ſeray à l'auenir . Ma
dame , reſpondit il , veu les grands biens que i'ay receuz de vous , &
l'amour que vous m'auez monſtrée , vous deuez croyre que tant que
la vie me ſera au corps , aurez entiere puiſſance de me commander , &
moy vn parfait deſir de vous obeïr : Et quand aux trauaux qui me ſont
deſtinez , vous ſçauez que ie ſuis couſtumier de ſouffrir , & que l'eſperance grande que i'ay en vous , me donnera pouuoir de reſiſter à tous
encombremens , moyennant voſtre faueur & bon conſeil . Ma dame ,
dit le Roy Liſuart , s'il vous plaiſt , nous prendrons le chemin du palays d'Apolidon , ou les Dames vous attendent qui ſont deſia auerties
de voſtre arriuée , & là vous deuiſerez plus à voſtre ayſe . I'en ſuis bien
contente , reſpondit elle : Lors apella les deux ieunes enfans qui eſtoiét
au baſteau , & les prenans l'vn à dextre l'autre à ſeneſtre , ſuyuit le Roy
& ſa trouppe , & en cheminant apella Eſplandian , & luy dit : Ie vous
prometz mon mignon , que i'ay eu meilleure ſouuenance de vous que
ne cuydez , & voyez , ie vous ay amené ces deux gentîlz-hommes pour
vous tenir compagnie , leſquelz vous feront bien beſoin quelque foys
que vous ſerez au plus fort de voz affaires : Parquoy ie vous prie que
les aymez doreſnauant comme vous meſmes . Adonc aperceut les Dames qui venoient au deuant d'elle , au moyen dequoy elle mit fin à ce
propos pour leur faire la reuerance , & comme elle les baiſoit l'vne a-
pres l'autre , s'adreſſant à Oriane , dit ſi hault que chacun l'entendit.
Croyez , ma dame , que ie ne fuz oncques ſi ayſe , me voyant en telle
compagnie , qu'autre ſeroit mal ayſée à trouuer ou il y euſt tant de
beauté & bonne grace , & plus encores d'amour maintenu & fauoriſé
en toute perfection . Ma dame , reſpondit la Royne Briſene , ie croy
que ce ſoit la pure verité : mais ſi tout ce que vous dites y eſt , Cheualerie n'en eſt pas eſlongnée comme vous pouez eſtimer . Lors la print
par la main & la conduit iuſques en ſa chambre , ou les Cheualiers les
laiſſerent pour demourer plus priuément enſemble.

Des propos qu'Amadis eut auec

ſon couſin Dragonis , en luy donnant le Royaume de la profonde Iſle , & la princeſſe Eſtoilette à femme
qu'il aymoit de long temps.

Chapitre　　　　XXIX.

N iiii　　　　Dragonis

Ragonis n'estoit pas auec Amadis, quand il depar-
toit les païs du Roy Arauigne & des autres prisonniers, ains auoit suiuy (du monastere de Lubanie en
hors) vne Damoyselle qui l'emmenoit pour combatre Angrisson seigneur du profond gouffre, lequel tenoit prisonnier le pere d'elle, le voulant con
traindre rendre vne place qu'il desiroit auoir. Et fut ce combat merueilleux : car Angrisson estoit le plus vaillant & adroit Cheualier qui
se trouuast lors en toute la contrée. Toutesfoys Dragonis eut la victoire, & luy fit promettre de se trouuer en l'Isle Ferme au vingtiesme iour
ensuyuant, & la demander misericorde à Oriane. Ce Dragonis duquel ie vous parle, estoit ieune, dispos, & bon combatant au possible,
ainsi qu'il monstra bien en l'Isle de Mongaze, ou le Roy Lisuart vint
assaillir Galuanes : Car estans la plus part de ses compagnons rompuz,
garda bien long temps vn destroit auec peu de gens, ou il fit tant de
cheualerie, qu'il en demoura estimé toute sa vie. Or ne l'attendoit A-
madis si tost : Mais au retour du profond gouffre, il s'en alla trouuer
Galuanes, & comme ilz estoient ensemble, receurent les lettres du
Roy Lisuart, par lesquelles il pryoit Galuanes de le venir acompagner
ainsi qu'il auoit promis : Au moyen dequoy Dragonis & luy si en allerent ensemble. Et aussi tost qn'ilz furent arriuez en l'Isle Ferme, Ama-
madis considerant le deuoir auquel iceluy Dragonis son cousin s'estoit
mis es dernieres batailles, & le tort qu'on luy feroit s'il ne se sentoit de
semblables plaisirs, & biens faitz que ses compagnons auoient receuz,
estans eux deux ensemble, luy tint tel propos : Mon cousin, depuis que
vous nous laissastes, nous auons fait plusieurs mariages des principaux
Cheualiers qui sont icy, auec celles esquelles ilz aspiroient de long téps
Et outre par l'auis de tous, les païs du roy Arauigne, Barsinan, & d'autres noz prisonniers, ont esté departiz, & pour vostre absence auez e-
sté mis en oubly : mais dieu y a pourueu ainsi que vous entendrez : I'ay
presentement esté auerty par vn Escuyer, que depuis nostre partement
de Lubanye, le Roy de la profonde Isle (qui auoit esté naüré) est mort
sur la mer peu de iours apres qu'il s'est embarqué pensant se retirer. Et
à ceste cause, ie vous feray tumber es mains son Royaume, & si aurez
par mesme moyen Estoillette à femme, que vous auez aymée de long
temps, & à bon droit, estant belle, sage, & vertueuse Princesse yssuë de
Roy des deux costez, & autát aymée d'Oriane qu'autre que ie sçache.
Dragonis bien ayse d'ouïr Amadis luy porter telle parolle ne sceut
de prime face quelle response luy faire : car sa deliberation estoit d'aller auec Bruneo, & Quedragant à la conqueste des terres qu'Amadis
leur auoit departies, & de là tirer vers Sardaigne chercher auentures
estranges, puis se ioindre auec le Roy Florestan, pour luy ayder s'il en

auoit

auoit befoin : Toutesfoys confiderant l'amytié qu'Amadis luy portoit, & le zele qu'il luy monftroit, promift de luy obeyr. Au moyen
dequoy, luy & Eftoilette furent acordez le lendemain en la prefence
de tous les Cheualiers, Dames & Damoyfelles. Et le foir mefmes A-
madis demanda au Roy Lifuart, le duché de Briftoye pour Guillan,
que volontiers il luy octroya, & la veufue du feu Duc aufsi, pour laquelle il auoit tant fouffert, qu'il en auoit acquis le nom de penfif.

Comme les nopces d'Amadis

*d'Oriane, & des autres Princes & Dames, furent
celebrées en l'Ifle Ferme, ou le iour mefmes
Oriane efprouua l'arc des loyaux
amans, & la chambre
deffenduë.*

Chapitre   X X X.

Venu le

Enu le iour acordé, que les Cheualiers amoureux deuoient auoir de leurs dames aymées le fruict de leur attente, & que les noces si long temps atenduës furent sur le point d'estre celebrées, le saint homme Nascian se prepara pour en faire l'office, & apres les solénitez en tel cas acoustumées, au sortir de la messe, Amadis dit au roy Lisuart: Monsieur, ie vous prie bien humbemét m'otroyer vn don, que raisonnablemét ne me deuez refuser. Mon filz mon amy, respódit il, ie le vous acorde de bien bon cueur. Ie vous suplie donc sire (dit Amadis) cómander à madame Oriane vostre fille,
qu'elle

qu'elle espreuue(auāt que nous mettre à table)l'arc des loyaux amans
& la châbre Deffenduë. A quoy elle n'a voulu entendre par cy deuant,
pour priere que luy ayons faite : combien que i'aye telle fiance en sa
loyauté & beauté excellante, qu'elle obtiendra le lieu auquel cent
ans a & plus, Dame ne Damoyselle n'a peu paruenir, & de ce me puis
ie asseurer, ayant veu maintesfois la statue de Grimanese qui est là
pourtraicte en la plus grande perfection qu'elle eut oncques, ce nonobstant elle n'esgalle en rien à celle de vostre fille, par le moyen de laquelle nous pourrons tous ce iourd'huy entrer en la chambre d'Apolidon, & y paracheuer ceste feste commencée . Mon filz, respondit le
Roy Lisuart, il ne tiendra pas à moy : Et toutesfoys ie crains beaucoup
que telle entreprinse aporte quelque trouble en si bonne compagnie, veu que bien souuent le desir que lon a de paruenir à quelque
chose, offusque les yeux & l'entendement de celuy qui l'entreprend,
en sorte qu'il voit tout au contraire de ce que la raison luy presente.
Monsieur, dit Amadis, le cueur me iuge que la fin en sera toute telle
que i'ay le desir. Et bien, respondit il, à moy ne tienne . Lors apella
Oriane (que les Roys Perion & Cildadan menoient par la main) &
luy dit. M'amye, vostre mary me demande vn don que ie luy ay acordé, encores que ie doute fort que mal ayséement (à mon auis) il se
puisse acomplir selon son vouloir : neantmoins vous sçauez que i'ay
tousiours gardé ma parolle, pourtant auisez à faire ce dont ie vous
prieray . Oriane tresayse d'ouïr le Roy parler à elle si familierement,
fit vne grande reuerance, & luy respondit . Monsieur commandez
moy ce qu'il vous plaira pour vous obeïr . Ma mignonne, dit le Roy,
il fault donc premier que nous mettre à table, que vous esseyez l'auenture de l'arc des loyaux amans, & celle de la chambre Deffenduë, c'est
le don que i'ay acordé à Amadis . Quand ceste parolle fut entenduë
des autres Dames, vn murmure secret se mit entre elles, les vnes pour
l'amytié qu'elles auoient à Oriane, craignant qu'elle ne peut paracheuer si haulte entreprinse à son honneur, & les autres plus amyes
d'elles mesmes, ce promettoient cest auantage : Toutesfois celà dura peu, voyant que le Roy s'en mesloit, lequel cognoissant le desir qu'auoient Olinde, & Melicie de tenir compagnie à sa fille, les
en pria tresaffectueusement : Mais leurs amys & noueaux mariz,
eussent bien voulu les en destourner, craignans tumber au danger
de perdre vne chose qu'ilz tenoient assez gaignée pour eux mesmes,
non pourtant ilz n'eurent pour l'heure raison d'elles, sinon que puis
qu'elles estoient tant à propos pour contenter leur volunté, qu'elles y
satisferoient. Foy que ie doy à dieu, dit le Roy, vous leur en deuez sçauoir bon gré : car a ce que ie voy elles veulent vous faire auoir tesmoignage de leur fermeté, par autre que par ce qu'en pouez iuger de
vous mes-

vous mesmes , & suis d'auis qu'elles en facent espreuue premier que
Oriane . Ce qu'Amadis eut tresagreable , sçachant bien qu'elles n'en-
treroient en la chambre Deffenduë deuant elle , qui luy seroit par leur
deffaueur tresgrande augmentation de louenge . Ainsi marcherent
Melicie & Olinde , droit vers l'arc des loyaux amans , souz lequel elles passerent sans empeschement quelconque . Lors la statuë de bronze se print à sonner si melodieusement , que chacun y receut tresgrand
plaisir , & plus encores que nul des autres Agraies , & Brunco . Puis
marchans outre les deux Dames entrerent au iardin , ou elles virent
les statues d'Apolidon , & Grimanese . Et comme elles s'amusoient à
les contempler , auiserent Oriane presque souz l'arc , regardant derriere elle , si Amadis la suyuoit , & à l'instant la couleur luy monta au
visage , de sorte , qu'elle luy embellist son taint , vn peu plus passe que
de nature , pour les ennuys quelle auoit soustenuz durant les guerres
& discords passez : mais elle ne fut si tost souz la voute , que l'ymage
donna vn son trop plus armonieux , & plaisant qu'oncques n'auoit e-
sté entendu de nul , iettant par la trompe œilletz , marguerites , pensées , encollies , & mille autres sortes de fleurs , les plus odoriferantes que
lon sçauroit penser : Puis entrant au iardin , Melicie & Olinde l'a-
pellerent pour luy monstrer Apolidon & Grimanese : Mais elle estoit
desia ioignant le iaspe , ou elle regardoit les noms d'elles troys nouuellement engrauez : Au moyen dequoy elle les apella pour les leur
faire voir , & de là retournerent vers les ymages , quelle trouua tant
bien faites qu'il n'y restoit que la parolle , principalement Grimanese ,
qui luy sembla tant belle , quelle se commença à deffier de pouuoir en
trer en la chambre Deffenduë : Mais ceste doute luy dura peu : car s'a-
prochant de la Venus d'Agathe pour seulement prendre eau de la
fontaine . La statue auança le bras droit , & luy presenta la pomme ,
tandis qu'elle arrachoit de la main gauche , la perle excellente qui luy
pendoit à l'oreille . Et combien que ses deux compagnes luy portas-
sent vne amour singuliere , si ne peurent elles tant gaigner sur elles
mesmes , que voyant ceste faueur , ne conceussent quelque estincelle
d'enuie secrette contre elle , laquelle ne voulant rien laisser à faire , tira
vers le Dedalus , au mylieu duquel (côme ie vous ay dit) estoit le col-
losse de Bronze , tenant la lanterne , ou se conseruoit le feu diuin son-
gneusement garde par les serpens , lesquelz auisans Oriane , commencerent à remuër la queuë , & baisser la teste en signe d'humilité . Et à
ceste cause passa sans empeschement , iusques au mylieu du Laberinth ,
& la vid à son ayse le larrecin de Prometheüs , qui en la presence des
trois Dames s'esuanouit , & oncques puis ne fut veu par aucun , ne les
serpens aussi : Parquoy les Dames s'en retournerent , ou les attendoient
les Cheualiers , & autres de leur compagnie . Si (lors) leurs amys receurent

ceurent du plaisir, qu'en dites vous Damoyselles qui auez esprouué la
faueur d'amour ? Quand à moy ie me veux bien faire acroire, qu'ilz
eurent tout tel contentement que ie desireroys pour moymesmes. Or
entendez doncques le surplus, & vous aurez parauanture chose qui
vous donnera plaisir. Ayant les Dames mis fin aux auentures qu'a-
uez entenduës, Grasinde, marrye qu'elle ne les auoit suyuies, delibera esprouuer premier que nules d'elles l'entrée la chambre deffenduë, & pour ceste ocasion, dist à Amadis: Monsieur, encores que ma
beauté ne satisface à mon desir, ie ne me puisse distraire d'essayer l'a-
uenture des perrons: car si elle auoit prins fin sans moy, il ne seroit
iour de ma vie que ie n'y eusse trop de regret. Ainsi donc, en auienne ce que venir en pourra, si i'y puis entrer, mon cueur sera satisfait,
& si i'en suis reculée, autres que moy l'ont esté aussi. Ma dame, respondit Amadis, il me semble que pour beauté ne deuez differer &
moins encores par faulte de bon vouloir, de sorte que si me voulez
croire, vous passerez deuant toutes les autres, lesquelles par ce moyen
pourront bien estre releuées par vous du trauail qu'ilz y auront pour
y entrer. Grasinde estimant Amadis luy dire sans fainte ce qu'il en
pensoit, ne differa plus, ains faisant le signe de la croix, marcha droit
au premier perron, lequel elle passa aysément: Mais quand elle ap-
procha de celuy de marbre, elle fut repoulsée si rudemét, qu'elle demeura estenduë sur la terre sans remuer pied ny main. Ce que voyant
Quedragant y courut & la leua doucement entre ses bras, non sans a-
uoir grand pitié d'elle, combien qu'il fust asseuré, que ce mal tour-
neroit en rien, neantmoins il l'aymoit de si grand amour qu'il craignoit qu'elle en print trop grand desplaisir. Lors Agraies qui entretenoit Olinde, luy dit: Madame, si madame Grasinde a esté mal trai-
ctée, si Dieu plaist vous en ferez la vengence, ie vous prie ne doutez,
& allez hardiment, puis en la baisant luy print la main, & la conduit
au plus pres du perron de cuyure, qu'elle passa tout ainsi qu'auoit fait
Grasinde : mais si l'vne fut repoulsée cuidant franchir celuy de marbre, l'autre n'eut gueres plus d'auantage: car elle se sentit incontinent
prendre par ses beaux cheueux, & ieter sur terre trop mal gracieusement: Au moyen dequoy Melicie s'auança, & d'vne gaye contenance, comme si le cueur & le pied luy eussent volé ensemble, marcha ou
tre les deux premiers, tellement que ceux qui la regardoient estime-
rent lors, que l'auenture luy estoit dediée & non à autre. Dont Oriane entra en vn merueilleux souspçon, qui luy dura peu, par ce que tost
apres elle fut plus mal traitée que nules de ses côpagnes, & si froissée,
que Bruneo la pensant morte, cômença à faire vn dueil & regret trop
extresme : Toutesfois ceux qui estoient coustumiers voir choses semblables, ne s'en faisoient que rire, sachans bien que ceste peur se tour-

O   neroit

neróit en grande asseurance . Or ne restoit il plus des quatre dames à
esprouuer qui gaigneroit le pris de la premiere beauté , par l'étrée de
la chábre enchantée qu'Oriane , tout au plus pres de laquelle estoit
Amadis, lequel luy dist en se souzriant: Madame, ie sçauois bien que
cest honneur deuoit estre vostre, & maintesfoys ie le vous ay asseuré,
pourtát suyuez l'heur qui vous est promis, & ne craignez aucune cho
se . A ceste parole le laissa la princesse, & s'en alla vers les perrons, que
elle passa sans dificulté : Mais quand elle cuyda aprocher le sayel de
l'huys, il luy sembla rencontrer vne infinie de bras & de mains, qui la
repoulsoient fort & ferme : ce neantmoins elle ne s'estonna en rien,
ains cómença à se deffendre , les destournant à dextre , & à senestre,
tant que malgré tout empeschement elle franchit le pas , si hors d'a-
leine (toutesfois) qu'elle ne se pouuoit quasi plus soustenir , quand la
main qui receut premieremét Amadis(ainsi qu'il vous a esté recité au
commencement du second liure) la tira dedans. A donc furent ouyes
vne infinité de voix humaines , disant si hault qu'elles furent de tous
entenduës : Bien soit arriuée ceans la plus excellente dame qui ayt e-
sté depuis Grimanese, & qui la precede en toutes beautez, au moyen
dequoy elle est digne du plus valleureux Cheualier qui porta armet
en teste cent ans a & plus, auec lequel elle pourra doresnauant prendre ceans son plaisir ainsi que bon luy semblera: Et à l'instant s'ouurit
l'huys de la chambre ou entra Oriane si ayse, qu'elle n'eust esté plus
satisfaite d'auoir en sa puissance le surplus de la terre . Ce que voyant
Ysanie gouuerneur de l'Isle, dit deuant tous: Auiourd'huy est la con
sommation des enchantemés que laissa en ce lieu Apolidon , pensant
perpetuer sa memoire : Car puis que ma Dame est entrée leans , elle
peult estre doresnauant suyuie sans empeschement quelconque . Et à
ceste raison tous les autres , tant Cheualiers que dames & Damoyselles, allerent apres, & la trouuerét regardans les singularitez qui vous
ont esté descrites au commencement de ce quart liure, à l'entour desquelles ilz s'amuserent si long temps, qu'il ne leur souuenoit de man-
ger, à l'heure que le maistre d'hostel vint dire au Roy Perion que la
viande se gastoit : Au moyen dequoy il print Oriane par la main, &
la mena en la sale ou le festin estoit apresté , & là se mirent tous à table , ainsi que le maistre des cerimonies les apella , puis furent seruiz
des viandes plus exquises qu'il fust possible recouurer, commençant
le bal aussi tost que les napes furent leuées . Et ainsi passerent la iournée , tant que lon couurist pour le souper , apres lequel vindrent les
masques, qui demeurerent entre les dames, iusques à ce que les Roynes de la grand' Bretaigne , & de Gaule , retirerent les nouuelles mariées. Or auoit Amadis fait dresser son lict en la chambre deffenduë,
ou ilz vindrent coucher Oriane , puis allerent faire le semblable à
l'Imperatrix,

l'Imperatrix & autres : ce pendant Amadis se desroba, pour venir
vers celle qu'il auoit tant requise, & par infinité de trauaux aquise,
lesquelz retirez seulz, firent espreuue de combien est plus grand le
plaisi de iouïr en seureté de ses amours, qu'auec la crainte ou ilz s'e-
stoient trouuez quelquefoys : Mais s'ilz eurent lors grand contentement, croyez que Bruneo & Mellicie n'en receurent pas moins à leur
endroit, ne les autres semblablement.

Comme Vrgãde la Descogneuë

exposa deuant tous, les choses qu'elle auoit predites estre a-
uenuès, & comme elle print congé d'Amadis
& de toute la compaignie, pour
s'en retourner.

Chapitre   XXXI.

Pres que les triumphes & festins eurent continué
huit iours entiers, Vrgande la Descogneuë desirant
s'en retourner, pria les Cheualiers, Dames & Damoyselles, se trouuer le lendemain en la grand' salle du palays, à fin qu'auant son partement elle leur
declairast chose qu'ilz n'auoient oncques entendue.
Et à ceste cause (le iour ensuyant) apres le disner, & que les tables furent haucées, elle (au mylieu de ceste grosse trouppe) apella les deux

O ii   damoy-

damoyseaux qu'elle auoit amenez en son esquif, & les prenant par les
mains, adressa sa parolle à toute l'assistance, disant : Mes seigneurs, &
mes dames, ie sçauois long temps a (& sans l'auis d'homme mortel)
l'assemblée qui se faisoit par deça, apres les côflitz passez, ou sont mors
tant de bons Cheualiers d'vne part & d'autre, & dieu me soit tesmoin,
s'il eust esté en ma puissance d'y pouuoir remedier, comme voluntiers
ie m'y fusse employée : Mais estant les choses ainsi ordonnées par la
prescience de celuy auquel toutes creatures doiuent honneur & o-
beissance, il a fallu qu'elles se soient paracheuées selon son vouloir:
Et pour vous faire entendre que ie n'ignorois ce qui vous est auenu, ie croy qu'il souuiendra bien encores à ma dame Oriane, que
estant en la ville de Fenuse (elle & moy couchées ensemble) me pria
luy declarer quelle seroit sa fortune à l'auenir, & combien que ie la
dissuadasse grandement d'oster d'elle ceste curiosité : ce nonobstant
à la fin vaincuë d'importunité, luy dis que le lyon de l'Isle douteuse
sortiroit de sa cauerne, lequel espouenteroit par ses cris & brauisse-
mens ses gardes, de sorte que maugré eux il se saisiroit de sa personne, auec laquelle il rassasiroit sa fin extresme. Or est ceste prophetie
asseurément auenuë (dit elle à Oriane) car si bien vous y regardez, A-
madis vostre seigneur & mary (trop plus fort & inuincible que nul
lyon) est sorty de ceste Isle, laquelle par grand raison se doit nommer
douteuse, & furieusement a assailly les Romains qui vous auoient en
garde les a deffaitz & contraintz vous laisser en sa puissance, & si par
vous il a donné quelque repos à ses affections ? vous le sçauez ma Dame. Et vous aussi seigneur Amadis, mesmes qu'en ce temps ie vous
auisay du peu de gré que vous auriez pour mettre vostre vie au plus
grand hazard de mort qu'elle fut oncques, & que la recompense que
vous auriez du pris de vostre sang respandu, seroit eslongnement de
ce que vous aymiez le plus, & tout ainsi est il auenu : car apres que
vous eustes combatu & deffait le vaillant Ardan Canille, ou vous
tumbastes en tel peril que chacun sçait, le proffit en vint au Roy Lisuart, & à vous la hayne de luy, & la longue absence que vous eustes
de ma dame Oriane. Et vous sire, dit elle au roy Lisuart, vous souuient
il de la lettre que ie vous escriuis, le mesme iour que vous trouuastes
en la forest enchantée vostre petit filz Esplandian chassant auec la lyonne ? par icelle ie vous faisoys sçauoir (si bien vous y pensastes lors)
l'estrange façon de sa norriture, ayant esté allaité de troys norrisses
fort contraires l'vne à l'autre, de la lyonne, de la brebis, & de la femme : Aussi qu'il seroit cause de mettre paix & amour entre vous & A-
madis, apres que par son moyen vous seriez sorty du plus grand danger ou vous tombastes depuis que receustes l'ordre de Cheualerie, &
de ce rendra assez bon tesmoignage l'assault que vous donna le Roy
Arauigne

Arauigne par l'exhortation d'Arcalaüs, & le fecours que vous receu-
ftes d'Amadis, par la diligence du damoyfel, & à prefent les aliances
que vous auez l'vn auec l'autre. Ainfi doncques vous pouez tous ayfément cognoiftre fi par cy deuant ie vous ay notifié chofes veritables ou non, parquoy ie pafferay outre, & vous prediray encores autres fortunes qui font deftinées à vous premierement (dift elle) au
roy Cildadan & Galaor : Voyez vous ces deux ieunes Efcuyers Ta-
lenque & Manely, affeurez vous qu'en eux i'ay la recompenfe des
feruices qu'auez receu de moy, fi aucuns ie vous ay faitz par le paffé,
ayant efté caufe de les faire engendrer par vous deux, en celles que
i'ayme d'vne finguliere amour, vous affeurant (fi Dieu leur preſte
longue vie) qu'ilz feront Cheualiers de grand prouëffe, hardiz &
promptz aux armes le poffible, & autant heureux qu'autres qui ayent efté deuant eux. Et pourtant vous gentil damoyfel, dift elle à Efplandian, receuez les pour voz compagnons, les aymât autant qu'ilz
meritent: Car ie vous puis affeurer qu'ilz vous feront fidelles, fans ef-
pergner leurs perfonnes, pour vous fecourir aux perilz, lefquelz fortune vous à preparez deuant le iour de voftre natiuité, pour à quoy
obuier en partie, ie vous ay fait venir cefte grande Serpente qui m'a
aportée dedans laquelle receuerez l'ordre de Cheualerie, & vous y
font armes & cheual gardez foigneufement, & fi vous auife, qu'elle
vous guidera au premier lieu ou l'effort de voftre gentil cueur, donnera le premier tefmoignage de fa magnanimité, trauerfant fans peril
ou danger, les abifmes de la mer, acompagné de plufieurs Cheualiers de voftre fang, & par elle acquerrez nouueau nom, eftant furnô-
mé en plufieurs lieux, le Cheualier de la ferpente, & fur ce tiltre na-
uigerez maintes contrées eftranges auec trauail de corps & d'efprit,
pour l'amour de celle qui lira les fept lettres rouges que vous auez fur
l'efpaule gauche, lefquelles donnent tefmoignage par la viue couleur
qui font en elles que voftre cueur fera enflámé d'amour extrefme, iufques à ce que le grád nuaige de corbeaux marins pafferont de la part
d'Oriant, deffus les braues vndes de la mer, ou ilz mettront le grand
aygle en telle extremité qu'il ne trouuera feureté en fon aire propre,
quand l'orgueilleux faucon Pelegrin (plus beau & entier de pennaige que nul autre oyfeau de proye) affemblera plufieurs, tant de fon
efpece qu'autres, pour venir au fecours de l'aygle, lefquelz comba-
tront les corbeaux de telle fureur, qu'ilz les mettrôt quafi tous à mort
par l'effort de leur bec & ongles, les contraignant (pour dernier refuge) entrer à la mercy de vagues, ou grand nombre d'iceux feront
fubmergez. Adonc le grand aygle recognoiffant le bien qu'il aura
receu du gentil Pelegrin, tirera de fon propre corps grand partie de
fes entrailles, & liberallement les mettra es griffes de celuy qui luy à

O iii   donné tel-

donné telle faueur, à fin qu'à son ayse il rassasie la fin extresme qui le
tourmentoit long temps au parauant, & outre le rendre iouyssant de
toutes les grandes forestz & montaignes de ses païs: Lors s'en yra con
tent se percher sur le principal arbre de son verger. En ce mesme téps
la grande serpente s'abismera deuant tous au plus profond de la mer
donnant à entendre qu'il vous conuient, dit elle à Esplandian, habi-
ter plus la terre ferme que l'eau mobile. Or est il force que ie m'en aille ailleurs, & en part ou ie ne me puis excuser: toutefoys ie ne faudray
à me rendre icy au téps que vous & voz compagnons serez fors pour
soustenir Cheualerie, estant bien certaine qu'à l'heure pour quelque
ocasion qui vous est maintenant oculte, vous y serez tous assemblez,
& plusieurs autres, deuant lesquelz ie descouuriray choses merueil-
leuses: Ce pendant ie vous encharge à tous sur voz vies, que nul ne
preigne la hardiesse d'aprocher de la serpente, vous asseurant que celuy qui fera le contraire perira sans remede. Et pour autant, dit elle à
Amadis, que vous tenez en voz prisons ce meschant malheureux Arcalaüs surnommé l'enchanteur, qui de tout téps à essayé à vous porter dommage, & pourra encores faire cy apres, voicy deux anneaux
que ie vous donne, l'vn pour vous, & l'autre pour madame Oriane,
la vertu desquelz est telle, que les ayans sur vous, nul de ses enchantemens ne pourra nuyre à vous ou autre de vostre compagnie, tant
qu'il sera en captiuité: Et partant ie vous conseille le faire estroicte-
ment garder dedans vne forte caige de fer, & à la veuë d'vn chacun,
à fin qu'en viuant de telle misere, il meure mile foys le iour: car plus
rigoureuse est la mort qui laisse la personne viure, que celle auec laquelle finissent ses maux promptement. Ma dame, respondit Amadis, ie voy bien que vous me voulez oster pour iamais l'esperance de
pouuoir satisfaire aux graces que i'ay receuës de vous, & que de iour
en iour vous efforcez de me faire, Seigneur Amadis, dit elle, vous fistes tant pour moy, quand par vostre moyen ie recouuray mon amy
au chasteau de la Chaussée: lors que vous donnastes Cheualerie à Ga
laor vostre frere, que ie me tiens pour recompensée de tout ce que ie
fiz & feray cy apres en vostre faueur. Ce disant print congé de la com
pagnie, & monta sur le palefroy que lon luy auoit apresté, prenant
le chemin du port, ou l'atendoient encores ses deux Nains: Et la conduyrent tous les Cheualiers, iusques à ce qu'elle fut entrée dedans
son esquif, & là aussi tost fut enuelopée d'vne nuée si obscure, qu'ilz
la perdirent de veuë, & la Serpente aussi, qui estoit demourée demy lieuë en mer, laquelle ne se monstra de trois iours apres: Mais
l'obscurité passée, fut veuë au lieu mesmes ou Vrgande l'auoit laissée
au commencement: Ainsi s'en retournerent les Cheualiers au palays
d'Apolidon paracheuer le festin commencé, qui dura encores huyt

iours. Ce

iours. Ce pendant l'Empereur Arquifil enuoya querir les vaiſſeaux
que le Patin ſon predeceſſeur auoit amenez auec ſon armée au port
de Vindiliſore, leſquelz arriuez, fit embarquer le reſte de ſes gens, &
le lendemain (pour le deſir qu'il auoit d'aller à Rome ſe faire coron-
ner)entra en ſon nauire auec l'Imperatrix, Floreſtan, & la royne Sardamyre : Et pource que le vent leur eſtoit propre, firent incontinent
leuer leurs ancres, & haucer les voiles, tellement qu'en peu de temps
eſlongnerent la coſte de la grand' Bretaigne, & trauerſans le deſtroit
de Gibaltar, entrerent en la mer du leuant, ou nous les laiſſerons nauiguer, pour retourner au roy Liſuart & autres qui eſtoient demourez en l'Iſle Ferme, la plus part deſquelz s'apreſtoient pour aller au
Royaume d'Arauigne, & les autres plus aymás leurs ayſes, faiſoient
leur eſtat de retourner en leurs maiſons, meſmes le roy Liſuart: Toutesfoys auant que deſloger cognoiſſant la fidelité que le Roy Cildadan luy auoit gardée, tant que ſes affaires auoient duré, fit vn tour de
prince magnanime & liberal, luy remettant (en la preſence de tous
ceux de l'Iſle Ferme) le tribut qu'il luy deuoit, gaignât par telle perte, le cueur de maintz Cheualiers, qui le ſeruoyent au parauant plus
par contrainte, que de bonne volonté : Puis prenant congé de tous,
s'en retourna en ſes païs, & le iour meſmes, ceux qui demeurerent a-
uec Amadis, tant pour la guerre entreprinſe en Sanſuegue qu'ailleurs
tindrent conſeil, auquel fut arreſté que don Quedragant, Bruneo de
bonne Mer, Agraies, Angriote d'Eſtrauaux, & Brian de Moniaſte
yroient enſemble, auec ce qu'il reſtoit d'Eſcoſſois, Yrlandoys, & Eſ-
pagnolz, par le moyen deſquelz ilz pourroient facilement conquerir les contrées d'Arauigne, & Sanſuegue, eſtans voyſines & conti-
gues l'vne de l'autre, & pour autant que le païs de l'Iſle profonde
confinoit au Royaume de Sobradiſe, que Galaor donneroit viures
& paſſage à Dragonis ſon couſin, & à ſon armée, qui ſeroit de Gauloys, & Bohemiens, auec les gens que Galuanes pourroit recouurer
en l'iſle de Mongaze : Au moyen dequoy ceux qui furent nommez
pour la guerre, s'embarquerent le ſixieſme iour apres, & les autres retournerent en leurs païs, le Roy Perion en Gaule, Cildadan vers ſa
femme, & Gaſtilles en Conſtantinople: Mais Amadis, & Graſandor
ſe tindrent en l'Iſle Ferme auec Oriane, Melicie, Mabile, & Graſinde, Eſplandian, & le Roy de Dace, atendans nouuelles de ceux qui
s'en alloient auec ſi grande puiſſance.

O iiij　　　　Comme

Comme Amadis se partie seul

pour aller venger le Cheualier qu'vne Dame auoit em-
mené mort en vn basteau, & de ce qu'il luy
en aduint.

Chapitre   XXXII.

Madis & Grasandor hors (se leur sembloit) de toute facherie, ayant en leurs compagnies celles qu'ilz
aymoient de tout leur cueur, ne tascherét qu'a passer le temps auec tout le plaisir dont ilz se pouoient
auiser, quand fortune ennemye de trop grand ayse,
leur apresta nouuelle ocasion d'ennuy & melenco-
lie, telle que vous entendrez. Vn iour entre autres, comme ces deux
Cheualiers estoient allez courre vn cerf, ainsi qu'Amadis tenoit son
limier en relaiz, aperceut du plus hault de la coste vne barque en mer
aprocher du riuage, & estimant auoir quelque chose estrange dedans
cómença à deualer la roche pour voir que ce pouuoit estre : Mais deuant qu'il y peut arriuer, la barque auoit prins terre, & estoient sortis
vne dame & vn marinier, lesquelz à bien grand peine tiroiét hors vn
Cheualier mort, encores armé de toutes pieces. Lors Amadis s'arresta
court, pour voir qu'ilz feroiét, se cacha derriere vn fort halier, ou il ne
se tint longuemét qu'il aperceut la Damoyselle & le marinier estédre
ce Cheualier

ce Cheualier ſur la greue, & luy mettre l'eſcu ſouz la teſte: Adonc
ſortit Amadis, & ainſi qu'il s'approchoit d'eux, la Damoyſelle le recogneut, qui auſſi toſt vint ſe ietter à ſes piedz, & pleurant à chaudes larmes, luy dit: Helàs ſeigneur Amadis, ayez pitié de ceſte pauure femme, & pour l'honneur de Cheualerie donnez luy ſecours,
vous aſſeurant que ie ſuis celle qui premierement mit la main ſur vous
car d'autre que de moy n'eut ſecours la Royne voſtre mere, quand
vous naſquiſtes, & outre ie puis bien dire que tout le mal que ie ſeuf-
fre à preſent, ne m'eſt procedé d'ailleurs, que de l'amour que ie vous
ay toute ma vie portée. Amadis la voyant ſi triſte & eſpleurée ne la
recogneut de prime face: Mais à la fin il la regarda tant, qu'il luy ſouuint eſtre Dariolette, de laquelle vous a eſté parlé au commencement
du premier liure, & en eut ſi grande compaſſion qu'il la releua gracieuſement, luy promettant toute l'ayde qu'il luy pourroit donner.
Helàs, dit Dariolette, vous n'auez qu'vn ſeul moyen pour m'oſter de
l'ennuy ou ie ſuis, c'eſt que tout preſentement vous venez auec moy
ou ie vous conduyray. Comment (reſpondit Amadis) ie n'ay armes
quelconques pour combatre que mon eſpée? encores ſi ma trompe &
les couples qui y tiennent me pouuoient ſeruir d'eſcu, vous auriez
quelque raiſon de ne me donner plus de loyſir. Pour armes ne deuez
vous differer, dit Dariolette, prenez celles de ce Cheualier: car ſi vous
tardez d'auantage, vous me cauſerez la mort, non ſeulement à moy
ſeule: mais à tel autre qui vous ayme autant ou plus que moy. Diſant
ces parolles la Dame fondoit quaſi en larmes, & tenoit les iambes de
Amadis embraſſées, ſans s'en vouloir oſter, qui l'eſmeut à tant de pitié, qu'il luy acorda ce qu'elle demandoit, preuoyant s'il retournoit
vers Oriane, que difficilement il auroit congé d'elle. Et à ceſte cauſe
il s'arma des armes du Cheualier mort, & prenant ſon eſcu entra en la
barque, & comme ilz ſortoyent du bort, ſuruint l'vn des veneurs, lequel Amadis apella, & luy dit: Amy, va t'en trouuer Graſandor &
luy dis que ie ſuis contraint par pitié de ſuyure ceſte Damoyſelle que
i'ay n'agueres trouuée ſur ce riuage en l'equipage que tu la voys, &
que ie luy prie qu'il me pardonne, & qu'il face tant enuers Oriane
qu'elle trouue bon ceſte entrepriſe ſi legere, de laquelle ie ne me
pourroys excuſer ſans endommager par trop mon hôneur. Et quand
à toy donne ordre à faire enterrer ce Cheualier mort, en recompen-
ſe de ſes armes que ie luy ay oſtées. A peine eut il acheué ſon propos
que le vent donna dedans les voilles, & fit en vn moment eſlongner
la barque ſi loing de la coſte, qu'Amadis ne peuſt ouyr ce que le veneur luy reſpondit. Et ainſi nauigans eux trois, Amadis voyant que
les pleurs de Dariolette ne prenoient fin, la pria treſinſtamment luy
dire ou elle le menoit, & l'ocaſion de ſa triſteſſe, ce qu'elle luy acorda volun-

da voluntiers, en difant: Entendez feigneur Amadis, qu'au temps
mefmes que la Royne voftre mere partit de Gaule pour aller en l'Ifle
Ferme, ainfi que le Roy voftre pere luy mandoit, elle depefcha vn
laquaiz vers mon mary en la petite Bretaigne, ou il eftoit gouuerneur de voz terres, & luy mandoit de la venir trouuer au palays d'A-
polidon, & moy aufsi, pour eftre aux noces de vous & de mefsieurs
voz freres, dequoy mon mary bien ayfe, & moy encores plus contente fit foudainement equiper vn bon nauire, auquel nous nous embar-
quafmes auecq' mon filz que vous auez veu mort fur le riuage de la
mer, & vne fille laquelle nous y menions en efperance de la donner
à Mellicie voftre feur: Mais la nuit enfuyant la mer s'enfla & furuint vn fi eftrange orage, qu'a force de vent & tempefte, les voilles,
thimon, & cordages de noftre vaiffeau, furent brifez fans remede, demourant noftre Pillote fans cognoiffance de fa boufolle ou cadran,
dont il auint qu'eftant noftre nauire habandonnée à la mercy des vagues, fufmes pouffez iufques au plus pres de l'Ifle Vermeille qui nous
eftoit incogneuë, ou fe tient le Geant Balan, duquel auez quelquesfoys ouy parler, & là prifmes terre: Mais à l'inftant fufmes enclos &
faifiz par les gardes du port, qui par force nous menerent ou eftoit
le Geant, lequel de prime face s'enquift à nous, fi en noftre compa-
pagnie y auoit aucun Cheualier. Lors mon mary luy refpondit, que
luy & fon filz l'eftoient paffé à long temps. Il conuient donc, dit le
Geant, que fuyuant la couftume de cefte contrée, vous combatez
contre moy l'vn apres l'autre, & fi pouez refifter vne heure feulement,
vous & les voftres demourrez libres, autrement des a prefent vous e-
ftes mes prifonniers, par ainfi choyfiffez pour vous de ces deux parties le meilleur, d'vne chofe vous veux-ie bien auertir, que faifant
voftre deuoir vous trouuerez en moy plus de courtoyfie, que fi par
faulte de cueur vous faillez vn feul point de ce en quoy Cheualerie
vous oblige: car ou ie vous cognoiftray couars & lafches, ie vous met-
tray en lieu ou lune ne foleil ne vous feront de dix ans mal à la veuë.
Quand mon mary entendit ces menaffes, voyant la grandeur du Geant, fe trouua mal affeuré, ce neantmoins cognoiffans que c'eftoit vn
faire le fault, oubliant toute peur, luy refpondit, que mal feroient en
eux employez les armes qu'ilz auoient couftume de porter, fi par
crainte de peril (tant fuft il hazardeux) ilz refufoient à combatre pour
leur liberté: Toutesfois, dit il, quelle feureté aurons nous de ce que tu
nous prometz, fi nous nous maintenons contre toy l'heure que tu dis?
Autre, refpondit le Geant, que ma feule parolle, laquelle ne fut, ny
fera iamais fauçée pour bien ou mal qui en auienne, pluftoft certes
confentiroys-ie, non feulement à ma mort: mais à celle de mon propre filz, & de tous mes parens & feruiteurs, & ainfi leur ay-ie fait promettre &

mettre & iurer. De par dieu soit, respondit mon mary, fais moy donc
ques rendre mon cheual, & les armes de moy & de mon filz, puis cō-
mençons la meslée quand il te plaira. Adonc le geant les leur enuoya
querir : Mais mon filz trop mal conseillé, suplia tant son pere, qu'il
luy octroya le premier combat, ou il fut si mal traicté par le Geant,
que de la premiere rencontre le renuersa tant lourdement, & son cheual dessouz, qu'ilz se rompirent tous deux le col. Dequoy mon mary
trop marry (cuydant le venger) s'adressa à Balan, & l'ataignit sur l'escu, en sorte que son boys volà en esclatz : toutesfoys pource là le geāt
ne s'en esmeut non plus, qu'eust fait vne tour forte & massiue, ains
ainsi que mon mary parfaisoit sa carriere, le saisit au bras, & maugré
luy le leua des arçons & l'emporta dedans son chasteau, sans luy faire
autre mal, sinon l'enfermer en vne chambre, & moy & ma fille auec
luy : Lors voyant mon malheur, ie me mys à demener tel dueil que
peult faire femme, perdant son mary, filz, fille, & seruiteurs, & commence à dire si hault que le Geant m'entendit. Ha à bon roy Perion,
si toy ou aucun de tes enfans fussiez icy, ie suis seure que i'auroys prō-
pte vengence de mon tourment : Mais quoy, ie sçay que vous estes
trop loing maintenant. Quand Balan entédit ma clameur, & le nom
du Roy, il me demanda quelle cognoissance i'auois à luy, & s'il estoit
pas pere d'vn apellé Amadis de Gaule : Et ie luy respondis qu'ouy,
& que vous & voz freres me cognoissiez comme celle qui a tasché tou
te ma vie à vous faire seruice. Adonc il pensa quelque peu, puis me dit
qu'il auoit telle enuie de vous voir, que si ie pouuois trouuer moyen
vous emmener vers luy, & que vousissiez cōbatre pour nostre liberté
que volontiers il me bailleroit ce marinier & ce vaisseau, à fin d'auoir
moyen de venger son pere Mandafabul que vous mistes laschement
à mort comme il disoit en la bataille d'entre les Roys Cildadan &
Lisuart, au temps que vous faisiez nommer le beau Tenebreux, &
que vous le prinstes au despourueu, ainsi qu'il emportoit en son nauire prisonnier le Roy de la grand' Bretaigne : Et à fin que vous eussiez plus d'ocasion de me suyure, & que pitié vous y contraignit d'a-
uantage, il me permist emporter auec moy le corps de mon filz, ainsi que vous l'auez peu voir : Mais premier ie luy demanday, si d'auenture ie vous trouuoys, qu'elle seureté vous auriez de n'auoir desplaisir d'autre que de luy. Ma foy & ma parole seule, respondit il, que ie
maintiendray tant que i'auray vie au corps, non seulement à luy, ains
à tout autre Cheualier qui le voudra suyure. Ainsi seigneur Amadis,
voyant les offres qu'il me faisoit, & l'extremité ou i'estois, ie me suis
enhardie de faire ce que vous auez veu, me confiant en la misericorde de nostre Seigneur, & en vostre bonté, qui ne fut oncques des-
nyée à personne qui vous la requist, m'asseurant qu' aysément vous

viendrez

viendrez au deſſus de ce diable, qui ſi malheureuſement maintient
en ſon iſle la couſtume telle que ie vous ay dit. Mamye, reſpondit A-
madis, ie ſuis treſdeplaiſant de la perte de voſtre enfant : Quand au
ſurplus, ie mourray ou vous en aurez la raiſon : Ainſi nauigerét trois
iours & trois nuitz, & ſur le quatrieſme deſcouurirent vne petite Iſle,
au mylieu de laquelle eſtoit vn chaſteau qui aparoiſſoit d'aſſez loing.
Lors Amadis demanda au marinier s'il en ſçauoit le nom, & à qui il
eſtoit. Au roy Cildadan, reſpondit il, & l'apelle on communément
l'iſle de l'Infante. Prenós y doncques port, dit Amadis, à fin de nous
refraichir d'eau & de viures : car nous ne ſçauons quelle faute nous en
pourrions auoir doreſnauant : Au moyen dequoy le marinier tour-
nant à bas bort vint ſurgir au pied de la Roche : Et auſſi toſt auiſerent
deualer vn gentil-homme, lequel s'aprochant d'eux, ſalua Amadis,
luy demandant qu'il eſtoit. Ie ſuis reſpondit il, vn Cheualier de l'Iſle
Ferme, dont ie ſuis puis n'agueres party expreſſément pour faire rendre raiſon (ſi ie puis) à ceſte Damoyſelle de quelque tort qu'on luy a
fait en vne Iſle aſſez prochaine de ceſte cy comme i'ay entendu. Et par
qui? diſt le Cheualier de l'Iſle. Par Balan, reſpondit Amadis. Et bien
diſt l'autre, quel ordre eſperez vous y donner. Quelle? reſpondit A-
madis, le cóbatre, pour luy abaiſſer ceſte outrecuydance, par laquelle il fait mainte iniure à ceux qui ne l'ont offencé. De ceſte parolle le
Cheualier ſe print à ſouz rire, & par maniere de mocquerie, luy diſt
en branſlant la teſte : Par Dieu ſire Cheualier de l'Iſle Ferme, il y a
trop de difference entre le faire & le dire, ie croy bien que ce ſoit voſtre intention: mais ie doute merueilleuſement que deuant voſtre retour (ſi paſſez plus outre) vous aurez perdu partie de la colere ou ie
vous voy, ainſi ie vous conſeille prendre autre chemin : car ſi le ſeigneur de l'Iſle ou vous vous eſtes embarqué, qui eſt (ainſi lon ma aſſeuré maintesfois) Amadis de Gaule, & ſes deux freres dom Galaor
& Floreſtan (eſtimez auiourd'huy entre les meilleurs Cheualiers du
monde) auoient enſemblement fait pareille, & ſi folle entrepriſe
qu'eſt la voſtre, ilz en ſeroient trop plus toſt repris, qu'eſtimez entre
les preud'hommes, & pourtant que vous eſtes (à mon auis) des Cheualiers du Roy Liſuart, auquel le roy Cildadan mon maiſtre eſt a-
my, ie vous prie de me croire, autrement mal vous en prendra, & ſerez homicide de vous meſmes. Ie ne ſçay qu'il en auiendra, reſpondit Amadis, tant ya que i'ay toute ma vie ouy dire, qu'il n'apartient
qu'à ceux qui veulent ataindre au plus hault lieu de renommée d'entreprendre les choſes plus perilleuſes & difficiles, non pas que ie me
vueille de tant eſtimer : mais pour mourir ie ne differeroys mon entrepriſe, puis que ie ſuis deſia ſi auant, & pourtant ie vous prie par
courtoyſie de nous refraiſchir de viures, & autres choſes ſi vous pouuez. De

uez. De bon cueur, dit le Cheualier, & si vous acompagneray iusques là, pour voir quelle sera voltre fortune bonne ou mauuaise enuers le Geant.

Comme Amadis sortit du port

de l'Isle de l'Infante, pour suyure la routte qu'il auoit entreprinse.

Chapitre   XXXIIII.

Stant le vaisseau d'Amadis fourny d'eau douce, & autres victuailles, le Cheualier de l'Isle s'embarqua auec luy, & firét voile: Et comme ilz deuisoient ensemble, il demanda à Amadis s'il cognoissoit le roy Cildadan. Ouy bien, respondit il, ie l'ay maintesfois veu ou lon cognoist les bons Cheualiers, & n'a pas encores long temps, aux rencontres que le roy Lisuart & Amadis eurent l'vn contre l'autre, ou il se porta si vaillamment que ie ne viz oncques faire plus de deuoir à Cheualier. Sur ma foy, dit l'autre, c'est dommage que fortune ne luy a esté autant fauorable qu'il le merite: Mais elle luy a tousiours monstré le doz, & trop rigoureusement le rendant(luy qui est nay aux grandes choses)tributaire du roy Lisuart Il en est à present quitte, respondit Amadis: car le Roy que vous dites luy a remis, par la prouësse qu'il a cogneuë en luy, &les seruices qui luy a faitz durant ses grandes affaires, & partant la tache qui auoit maculé sa renommée(non par la coulpe de luy, ains seulement d'vn accident)est à present du tout estainte. Le sçauez vous bien, dit le Cheualier. Ouy certes, respondit Amadis: Lors luy recita entierement comme le tout estoit auenu, ainsi qu'il vous a esté descrit par cy deuát dequoy le Cheualier ioignit les mains au ciel, en disant tout hault: Loué soit le nom de Dieu qui a permis rendre à mon bon Roy, le bien que iustement luy est deu. Sire Cheualier, dit Amadis, auez vous quelquesfoys veu Balan. Ouy certes, respódit il. Ie vous prie doncques, dit Amadis me conter ce que vous sçauez de luy. Voluntiers, respondit le Cheualier, & parauenture aussi bien, qu'autre à qui vous eussiez peu vous adresser, & sçachez qu'il est filz du fier Geant Mandafabul, celuy qu'Amadis(qui s'apelloit le beau Tenebreux) mit à mort le iour que le Roy mon maistre, & celuy de la grand' Bretaigne combatirent cens contre cent, ou moururent maintz autres Geans, tous voysins de ceste contrées, & parens de ce Balan que vous allez chercher, lequel par la

P   mort de

mort de son pere demoura seigneur de l'Isle de la tour Vermeille, ou
il se tient à present, qui est l'vne des plus fertiles qui soit en toute la
mer de l'Occean & de plus grand reuenu, par le moyen de la frequentation des marchans estrangers, qui y aportent à toutes heures, desquelz il a vn tresgrand tribut, & fault que vous entendez, que si son
pere fut preux & hardy aux armes, que cestuy l'excede en toutes choses, fors de cruauté : car d'autant que l'vn estoit tyrant & inhumain,
l'autre est doux, paisible, & gracieux, tellement que c'est quasi vn
miracle à nature de voir homme yssu de tel lignage, si differant des
autres : mais chacun estime que telle grace luy succede de par sa mere, l'vne des plus modestes & benignes Dames que lon vid oncques,
peu ressemblant en celà à la Geante femme de Famongomad sa
seur, la plus orde, salle, & maugracieuse pautonniere que lon pourroit trouuer, & s'esbahit on souuent comme de pareille souche sont
yssuz deux rameaux si differens en toutes choses : Toutesfoys la raison, à mon auis, est que communément les vertuz acompagnent la
beauté, & s'eslongnent le plus qu'ilz peuuent de laideur : Or il y a
vingt ans & plus que ie suis gouuerneur de l'Isle ou vous m'auez trouué, parquoy ie vous en parle comme sçauant, & ainsi que celuy qui
le frequente ordinairement : car depuis les ieunes ans du Roy mon
maistre, ie ne suis party de ce climat, pour la siance qu'il a euë en moy
mesmes des le temps qu'il n'auoit les grandz biens qu'il a de present:
car par sa prouësse il a espousé la fille du Roy Abies d'Yrlande qu'A-
madis mit à mort au temps qu'il se faisoit apeller le Damoysel de la
Mer. Vrayement, dit Amadis, vous m'auez fait bien grand plaisir de
me parler si auant de la condition de Balan, lequel ie desireroys(pour
mon proffit) tout autre que ne me l'auez despaint, veu que s'il auoit
en luy autant de vice que vous luy donnez de vertuz, i'espererois que
Dieu luy seroit entierement contraire, vous asseurant que iusques à
present ie n'auoys eu crainte ou doute de sa force : mais pour l'heure
ie ne sçay qu'en penser, ce nonobstant auienne ce que venir en pourra, i'ayme trop mieux hazarder ma vie que mon honneur, & vous
prie encores me dire s'il est marié & ou il a prins femme. En bonne
foy, respondit le Cheualier, oncques homme ne rencontra mieux
en celà que luy, ayant espousé l'vne des plus vertueuses Dames de la
terre, fille à Gandalac, seigneur de la roche de Galtares, de laquelle il
à vn filz aagé(peult estre)de quinze ans. Bien marry fut Amadis quãd
il sceut certainement l'alliance que Balan auoit à Gãdalac, lequel il ay
moit grandement, pour la nourriture que son frere Galaor auoit prise
de luy des son enfance, & eut bien voulu que ce combat se fust adressé contre quelque autre, encores qu'il eust esté plus rude & malaysé:
Mais quand il eust eu deu auoir affaire à son frere propre, il ne l'eust
differé

differé puis qu'il l'auoit promis à Dariolette, & tant continuerêt leurs
propoz que la nuyt furuint: Toutesfoys ilz ne cefferent de nauiguer
iufques au lendemain matin qu'il defcouurirent l'Ifle & la tour Vermeille, de laquelle tout le païs continant auoit prins nom, & au mylieu eftoit conftruit vn chafteau enuironné de groffes tours & hautes
murailles fortes à merueilles. Adonc le Cheualier voyant qu'Amadis prenoit plaifir à le contempler, commença à luy dire: Ce chafteau
que vous voyez n'eft pas fait du iourd'huy, ny depuis cent ans ença:
car ainfi que lon trouue aux hyftoires anciennes, le premier qui l'edif
fia, fut Iofeph, filz d'iceluy Iofeph d'Arimathie qui aporta le faint
Greal en la grand Bretaigne, auquel temps tous ceux de cefte Ifle e-
ftoyens payens: mais par fon moyen, la plus part fe conuertit à la foy
de Iefuchrift, non fans fouffrir maintes incurcions d'autres qui à toutes heures leur couroient fus: Pour à quoy obuier baftift cefte tour tel
le que vous la pouuez encores voir: mais depuis (ainfi que toutes chofes fe changent auec le temps) elle eft retumbée es mains des Geans,
lefquelz ont mis grand peine à repeupler la contrée de gens ydola-
ftres, & chaffer ceux qui tenoient la loy de Dieu: Toutesfoys noftre
feigneur y a fi bien pourueu, que maulgré eux ilz y font demourez,
non pas en fi grand nombre ou liberté qu'ilz auoient efté, ains partie
payant gros tribut, les autres auec quelque autre feruitude qu'ilz ont
faite & continuée aux Geans, finon depuis que Balan en eft feigneur,
lequel (comme ie vous ay dit) eft catholique & debonnaire, en forte
que tous fes fuiectz l'ayment d'vne amour naturelle: Et encores que
le Cheualier en recitaft à Amadis tous les biens dont il fe peuft auifer
fi ne fi voulut il tant fier, qu'il ne le priaft d'aller deuant, luy faire entendre qu'vn Cheualier de l'Ifle Ferme eftoit arriué auec la Dame de
laquelle il auoit mis à mort le filz, & tenoit encores prifonniers le
mary, la fille & feruiteurs, & que fi pour le combatre & vaincre ilz
pouuoient eftre deliurez, qu'il luy enuoyaft feureté de ne receuoir
dommage que par luy, autrement qu'il fe garderoit bien d'aprocher
plus pres du port. Lors entra le Cheualier en vn efquif, & laiffa Amadis & fa compagnie à la rade demye lieuë en mer, atendant de fes
nouuelles. Et auffi toft qu'il fut arriué vers le Geant, il le recogneut
comme celuy qu'il veoyt fouuent, & luy demanda ou il alloit. Seigneur Balan, refpondit il, ie fuis venu auec vn Cheualier que i'ay laiffé affez pres du port, lequel m'a affeuré qu'il s'eft embarqué en l'Ifle
Ferme, & vient pour vous combatre. A cefte parolle fe douta le Geant que c'eftoit l'vn de ceux dont Dariolette luy auoit parlé, & dit au
Cheualier: N'a il pas auec luy vne Damoyfelle d'affez moyen aage.
Ouy bien, refpondit le Cheualier. Sur ma vie, dift il, c'eft Amadis
de Gaule, ou quelqu'vn de fes freres, dont la renommée eft fi gran-
P ii　　　　de. Ie ne

de. Ie ne sçay, respondit il: mais ie ne viz oncques gentilhomme de
plus belle taille & moins effrayé par ses propos: Car il vous mande
par moy, si vous luy voulez donner seureté de tous, fors que de vous
qu'il sera icy bien tost pour paracheuer son entreprise. A celà ne tiendra, dit Balan, & vous mesmes sçauez comme i'ay acoustumé de faire enuers les autres. Parquoy retournez quand il vous plaira, & l'asseurez sur mon honneur qu'il ne luy sera fait force ne desplaisir par au
cuns des miens, & que s'il peult auoir le dessus de moy, qu'il aura aussi
tost ce qu'il me voudra demander. A ceste parolle print le Cheualier
congé de Balan, & rétra en son basteau, puis vint trouuer Amadis, auquel il conta tout ce que le Geant luy auoit dit: Parquoy aussi tost vint
descendre au port, & móta à mont la roche droit au chasteau de Balan
qui l'attendoit desarmé deuant sa porte: Lors il saliia Amadis, & Dariolette à laquelle il demanda si ce Cheualier estoit l'vn de ceux qu'el
le luy auoit promis amener: Mais Amadis print la parolle, craignant
estre descouuert, & luy respondit qu'il n'estoit là venu pour luy declarer son nom, ains pour luy faire sentir le trenchant de son espée,
s'il n'amendoit liberallement l'iniure que la Damoyselle auoit receuë
& ceux qui l'acompagnoient. Cheualier, respondit le Geant (quasi
par moquerie) la peur que i'ay maintenant, me force à vous presenter
vne courtoysie qu'oncques ie ne fis à autre, cognoissant que vous a-
uez esté deceu par celle qui vous a fait venir, ignorant qui i'estois, &
que ie sçay faire, & est telle que ie suis content vous permettre aller
chercher ailleurs auantures estranges, sans que pour ce coup vous
soyez suiet à la coustume de mon pais. Amadis despité du peu d'estime en quoy Balan le tenoit, luy respondit de grand'colere: Pardonne à ceux sur lesquelz tu as pouuoir, & non à moy, qui ay tant trauersé de mer pour l'auoir sur toy, ainsi que ie te feray sentir premier que
le soleil ayt circuyt entierement ceste roche, si tu ne consens l'abolis-
sement de ceste dannée coustume que tu y maintiens contre Dieu &
le droit des hommes, à quoy tu ne dois contredire, & aussi ie t'en prie
tant qu'il m'est possible, pour le bien que ie te desire en la faueur d'aucuns tes proches alliez, desquelz ie suis amy tout outre: Et partant a-
uise à faire raison à ceste Damoyselle, auant que force t'y contraigne,
& que passions plus outre. Telle requeste, respondit le Geant, n'est
pas raisonnable, aussi ne te sera elle pas acordée par moy, & ne fust
pour l'enuie que i'ay d'esprouuer comme vous autres Cheualiers de
l'Isle Ferme sçauez deffendre les armes que vous portez, & à ceste fin
ie m'en vois armer, & pource que tu es à pied & sans monture, ie t'en-
uoiray l'vn des meilleurs cheuaux de mon escuyrie, auecq' lance &
harnois, si tu en as besoing: car i'en ay encores grande quantité de
celles que i'ay conquises tant sur tes compagnons, qu'autres, autant
ou plus

ou plus cheualereux que tu penses estre. Ce maistdieux, dit Amadis,
tu faiz tour de bon Cheualier, le cheual ne refuray-ie pas, & moins
vn glaiue s'il te plaist me l'enuoyer:mais de harnois & escu,ia Dieu ne
plaise que pour le present ie m'ayde d'autre que de cestuy, qui fut au
Cheualier que tu as fait mourir sans ocasion, l'innocence duquel me
donnera effort & plus de courage pour le venger. Il y perra, respondit le Geant,qui le laissa auec Dariolette, & le gouuerneur de l'Isle,&
entra en sa forteresse, & peu apres vint vn Escuyer presenter à Amadis vn tresbeau coursier, & vne forte lance, & quasi aussi tost peut on
ouyr sonner du plus hault de la tour Vermeille troys trompettes ensemble: parquoy Amadis demanda que celà signifioit. Damp Cheualier,respondit l'Escuyer,Balan mōseigneur est prest de venir,pour-
tant tenez vous sur voz gardes si bon vous semble. A peine eut il acheué ceste parolle,que tous ceux de la forteresse, tant hommes que femmes vindrent sur les murailles pour voir la meslée: Et à l'instant sortit Balan, cheuauchant tout vn pareil cheual que celuy qu'il auoit enuoyé à Amadis,& estoit armé d'vn harnois cler à merueilles, portant
vn escu grand outre mesure, & comme il aprochoit de son ennemy,
qui estoit desia en equipage de combatre, dit si hault qu'il fut entendu de tous: Par dieu damp Cheualier de l'Isle Ferme, ton outrecuydance ta bien aueuglé l'entendement, & m'esbahis comme tu penses
doresnauant que i'aye pitié de toy, veu que tu ne las sceu prendre lors
que ie te l'ay offerte. Pitié, respondit Amadis, ie ne t'en parlay oncques, bien est vray que i'ay pensé l'auoir de toy, & de ton ame,si tu te
veux repentir, autrement employons le temps à l'execution, & non
pas à menasses ou paroles comme tu faiz. Lors baisserent la veuë, & se
couurans de leurs escuz en couchant leurs lances donnerent carriere à
leurs cheuaux & vindrent l'vn contre l'autre, d'vne telle vitesse qu'il
sembloit que foudre les portast, Amadis rencontra Balan de telle force, qu'il luy fauça l'escu & le deuant de son haubert, brisant son bois
contre les os de l'estomach, dont il receut tant de douleur qu'il tumba sur le champ,ainsi qu'il chargeoit Amadis,& demeura sa lance dedans la teste du cheual de son ennemy:car le mal qu'il enduroit luy a-
uoit abaissé son coup,& quasi fait perdre la plus part de sa force: toutesfois le cheual tumba mort, & son maistre souz luy: mais il se releua
incōtinent, & mit l'espée au poing,marchant droit à Balan,lequel encores tout estourdy de sa cheutte, ne se pouuoit quasi tenir sur piedz:
Ce neantmoins crainte de mort,& honte d'estre vaincu luy firét prendre cueur,& s'efforcer à se deffendre: Lors commencerent à chamail-
ler l'vn sur l'autre, de sorte qu'a les ouyr sans les voir, on eust plustost iugé estre marteaux sur enclumes qu'espées sur harnois, & ainsi
que le Geant hauçoit son espée de toute sa force, pensant de ce coup

P iii

abatre

abatre Amadis, il se para de son escu, & se tirant à costé print Balan à
descouuert, & le naüra au bras droit à la iointe du coude, la douleur
le fit quasi esuanouïr, & reculla deux pas arriere chancelant comme
s'il eust esté yure. Quand le Cheualier de l'Isle de l'Infante cogneut à
veuë d'œil qu'Amadis auoit le meilleur du combat, mesmes que du
premier coup de lance il auoit abatu celuy qu'il estimoit inuincible,
luy voyant sortir tant de sang le long du bras, que la place en estoit
toute tainte, ne sçauoit presumer qu'il pouoit estre, & comme s'il eust
auisé quelque fantosme fit le signe de la croix, disant à la Damoyselle: Ie m'esbahys Damoyselle, ou vous auez sceu prendre vn tel dyable qui fait choses impossibles aux hommes mortelz. Ha à Cheualier, respondit elle, si le monde en estoit peuplé de telz l'outrecuydance des meschantz n'auroit telle vigueur qu'elle a. Ce pendant Amadis poursuyuoit le Geant fort & ferme, lequel s'afoyblissoit petit à petit perdant la force de son bras droit, de sorte qu'il fut contraint prendre son espée à gauche, & tandis son ennemy luy donna si grand
coup sur le hault de l'armet, que le deuant luy tourna derriere, chose qui vint mal à propos à Balan : car ne pouuant plus auoir veuë, fut
force de le racoustrer, non sans grande peine, pour l'impotence qui
luy estoit venuë au bras droit par l'effusion du sang qu'il auoit perdu.
Lors Amadis pensant estre au dessus de ses affaires, hauça l'espée : mais
le Geant auoit desia remis son armet & vit descendre le coup, parquoy
para l'escu au mieux qu'il peust, & y entra l'espée d'Amadis si auant
qu'impossible luy fut la retirer, & se prindrent à poucer l'vn contre
l'autre, de si grand' aspreté, que finablement les courroyes se rompirent, & demeura l'espée & escu iointz ensemble au pouuoir d'Amadis
lequel s'en trouua plus empesché que deuant : car il estoit si pesant,
qu'il ne le pouuoit bonnement leuer de terre : Et à ceste cause, Balan
commença à iouër son personnage, chargeant Amadis, ainsi que
bon luy sembloit, combien que ce ne fust que de la main gauche, &
bien pour l'autre : car s'il eust eu le bras broit à commandement, Amadis estoit mort sans doute, n'ayant espée n'escu dont il se peut ayder :
Mais necessité mere d'inuencion luy apresta à l'heure nouueau remede qui fut tel, il auoit encores son escu pendu en escharpe, lequel luy
nuysoit tant qu'il ne pouuoit nullement employer sa force pour retirer son espée du lieu ou elle estoit engagée, parquoy il l'arracha de son
col & le ietta aux iambes de Balan, qui s'en saisit habilement & tandis print son espée à deux mains, & mettant le pied droit sur l'escu
du Geant tyra de si grand courage qu'il la deliura, non sans souffrir
ce pendant beaucoup : car sans interualle Balan le chargeoit, de sorte
qu'il luy fit maintes playes : Toutesfoys voyant qu'il auoit recouuert
la meilleure piece de son harnois, recouura par mesme moyen aussi
nouuelle

nouuelle force & plus de cueur , & se mist apres son ennemy pour
luy rendre ce qu'il luy auoit presté, à quoy il ne tarda gueres, d'autant
que la douleur qu'il auoit en l'estomach du coup de lance, s'augmenta si asprement que l'aleine luy faillit & tumba esuanouy sur le camp
Ce que voyant ceux du chasteau , estimans qu'il fust mort, se prindrent à faire le plus grand deuil du monde , crians d'vne voix contre
Amadis:Ha à trahistre, a mal'heure as-tu occis le meilleur Cheualier
de la terre:mais pour toutes ces lamentations Amadis ne s'effroya,ains
se lançant sur le Geant luy arracha l'armet de la teste , & cognoissant
qu'il auoit encores vie , luy dit assez hault : Rendz toy Balan : si tu ne
veux perdre la teste:neantmoins il ne remüoit pied ny main . Lors le
Cheualier gouuerneur de l'Isle de l'Infante craignant qu'Amadis
traitast Balan, ainsi qu'il le menassoit, s'aprocha & luy demanda si
le Geant estoit mort . Non respondit il , & si ne luy voy playe dont
il deust perdre ainsi le cueur . Ie vous suplie donc , dit le Cheualier,
ne luy faites pis qu'il a , tant qu'il soit reuenu à soy , & lors ie vous prometz qu'il satisfera à ce que luy voudrez demäder, autrement croyez
qu'il vous en pourra venir plus de mal que vous ne pensez : Car ceux
du chasteau sont desia en armes pour vous outrager s'ilz peuuent.
Pour eux, respondit Amadis, ie ne me forceroys d'vn seul point, ouy
bien pour l'amour de vous,& de l'alliance qu'il a à Gandalac que i'ay
me & estime beaucoup . Et comme il acheuoit ceste parolle aperceut
sortir de la forteresse , Brauor filz de Balan acompagné de trente
hommes armez : Et à ceste cause cognoissant le danger ou il estoit, se
retira tout contre la roche, ou il y auoit vne ouuerture quasi en forme
d'vne cauerne en laquelle vn homme ou deux pouuoient estre aysément à couuert,& tirant l'escu du Geant à soy en fit rampart . Lors les
autres luy coururent sus & à force de pierres & de dardz l'assaillirent
rudement : Mais ilz ne le pouuoient offendre que par le deuant.Or e-
stoit il si bien couuert de l'escu du Geant,que chose qui luy lançassent
ne le pouuoient endommager , dequoy ceux du chasteau furent trop
ennuyez , & tant que deux des plus hardiz de la troupe s'auancerent
pour le venir forcer en sa cauerne, quand Amadis sortit au deuant
d'eux,&le premier qu'il chargea n'en perla oncques puis,ne son compagnon peu apres , qui donna telle crainte aux autres , que de là en a-
uant nul fut si hardy d'en aprocher . Or durant cest assault aucuns du
chasteau emporterent Balan en son lict , & ce pendant les autres as-
sailloient Amadis de plus en plus fort. Ce qui desplaisoit tant au Cheualier de l'Isle de l'Infante (souz la parolle duquel il estoit descendu
en terre)qu'il apella Brauor,& luy dit:Par dieu Brauor,tu entreprens
chose qui redondera peu à ton honneur , ne sçais-tu que ton pere ne
fut oncques qu'homme de bien & veritable ? & toutesfoys tu luy de-

P iiii　　　generes

generes & contraries à sa parolle & promesse: car il a donné asseurance au Cheualier luy promettant ne receuoir desplaisir d'aucun que de
luy seul, & nonobstant tu permetz l'assaillir & l'outrager meschamment, encores que ton pere soit plain de vie, lequel t'en sçaura peu
de gré: mais voy que tu feras en me croyant: Si tu as doute de la mort
de Balan, donne ordre que le Cheualier soit gardé ceste nuict, sans
luy faire plus d'alarme, & demain tu verras la disposition de ton pere, selon laquelle puis apres tu te pourras gouuerner: car ie t'asseure
qu'il n'est pas pour mourir, bien est vray que sans la requeste que i'ay
faite pour luy, & l'amytié que ce Cheualier porte à ton grand pere
Gandalac (comme il m'a dit) il eust esté en danger de perdre la teste,
& par ainsi suys mon conseil, & bien t'en auiendra. Ie le feray, respondit Brauor, si ma mere est de cest auis. Or luy vas donc demander, dit le Cheualier, & ce pendant que chacun se retire. Ce que l'enfant commanda à ses gens, les faisans tenir loing de la cauerne pour
empescher Amadis tandis qu'il yroit au chasteau: Adonc vint trouuer sa mere à laquelle il recita tout ce que le Cheualier luy auoit conseillé, mesmes que pour l'amour de Gandalac, celuy qui auoit vaincu
son pere, ne l'auoit voulu tuer comme il disoit. Quand ceste femme
entendit son filz, elle va incontinent soupçonner que ce pouuoit estre
Galaor qu'elle aymoit comme son propre frere, pour la nourriture
qu'ilz auoient prinse ensemble à la roche Galtares: Et à ceste cause con
seilla à son filz de suyure l'auis du Cheualier, veu que son pere commençoit à bien se porter. Et par ce moyen Amadis demeura en paix
se tenant tresbien sur ses gardes, atendant d'heure a autre d'estre assailly par ceux du chasteau, lesquelz le tiennent afsiegé comme ie vous
ay dit.

Comme Dariolette voyant A-

madis en tel danger, faisoit vn deuil merueilleux, & comme
Balan & luy deuindrent amys.

Chapitre   XXXIIII.

Quand

Vand Dariolette aperceut Amadis aſſiegé de toutes pars(ſans moyen d'aucun ſecours) commença à
ſe lamenter tendrement , & ce diſoit en pleurant:
Helàs chetiſue & infortunée que ie ſuis, fault il qu'à
mon ocaſion meure le meilleurCheualier du monde?comme oſeray-ie deſormais cőparoiſtre deuant
le Roy ſon pere, la Royne,ou aucuns de ſes amys, ſachant le mal que
ie luy ay pourchaſſé : Ha à malheureuſe & plus malheureuſe encores
que ie ne pourrois dire , ſi quelquefois ie fus moyen de luy ſauuer la
vie, par l'inuention du berſeau ou ie le mis lors qu'il fut habandonné
à la mercy des vagues,maintenant tout au cőtraire ie luy ay auancé la
fin de ſes iours,quãd plus i'eſperois auoir d'ayde & ſuport de luy,he-
las auois ie pas l'entendemét bien eſgaré à l'heure que ie le trouuay le
long de la marine,ne luy voulant permettre retourner ſeulement iuſques au chaſteau d'Apolidon,prédre congé de madameOriane,d'ou
il eut peu amener quelques autresCheualiers,deſquelz il auroit main
tenant ſuport : Mais quoy ? qui en doit receuoir punition ſinon moy
trop haye de bon heur ? qui ay fait vn tour de femme legere & trop
mal preuoyáte. Or veoit bien Amadis Dariolette faire ces doleances
& eſtordre ſes mains , puis quelquefoys les haucer au ciel cőme ſi elle
euſt voulu demander ſecours à dieu, ce neantmoins il ne pouuoit oyr
ce qu'elle proferoit, ains à la lueur du feu (que ceux qui le gardoient
auoiét alumé pour paſſer la nuit)iugeoit de ſa triſteſſe,au moyen dequoy le cueur luy creut, de ſorte qu'il ſe delibera mourir ou ſortir de
                            ſa cauerne,

sa cauerne, considerant que l'obscurité du temps luy fauoriseroit trop plus que la clarté du iour, s'il atendoit iusques au lendemain, & qu'en tout euenement, il ne pouuoit eschaper sans estre mort ou prins, veu que le trauail des armes, le sommeil naturel, & la faim, le contraindroient auec le temps de faire (& à moindre auantage) ce que l'ocasion luy monstroit à veuë d'œil, cognoissant ses gardes presque tous endormys : Et à ceste cause commença peu à peu à s'eslongner de son fort esperant gaigner païs. Dequoy le Cheualier de l'Isle de l'Infante s'aperceut, & preuoyant le danger ou il se mettoit, mesmes les termes ou il tenoit Brauor, & la femme du Geant, qui tous condescendoient à sa saluation, courut promptement vers luy, & l'arrestant quasi outre son gré, luy dit : Sire Cheualier, ie vous suplye me faire tant de bien de m'escouter auant que vous auanturez plus auant. Lors Amadis s'arresta pour ouyr ce qu'il luy diroit. Adonc l'autre se mist à luy declarer comme il auoit moyenné sa trefue auec Brauor, souz l'esperance de la senté du Geant qui desia tenoit aparence de brefue guarison, & tout ce qui vous a esté desduit cy deuant. Dequoy Amadis receut grand plaisir, estimant homme de bien & veritable celuy qui luy portoit telles parolles, & que pour mourir il ne les eust inuentées, & partant luy respondit : Damp Cheualier, ie croiray vostre conseil pour ce coup, vous iurant sur l'ordre de Cheualerie que i'ay receu passée à dix ans, que i'aymerois mieux estre taillé en pieces, que la Damoyselle (pour laquelle ie querelle à Balan) ne fust entierement satisfaite de ce qu'elle luy demande, vous & elle aurez tout ce que vous voudrez, dist le Cheualier : car ie cognois Balan pour tel qu'il ny fera faute estimant plus sa parolle que sa vie propre. Or estoit ce pendant le Geant sur son lict sans pouuoir preferer vn seul mot, ains halletoit sans cesse, comme celuy qui enduroit vn estrange mal à l'estomach, au moyen dequoy l'aleine luy failloit à tous propoz, & mostroit de foys à d'autres (auec la main gauche)l'endroit ou sa douleur pressoit plus. Ce que voyant les chirurgiens (qui ne l'auoient encores osé despouiller craignant l'esmouuoir)s'auenturerent de regarder ou il feroit signe, & par aparence cogneurent qu'il auoit raison : car plus d'vn pan à la ronde son estomach & les oz d'alentour estoient meurdriz & quasi tous froissez : Et à ceste cause ilz y apliquerent incontinent tant d'huylles & autres remedes, qu'auant l'aube du iour la parole luy reuint, & demanda qu'estoit deuenu le Cheualier & la Damoyselle. Adonc la verité du tout luy fut declairée : car nul d'eux eust osé dire mensonge deuant luy. Lors fit apeller Brauor, & tous les autres qui tenoient Amadis assiegé, & estant deuant luy, dist telles paroles à son filz : Paillart infame, as tu bien osé faucer ma parolle en chose que i'aye promise ? Meschant que tu es, quel honneur,

ou quel-

ou quel gain te peult il succeder du lasche tour que tu as fait? veu qu'il
n'estoit en ton pouuoir reuocquer ma vie si la mort m'eust apellé, &
moins t'excuser de trahison, paracheuant ce que tu as si imprudémêt
commencé contre le Cheualier qui est entré en ma terre sur la seureté
de ma foy, as-tu iusques icy ignoré qu'onques pour chose qui m'auint
fiz iniure à ma promesse? ains l'ay obseruée à mon pouuoir l'estimant
plus que toy, ou que ma vie propre: foy que ie dois à dieu peu s'en faut
que ie ne te face pendre aux carneaux de ceste place pour estre exemple aux meschans comme toy ennemys de verité & de vertu: Prenez
prenez le moy le paillard & luy liez piedz & mains, puis que lon le
porte au Cheualier, luy disant de par moy, que ie luy enuoye le trahistre qui l'a offensé, & moy encores plus, & que ie luy suplie d'en prendre pour nous deux la vengeance qu'il a meritée. Lors n'y eut celuy
qui luy osast contredire, & partant fut Brauor garroté & lié rudemêt
& à l'instant mené à Amadis: Mais sa mere craignant qu'il luy auint
ainsi que Balan disoit, sçachant le tort qu'auoit receu le Cheualier, sortit secretement de la chambre & courut vers luy: toutesfoys elle ne
peust faire tant de diligence, que son filz ne luy eust desia esté presenté, ainsi que le Geant l'auoit ordonné, ce nonobstant Amadis n'en fit
cas, ains luy pardonna, & luy mesmes le deslioit quand la bonne dame suruint, laquelle le recogneut aufsi tost: car il auoit osté son armet
pour se mettre plus à son ayse: mais elle ne sçauoit encores qu'il vouloit faire de Brauor, parquoy vint se ietter à ses piedz, & pleurant tendrement, luy dit: Helàs seigneur Amadis ne me cognoissez vous plus.
Et combien qu'il se souuint tresbien qu'elle estoit fille de Gandalac, si
ne luy donna il à cognoistre pour l'heure, ains respondit assez fiere-
ment: Dame ie ne sçay qui vous estes, & suis trescontent ne cognoistre
de ma vie gens si meschans que i'en ay trouué en ce lieu. Helàs, dit elle, si vous trouuez bon que ie taise vostre nom, i'en suis trescontente,
& toutesfoys ie sçay que vous estes Amadis de Gaule frere de Galaor
que i'ayme tant, pour l'honneur duquel ie vous suplye auoir pitié &
pardonner à mon filz. Ceste parolle esmeut le cueur de luy, en sorte
qu'il ne peust de là en auant faindre sa colere, ains leua doucement la
Dame, & luy respondit: Ma dame, mon frere & moy auons tant receu
de plaisirs & biens faitz de Gandalac vostre pere, que ie mettrois ma
personne iusques au dernier souspir pour luy faire seruice & aux siens
pour l'amour de luy. Quand à vostre filz, ceux cy sçauent bien que ie
luy auois pardonné auant que vous m'en pryissiez, & desia le deslioys
ainsi que vous estes arriuée, ne demandant vengeance sur luy: mais sur
ceux qui maintiennent les mauuaises coustumes, ainsi que fait vostre mary, duquel ie me soucye peu s'il sçait que ie suis ou non: car se
tienne bien asseuré que ie ne partiray de ceste Isle, premier qu'il n'ayt
satisfait

satisfait à la dame qui m'y a amené , & par ainsi s'il est tant veritable
qu'il se publie,retourne en place marchande & il cognoistra si à droit
ou à tort il m'a esté prins par force ayant le dessus de luy.Croyez moy
dit elle, qu'il vous sera fait raison de tout ce que vous demanderez,
aussi sçauez vous bien qu'il ne peult mais de ce que ses gens ont fait
contre sa parolle: car lors il n'auoit sentiment ne cognoissance aucune
qui le doit bien excuser, vous iurant sur ma foy, s'il vous plaist venir
vers luy , puis qu'il luy est impossible venir à vous, qu'auant que vous
separiez l'vn de l'autre demourrez amys si dieu plaist, & ievous en suplie : Ma dame, respondit Amadis, ie n'ay aucune suspicion de vous:
mais ie crains la condition des Geans , lesquelz peu communément
sont gouuernez par raison , ains de furie & dure cruauté . Il est vray,
dit elle, & toutesfoys ie cognois tant bien cestuy cy , que vous me deuez croyre de ce que ie vous asseure . Ie le feray , respondit Amadis:
Lors laça son armet & print son escu & l'espée au poing , & entra au
chasteau auec la femme de Balan qui en fut auerty aussitost, parquoy
l'enuoya suplier de monter iusques en sa chambre, & comme il y entroit, le Geant se souzleua de son lict au mieux qu'il peust , & luy dit
qu'il fust le tresbien venu . Balan respondit Amadis, ie ne sçay comment tu l'entends : mais ie me plaindray toute ma vie du meschant
tour que tes gens m'ont fait, estant venu sur ta parolle pour te combatre & auoir raison du tort que tu as moyéné à la dame qui m'a amené,
& toutesfoys ayant le dessus de toy,ilz m'ont meschamment assailly,
combien que ie croy assez que ce n'a esté par ton commandement n'e-
stant lors en disposition de ce faire:mais quoy qu'il en soit,voyant le
deuoir auquel tu as fait mettre ton filz, ie t'en quitte,& eux aussi,non
pas du droit de la Damoyselle : car pour mourir ie ne m'en deporte-
rois, qui me fait te prier bien affectueusement la contenter, autrement
il m'est force que ie paracheue en ta personne ce que i'ay commencé,
chose qui me sera grieue,pour l'amour de Gandalac, que i'ayme & e-
stime grandement & auquel,à ce que lon m'a dit, tu as affinité & alliance . Cheualier,respondit il, encores que le desplaisir que i'ay de me
voir vaincu par vn seul Cheualier soit tel, que plus m'eust esté la mort
agreable, si ne le sentay ie comme rien, au respect de ce que mon filz
& mes hommes t'ont fait,& si mes forces me donnoient lieu pour exe
cuter ce que i'en pense , tu cognoistrois en quoy le pouuoir de ma parolle s'estend : toutesfois ie ne puis pour le present t'en faire autre raison,sinon te liurer es mains celuy qui a cómis la faute,nonobstant que
luy seul soit le miroir auquel sa mere & moy prenons plus de plaisir,
& si de tant ne te contentes , demande ce qu'il te plaira & tu l'auras.
Pour ce regard, dit Amadis, ie suis desia assez satisfait,& non pour le
tort de la Damoyselle . Ie suis prest, respondit le Geant, souffrir telle
conden-

condamnation que tu auiseras que ie pourray porter pour son contentement, te priant, & elle aussi, conuertir la mort de son filz irreparable, à autre chose qui soit en ma puissance. Premierement, dist
Amadis, ie veux que tu deliures son mary, sa fille & toute sa compagnie: & que pour son filz que tu as occis, tu condamnes le tien propre
à estre son gendre, & d'espouser demain sa fille, t'asseurãt Balan, que
le pere d'elle n'est moins gentilhôme que tu es, & outre il a des biens
assez suffisamment, iusques à estre gouuerneur des païs que le Roy
mon pere a en la petite Bretaigne. Quand Balan l'entendit ainsi parler, il le regarda plus ententiuement qu'au premier, & luy respondit:
Ie te prie par courtoysie ne me taire desormais ton nom, & moins celuy de ton pere. Mon pere, respondit Amadis, est le Roy de Gaule, &
moy son filz Amadis. A ceste parole le Geant leua la teste, luy disant:
Est il possible que tu sois celuy Amadis, qui mit à mort mon pere ? Il
est vray, respondit Amadis, que pour secourir le Roy Lisuart que ie
vis lors en peril de mort, ie tuay vn Geãt, duquel lon m'a asseuré que
tu es filz. Par Dieu, dit Balan, il ne peult tomber en mon entendemét
comme tu as eu la hardiesse d'entrer si auant en ma terre, sinon que la
renommée que i'ay de garder inuiolablement ma foy & parole, en
soit cause, ou bien la magnanimité de ton cueur, lequel n'estima oncques peril, tant grand fust il, pour paruenir à ce que tu as entreprins:
& par ainsi t'estant fortune si fauorable, ce n'est pas raison que doresnauant ie côntredise à elle (à ton heur) mesmes apres t'auoir esprouué
si cherement. Au regard de mon filz, ie te le donne pour en faire ton
plaisir : non pas pour tel que le desirois : mais pour celuy qui laschement à faucé sa promesse, ne luy restant rien de bon, sinon la cognoissance qu'il prendra de toy, qui luy as pardonné, & desapresent seront
mis en liberté le mary de la Damoyselle, & tous les prisonniers de
ceans, estimant le plus grand bien qu'il m'eust sceu auenir de m'estimer ton amy, te supliant humblement m'acepter pour tel. Oy vrayement, respondit Amadis, lequel s'aprochant plus pres l'acolla, luy disant : Ie suis tant seruiteur de ton beau pere Gandalac, que pour l'a-
mour de luy ie t'aymeray d'auantage: & pour commencement de ceste amytié, ie te prie (beau sire) abolir du tout la peruerse coustume,
que tu as de si long temps maintenuë contre Dieu & raison, & pardonne par mesme moyen à ton filz Brauor qui a failly, plus par ieunesse qu'autrement, luy commãdant espouser des demain celle dont
ie t'ay parlé, à fin que toy & moy demourions quittes de noz promesses : Et ainsi l'acorda Balan. Dequoy Dariolette & son mary eurent vn singulier plaisir. Et non sans propos nostre histoire vous a voulu toucher en cest endroit de ce mariage : Car d'eulx deux sortit vn
filz qui eut nom Galeote, lequel espousa l'vne de filles de Galuanes,

Q   & de la

& de la belle Geante Madaſime, dont yſsit le ſecond Balan, ſucce-
dant touſiours de pere à filz à ceſte Iſle de la tour Vermeille, tant que
elle vint au gentil Cheualier Segurades, frere du Cheualier qui vint
à la court du roy Artus, aagé de ſix vingtz ans & plus, lequel ayant
(pour ſon ancien aage) laiſſé vingt ans au parauant les armes, deſarçonna (ſans lance) tous les Cheualiers fameux qui ſe trouuerent à Ca-
malot. Ce Segurades duquel ie vous parle eſtoit du téps du roy Vter-
pandragon, pere d'iceluy Artus, & laiſſa vn ſeul filz ſeigneur de ceſte
Iſle, lequel eut nom Brauor le Brun, que Triſtan de Leonnoys tua,
ainſi qu'il conduiſoit en Cornouaille Yſeult femme du roy Marc. A
ce Brauor le Brun ſucceda ce preux Galhault le Brun, ſeigneur des
loingtaines Iſles, grand amy de Lancelot du Lac, ainſi que vous auez
peu voir ſi auez leu les hyſtoires de la Table ronde, eſquelles il eſt
fait mencion de ces Bruns, qui tous deſcendirent de la ſouché de Balan: auec lequel nous laiſſerons Amadis, atendant la guariſon de ces
playes, pour reciter ce qu'il auint à Graſandor, depuis que le veneur
luy eut fait ſon meſſage, & qu'il ſceut aſſeurément qu'il s'eſtoit embarqué auecq' la Damoyſelle qui l'emmenoit.

Comme Graſandor entra en

queſte pour Amadis, & des auantures qu'il eut en ſon voyage.

Chapitre   XXXV.

N'a gueres

'Agueres vous auez peu lire, qu'entrant Amadis au basteau de la Damoyselle qui l'estoit venu chercher passa le long de la greue l'vn de ses veneurs, lequel il apella, & luy commanda faire mettre en terre le Cheualier mort, & qu'il dist à Grasandor l'ocasion de son partement si soudain. Ce qu'entendu par Grasandor, demeura vn long temps pensif, esmerueillé qu'elle auanture luy estoit suruenuë pour s'esloigner ainsi de luy & d'Oriane : Et à ceste cause laissant la chasse, commanda au veneur le guider ou le Cheualier gisoit, & là arriuez le trouuerent estendu tout desarmé : mais ilz ne virent ne voile, ne basteau sur la mer. Lors le firent emporter en l'abaye qu'Amadis auoit fondée, puis se retira Grasandor vers Oriane, qu'il trouua auec Mabile & les autres Dames, lesquelles le voyant entrer sans Amadis, luy demanderent dont il venoit ainsi seul. Adonc leur recita toute l'auanture, ainsi qu'il l'auoit entenduë par le veneur, sans (toutesfois) en faire cas pour n'espouenter par trop celle à qui plus il touchoit. C'estoit Oriane, laquelle ce saisit le cueur si asprement, qu'elle ne peut de long temps apres proferer vn seul mot : mais quand elle en eut le moyen, elle luy respondit : Ie croy bien puis qu'il vous a laissé, & que sans prendre congé de moy, que ce n'a esté sans grande ocasion. Par ma foy, ma dame, respondit Grasandor ie le pense certainement, aussi il m'a enuoyé prier par leveneur, que ie l'excusasse enuers vous. Helas, dit la Princesse, ie ne sçay quelle excuse ne que nous deuons faire! Ma Dame, respondit Grasandor, ie suis d'auis que ie me mette en queste pour le trouuer, & si de fortune nous nous rencontrons, nous passerons plus aysémét ensemble le bien ou le mal que fortune nous enuoyra : d'vne chose m'asseureray-ie bien, que ne seiourneray, si ie puis, en lieu plus d'vne nuit, premier que i'en aye nouuelle. Ce qu'Oriane & toutes les autres Dames trouuerent bon, hors Mabile, laquelle ne cessa de pleurer toute la nuit : Neantmoins les larmes d'elle n'eurent pouuoir d'arrester Grasandor, ains des le matin s'arma, & apres auoir ouy messe print congé de la Princesse, & de toutes celles de sa compagnie : & entra en vne barque auec deux Escuyers seulement, & son cheual sans plus, hors les mariniers pour les conduire, & faisans voile sans sçauoir quelle part il deuoient tirer, nauiguerent tout le iour & la nuit, ne rencontrans nauire ne vaisseau qui leur dist nouuelles de ce qu'ilz cherchoient : Et la seconde nuit ensuyuant, passerent ioignant l'Isle de l'Infante : Mais leur malheur fut tel, qu'ilz ne la peurent descouurir, tant estoit lors le ciel obscur & nebuleux. Parquoy trauersans ceste coste & l'Isle mesmes de la tour Vermeille, se trouuerent au point du iour le long d'vne plague, ou Grasandor voulut descendre pour sçauoir quelle contrée c'estoit : car elle luy

Q ii   sembloit

sembloit plaisante & peuplée de toutes sortes d'arbres , & aussi tost
qu'il fut à bord monta sur son cheual , print ses armes acompagné de
ses deux Escuyers à pied, & entra en païs, commandant aux mariniers
ne partir de là, qu'ilz n'eussent de ses nouuelles:& ainsi chemina gran
de partie du iour, sans trouuer à qui parler, dont il ne se pouuoit trop
esbahir , voyant païs fertile & basty en plusieurs lieux . Et comme il
suyuoit la routte d'vn grand boys , ou il estoit entré , arriuerent tout
ioignant vne claire fontaine, descédit de cheual, & là repeut de ce que
ses Escuyers luy auoient aporté, lesquelz lassez d'aller à pied luy conseillerent retourner en sa barque. Ce maistdieux, respondit il, il ne me
sera reproché que ie sois entré si auant sans plus satisfaire à mon desir:
mais vous mesmes retournez, & m'atendez auec noz mariniers , ou ie
seray ce iourd'huy , ou demain de quelque heure . Ainsi le laisserent
les Escuyers, & il suyuit le grand chemin du boys , tant qu'il entra en
vne combe si plaine d'arbres, que mal aysémét le soleil pouuoit rayer
au fons . Au mylieu de laquelle estoit vn petit monastere ou il voulut
entrer , parquoy mettant pied à terre atacha son cheual au locquet de
la porte , & vint au dedans de l'eglise faire son oraison, supliant deuotement Dieu le createur le guider en sorte , qu'à son honneur il peust
donner fin à ce qu'il auoit entreprins : & estant ainsi à genoux deuant
le crucifix suruint vn moyne blanc, lequel il apella, luy disant : Mon
pere, quelle terre est ceste cy? à qui apartientt elle ? Sire Cheualier, respondit le moyne, elle est du royaume d'Yrlande : mais à present peu
obeïssante au Roy, pour autant que pres de ce lieu se tient vn Cheualier apellé Galifon auec deux de ses freres fort puissans,& adroitz aux
armes, lesquelz à la faueur d'vne forteresse, ou ilz se retirent, ont ruiné
toute ceste montaigne, & chassé par force les habitans qui y souloient
demourer, & continüant de mal en pis, font vne infinité de maux, lar-
cins , & destroussemens sans nul espergner, non pas les Cheualiers errans, s'ilz en peuuent prendre aucun: & sçauez-vous comme ? ilz vont
tousiours eux trois ensemble, & quand ilz sentent quelque passant
venir vers eux , les deux se cachent , & le tiers commence le combat:
mais s'il se treuue plus foyble , adonc les deux autres viennent à son
secours, & tuent celuy qui est assailly . Et encores hyer auint, qu'ainsi
que deux de noz freres retournoient ceans , aportans quelques petites aumosnes que lon nous donne pour viure , virent les trois pendards que ie vous dis, assaillir vn Cheualier si cruellemét, qu'apres l'a-
uoir naüré en maintz endroitz sur le corps, luy vouloient trencher la
teste , sans la priere que leur firent noz religieux , à la faueur & importunité desquelz ilz le laisserent, & permirent qu'ilz l'emportassent
ceans, ou il est encores : & quasi aussi tost qu'ilz furent arriuez est suruenu son compagnon , lequel desplaisant de ceste fortune , est party
de ceans

de ceans vn peu deuant que vous y soyez entré , & s'en va chercher les trahistres pour les combatre au tresgrand danger de sa personne. Ie vous prie, dist Grasandor, monstrez moy le Cheualier naüré. Volontiers, respondit le moyne. Adonc le conduit en vne petite cellule ou il estoit couché, & aussi tost qu'ilz se virent, se recogneurent : car c'estoit Elisée cousin de Landin, neueu de don Quedragant, qui c'estoit trouué en maintz bons actes , durant les guerres d'entre le Roy Lisuart & Amadis, & mesmes en la compagnie de Grasandor, lequel le trouuant en si piteux estat, en fut trop marry, & apres auoir parlé quelque peu ensemble, Elisée luy dist : Ie vous suplie, mon compaignon, aller au secours de mon cousin Landin, qui est allé apres les trahystres qui m'ont fait le mal que i'ay, estant bien certain que vostre ayde luy sauuera (peult estre) la vie : car eux trois ne faudront à l'enuahyr s'ilz le rencontrent. Et ou le pourray-ie rencontrer, respondit Grasandor. Vous trouuerez, dist Elisée, vn destour en ceste vallée, qui vous conduira en la pleine, au mylieu de laquelle est vn fort chasteau, vers lequel les pendards se sont retirez. A ceste parole Grasandor cogneut bien que le religieux luy auoit dit verité : Parquoy commandant Elisée en la garde de Dieu, remonta promptement à cheual, & courut le plustost qu'il peut, droit ou le moyne luy monstra l'adresse, & n'eut plus tost trauersé la valée, qu'il auisa le chasteau, & Landin deuant la porte, criant à haute voix : toutesfois il ne sçauoit qu'il disoit : car il estoit trop loing, & neantmoins se tint caché dedans les buyssons, atendant quelle seroit sa fortune : mais peu apres vid abaisser le pont leuys de la forteresse, & sortit vn Cheualier assez de belle taille & bien armé, lequel parla quelque peu à Landin, & aussi tost s'esloignerent l'vn de l'autre, & donnans carriere à leurs cheuaux, se rencontrerent si rudement de leurs lances, que du coup toute la valée en retentit, tombans tous deux à terre, toutesfois la cheute du Cheualier du Chasteau fut plus dure que celle de Landin : si se releuerent ilz tous deux assez promptement, & mettans les espées au poing, coururent l'vn contre l'autre : adonc commençà le combat merueilleux, & tel, qu'ilz se tiroient le pur sang de leurs corps, neantmoins en peu d'heure Landin se maintint, de sorte qu'il rengeoit l'autre à sa volonté, ne faisant plus que parer aux coups de son ennemy : & cognoissant bien à la longue qu'il ne pourroit plus temporiser, fit signe à ceux du chasteau qu'ilz le vinssent secourir. Lors sortirent incontinent deux Cheualiers, & à course de cheual (tenans leurs lances roydes & fortes) coururent contre Landin, luy criant : Trahystre, si tu le tues tu mourras. Quand Landin les aperceut venir, s'apresta pour bien se defendre & sans se monstrer aucunemét estonné, leur respondit : C'est vous que ie cherchois, qui laschement enuahissez les Cheualiers errans : Mais

Q iii   par Dieu

par Dieu ie mourray prefentement, ou ie les vengeray aux defpens
de voftre tefte. Or voyoit Grafandor toutes leurs geftes : parquoy
monta foudain à cheual, & à bride abatuë vint à eux, criant tant qu'il
pouuoit : Larrons, brigans, laiffez ce Cheualier. Ce difant chargea
l'vn d'eux, & le mift bas de telle roideur, qu'il luy froiffa le bras droit
demeurant eftendu fur la terre tout de fon long, fans fe pouuoir releuer : & l'autre courut fus à Landin, penfant l'abatre, ou bien luy faire
paffer le cheual fur le ventre : mais il fe fceut deftourner auec telle dex
terité, que fans eftre frapé ataignit le cheual de fon ennemy, & luy
fit aux feffes ouuerture de plus d'vn pan. Si Landin fut ayfe de tel in-
efperé fecours (feigneurs) n'en doutez : car il eftoit au plus grand danger ou il fe trouua oneques, quand il entendit la voix de celuy qui luy
aydoit, lequel luy efcryoit qu'il paracheuaft fur celuy qu'il auoit cô-
mencé, & que du refte il le laiffaft faire. Landin le creut, & retourna
contre le premier qu'il auoit côbatu, lequel en peu d'heure mit à telle
raifon, qu'il luy fit donner du nez à terre. Ce pendant Grafandor ne
laiffoit pas dormir l'autre, ains le traita fi rudement, que du troyfief-
me coup d'efpée qu'il luy rua, luy coupa la main, de laquelle il tenoit
fon glayue : Parquoy defefperé de remede, voyant fes deux compagnons en fi piteux eftat, tourna bride vers le Chafteau ou eftoit fon
dernier refuge : mais le cheual mal embouché, malgré fon maiftre fe
ieta dedans les foffez, ou il ne fe tint longuement qu'il ne deualaft au
fons, donnant fin malheureufe à celuy qui le cheuauchoit. Là furuint
Landin, lequel auoit laiffé les deux autres eftéduz de leur long, crai-
gnât que ceux de la fortereffe fiffent quelque faillye, fur celuy auquel
il fe fentoit tant obligé : Toutesfois nul n'en fift femblât, parquoy ainfi qu'ilz eftoient ioignant l'vn l'autre, Landin parla le premier, & luy
dift : Sire Cheualier, ie vous fuplie me declairer qui vous eftes, m'ayant fecouru tant à propos. Landin mon amy, refpondit l'autre, ie fuis
Grafandor, qui louë grandement noftre feigneur de noftre bonne a-
uanture. Bien esbahy fut Landin, pour voir (lors) celuy qu'il auoit
laiffé en l'Ifle Ferme auec Amadis, & ne pouuoit penfer la caufe pour
laquelle il s'en eftoit forty, & partant luy dift. Sur mon Dieu Grafandor, ie vous eftimois bien autre part, ie vous prie me reciter quelle a-
uanture vous a fait venir pardeçà. Adonc Grafandor luy conta tout ce
que vous auez entendu, & côme il eftoit party pour chercher Amadis, luy priant s'il en fçauoit nouuelles, ne les luy celer. Il fault, refpon
dit Landin, que vous entendiez que mon coufin Elifée & moy, fommes deflogez, n'a pas long temps d'auec Quedragant mon oncle, &
Bruneo de bonne Mer, pour aller vers le roy Cildadã recouurer quel
ques gens : car le neueu du roy Arauigne fachant la deffaite de fon on
cle, c'eftoit emparé de fon Royaume, & nous a donné d'entrée vne
dure ba-

dure bataille: & côbien que la victoire nous soit demourée, & que la
perte des ennemys ayt esté grande, si y est il mort beaucoup de gens
de bien de nostre costé, & à ceste raison nous auons esté depeschez
pour en venir leuer d'autres: & pource que l'eau fraische nous a failly
en venant, le premier lieu ou sommes descenduz a esté en l'Isle de l'in
fante, ou lon nous a dit, qu'il est puis n'a gueres passé vn Cheualier
seul auec vne Dame, qui alloit côbatre Balan le Geant: toutefois nous
n'auons peu sçauoir la cause, sinon que le gouuerneur de l'Isle est allé
auec luy, pour voir quelle sera l'yssuë de ceste mellée : & selon qu'a-
uons entendu de ce Balan, il est fort & puissant outre mesure, qui me
fait penser qu'autre qu'Amadis n'eust osé faire telle entreprinse, veu
mesmemét la sorte qu'il vous a laissé, & croyez que c'est il sans autre.
Ha a, respondit Grasandor, que tât ie suis desplaisant qu'il ne ma mené quant & luy! Pourquoy? dit Landin, ignorez-vous maintenât que
Dieu & fortune ont reserué les hautes auentures pour luy seul, auquel
ilz sont deuës & non à autre? Ie m'en aperçoy bien, respondit Grasandor : Mais comme vous separastes vous d'ensemble vostre cousin &
vous ? Par le plus grand malheur du monde, dit Landin, ainsi que ie
vous feray presentement entendre. Il fault que vous sachiez, qu'aussi
tost que nous eusmes prins terre en ceste contrée, il cômença à se trou
uer mal: toutefois le grâd cœur qu'il a, ne luy permetoit seiourner en
aucun lieu, ains faisoit son conte de ne prendre repos, premier qu'eus-
sions trouué le roy Cildadan: Au moyen dequoy trauersans païs, vins
mes passer au plus pres du monastere ou ie l'ay laissé, & là rencontra-
mes vne Damoyselle, qui auec abondance de larmes, nous demanda
secours contre vn Cheualier qui detenoit son mary prisonnier, pour
auoir de luy (outre son gré) vn heritage sien, & de fait l'auoit enfermé
en vne tour, ou il ne voyoit soleil ne clarté quelcôque. Adonc ie priay
mon cousin qui estoit plus las que moy, de m'atendre là, & qu'auec
l'ayde de Dieu ie retournerois vers luy bien tost, n'estât le Cheualier,
auquel i'auois affaire, qu'à deux petites lieuës de là, ainsi que la Damoyselle nous asseuroit: Mais quelque priere que ie luy fisse, il me vou
lut suyure, & ainsi que nous estiós au plus bas de la valée entre les ha-
liers ou vous estes passé, aperceumes vn Cheualier armé de toutes pieces & bien monté, lequel s'en alloit cônillant pour n'estre descouuert:
Parquoy mon cousin me dist que ie suyuisse la damoyselle, & qu'il y-
roit sçauoir qui estoit l'autre, & ainsi nous nous separasmes, & peu a-
pres arriuay ou estoit celuy que ie cherchois. Lors i'apellay tant qu'il
vint à moy desarmé, & apres que nous eusmes parlé quelque peu ensemble, il me recogneut, & s'enquist que ie demâdois: adonc ie luy dis
tout ce que la damoyselle m'auoit fait entêdre, le priât qu'il deliurast
son mary, sans de là en auant luy faire aucû moleste: à quoy il se con-

Q iiii

sentit aussi

sentit aussi tost pour l'amour de moy, & pour autát que celuy duquel
ie vous parle est fort mon amy, ie luy remonstray gracieusemét que
telles voyes de fait n'apartiennent à preud'hóme, & qu'il en pourroit
estre blasmé entre les bons Cheualiers, dequoy il me remercia bien
affectueusement, & me promist de iamais plus ne s'oublier: Parquoy
le commanday à Dieu, & retournay vers le monastere, ou ie trouuay
mon cousin Elisée fort naüré. Lors ie luy demanday, comme ce luy
estoit auenu: & il me respondit, qu'allát apres le Cheualier que nous
trouuasmes, aussi tost qu'il m'eut laissé, il commença à luy cryer qu'il
tournast visage, ce qu'il fit, non pas du premier coup, & y eut entre
eux deux vn fort & merueilleux combat: toutesfois à la fin il auoit
beaucoup le meilleur, & quasi le tenoit pour vaincu, quand deux autres sortirent de leur embusche & vindrent ruer sur luy, tant rudement, qu'ilz le mirent bas, & le traiterent ainsi que l'auez peu voir:&
si Dieu n'eust à l'instant adressé celle part deux religieux (qui de fortune trauersoient chemin pour retourner en leur couuent) il estoit
mort sans doute: Mais ilz prierent les trahystres, de sorte qu'ilz leur
permirét l'emporter. Vn moyne d'entre eux, dit Grasandor, m'auoit
bien recité tout ce que vous m'auez conté de vostre cousin, non pas
de vous, sinon que vous estiez party, pour suyure ceux qui auoiét fait
si grande lascheté: desquelz graces à Dieu, vous & luy estes bien ven
gez: car ie pense qu'ilz sont tous mors.Ie ne sçay,dist Landin, allons y
voir. Lors s'aprocherent de Galifon,lequel estoit couché sans se pouuoir remuer , & son autre frere assez pres de luy, non pas mors , ains
viuans. Et à ceste cause Landin fit descendre ses deux escuyers qui les
mirent sur la selle de leurs cheuaux , & eux en croupe les soustenans
souz les esselles. Ce fait reprindrent le chemin du monastere deliberez, si Elisée estoit mort, les faire pendre, & s'il se portoit bien, suyure autre deliberation: & ainsi arriuerent vers luy,& le trouuerent en
meilleure disposition qu'ilz n'esperoient: car vn Religieux de leans
(qui entendoit l'art de chirurgie)l'auoit si bien péfé, qu'il estoit hors
de tout danger: Et aussi tost firent descendre Galifon & son frere,les-
quelz voyans Landin desarmé le recogneurent, comme celuy qu'ilz
auoient veu maintefois auec le roy Cildadan , au parauant qu'ilz eussent laissé son seruice, pour le peu d'estime en quoy ilz le tindrent du
iour qu'il se rendit tributaire du roy Lisuart,& depuis n'auoient cessé
de brigander & destrousser ceux qui tomboient en leurs mains. Bien
ayse fut Galinfon (veu son malheur) d'estre venu luy & son frere , au
pouuoir de celuy duquel il esperoit misericorde, & pour ceste raison
ayant la larme en l'œil, parla ainsi: Pour l'honneur de Dieu & de no-
blesse, ie vous suplie seigneur Landin, ne nous traiter ainsi que l'auós
bien merité:mais en vsant de vostre bonté & gentille nourriture pre-

ferer la

ferer la meschante vie de mon frere & de moy, à pitié & misericorde.
Galifon, respondit il, ie n'eusse iamais pensé que vous eussiez esté telz
ayans esté nourris auec vn si bon Prince qu'est le Roy vostre maistre,
& parmy tant de bons Cheualiers qui l'acompagnent ordinairement,
du nombre desquelz (sur mon Dieu)ie vous estimois, & non telz que
i'ay cogneu de fait. Ha a, dit il, le desir seul de dominer m'a pourchassé ce mal, ainsi qu'il a fait à maintz autres aussi peu sages, & mal preuoyans que i'ay esté! mais quoy qu'il en soit en voz mains gist tout
mon remede. Que voulez-vous que ie face pour vous? respondit Landin. Que vous m'impetrez pardon du Roy, à la mercy duquel ie me
souzmetz souz vostre bon plaisir. I'en suis content, respondit Landin, pourueu que d'icy en auant vous changiez de condition, & que
soyez autant vertueux que vous auez esté meschant & vicieux. Ie le
vous prometz & iure, dit Galifon. Et sur vostre foy ie vous donne congé, respondit Landin, à la charge que vous vous rendiez, & vostre fre
re aussi, d'huy en trois semaines la part que sera le Roy Cildadan,
pour luy obeïr entierement: & alors ie trouueray moyen qu'il oublira le passé, & aurez pardon de luy, s'il m'est possible. Bien humblemét
le remercia Galifon, & son frere, & pource qu'il estoit ia tard, soupe-
rent de telle viande qu'ilz peurent recouurer, puis le lendemain matin, Grasandor, ayant ouy la messe, monta à cheual, & prenant congé de la compagnie, retourna ou sa barque l'atendoit pres du riuage de la mer, si ayse que rien plus pour ce qu'il auoit entendu d'A-
madis: car aux enseignes que luy auoit dites Landin, il esperoit le
trouuer en brief temps, ou en auoir nouuelles en l'Isle de l'Infante. Et
à ceste cause, chemina tant qu'il trouua ses gens premier que la nuit
suruint, & entrant en son vaisseau s'enquist au patron s'il le pourroit
seurement conduire en l'Isle de l'Infante. Lequel luy respondit, que
puis qu'il sçauoit la contrée ou ilz estoient arriuez, qu'aysément il
y feroit voile. Ie vous en prie bien fort, dit Grasandor. Adonc sans
plus seiourner leuerent les ancres, & ayans vent assez propre, nauiguerent toute nuit, en sorte que sur le point du iour aperceurent l'I-
sle. Lors tirerent à destrabord, & singlans en la haute mer, y abor-
derent enuiron vespres: parquoy Grasandor descendit en terre, &
commença à monter contremont la roche iusques à ce qu'il entra en la
ville, ou il sceut du gouuerneur (qui estoit de retour) comme le combat d'Amadis auoit prins fin, ayant vaincu Balan, & l'amytié qu'ilz
auoient ensemble, ainsi qu'auez ouy reciter cy deuant. Par mon Dieu,
dit Grasandor, ce sont les meilleures nouuelles que i'eusse sceu demander, non pour sçauoir que Amadis a paracheué à son honneur
vn si perilleux combat, estant coustumier de semblables choses, mais
pour estre certain du lieu ou ie le puis trouuer: car autrement ie n'eus-

se reposé

se repose iour ne nuit. Ie croy, respondit le gouuerneur, qu'assez d'autres ont veu plusieurs de ses faitz d'armes, mais s'ilz sçauoient aussi
bien que moy le deuoir qu'il a fait en cestuy, ilz l'estimeroient, à mon
auis, plus que nul des precedens. Dieu en soit loué, dit Grasandor, il ne
reste donc plus pour mon contentement, que l'aller trouuer, ie vous
prie me prester quelque marinier des vostres pour m'y conduire. Voluntiers, respondit le gouuerneur, & victuailles aussi pour vostre vaisseau si en auez necessité. Ie vous mercie, dit il. Lors le gouuerneur de
l'Isle apella vn Pilotte des siens, & le presenta à Grasandor luy disant
Cestuy en vint encores hyer, & vous sçaura tresbien conduire. Grands
mercys, dit Grasandor, lequel apres s'estre quelque peu reposé, de
grand desir qu'il auoit de trouuer celuy pour lequel il s'estoit mis en
queste, r'entra en son vaisseau, & sans fortune le lendemain au point
du iour print port en l'Isle de la tour Vermeille: Adonc s'enquist aux
gens de Balan si Amadis y estoit encores ou non. Vous le trouuerez là
hault, respondirent ilz, ou nous vous conduirons, s'il vous plaist de
nous suyure. A cela ne tiendra, dit Grasandor. Adonc monterent à
mont la roche, & ainsi qu'il mettoit le pied à l'entrée de la forteresse
aperceut Amadis, vers lequel il courut les bras tenduz. Mon grand a-
my, dit Amadis, quelle fortune vous a cy amené? comme se porte ma
dame Oriane, & toutes celles de sa compagnie? Par ma foy, monsieur,
respondit Grasandor, toutes font assez bonne chere, veu le desplaisir
qu'elles ont receu pour vostre partement si soudain d'auec elles, & par
leurs auis me suis mis en queste pour vous venir trouuer, autrement ie
croy que ma dame Oriane n'eust sceu viure trois iours tant elle se trouue ennuyée de vostre absence: toutesfois elle considere bien que vous
ne fussiez ainsi party promptement, si force ne vous eust esté. Mon retour, dit Amadis, sera plus bref que ie n'esperois. Si suis-ie content, respondit Grasandor, demourer icy six ou huict iours, tant ie me treuue ennuyé de la marine. Ie vous en prie, dit Amadis, à fin que mes
playes puissent estre gueries, premier que nous mettre en chemin.

Comme estant Amadis en l'Isle

Vermeille deuisant auec Grasandor, virent en mer vne fuste, laquelle vint à port, ou il y auoit gens qui leur dirent nouuelles de l'armée qui e-stoit allée en Sansuegue, & aux Isles des Landes.

Chapitre   XXXVI.

Vn iour

N iour Amadis & Grasandor, parlans ensemble de la princesse Oriane, ainsi qu'ilz s'esbatoient à mont le plus hault rocher de l'Isle Vermeille, virent assez loing en mer vne fuste aprocher de terre, parquoy commencerent à deualler pour entendre qui estoit dedans : mais ilz ne furent si tost au bas, qu'vn de leurs escuyers qu'ilz auoient enuoyé deuant, leur vint raporter qu'elle auoit prins port, & que dedans estoit vn maistre d'hostel de Madasime, ainsi qu'il auoit entendu. Et comme il acheuoit ceste parole, Nolson duquel il parloit suruint : lequel Amadis cogneut aussi tost, & luy demáda ou il alloit, & quelles nouuelles il auoit aprinses. Nolson qui aussi le recogneut, le salua humblement, esmerueillé (toutesfois) de le trouuer en part ou Balan eust pouuoir, sachant bien qu'il le hayoit comme celuy qui auoit mis à mort son pere : & partant apres quelques propoz qu'ilz eurent ensemble, Nolson luy dist : Sur mon Dieu, monsieur, ie ne vous eusse pas quis en ceste contrée, & ne puis penser quelle auanture vous y a fait venir. Mon amy, respondit Amadis, Dieu l'a ainsi voulu, pour la raison que ie vous diray tout à loysir : mais premier declairez moy amplement, en quel estat vous auez laissé mon frere Galaor & Galuanes, & si vous auez veu Dragonis. Monsieur, respódit il, ilz ne firent onques meilleure chere, & si vous diray chose qui vous contentera grandement : Sachez que depuis que Galaor, & Dragonis furent deslogez de Sobradise auec leur armée, monseigneur mon maistre Galuanes bien acompaigné de souldatz, qu'il a leuez en l'Isle de Mongaze, vint se ioindre à eux, au lieu apellé communément la Roche de la Damoyselle Enchanteresse, qui est vn promontoire bien auant en mer, ie ne sçay si onques vous en ouystes parler. Oy bien dist Amadis, Garuate du val Craintif m'a autresfois recité, que luy estant malade, nauigant ceste coste, y passa : mais pour sa maladie fut contraint ne faire aucune espreuue de ce qu'il auoit bon desir : Parquoy ie te prie m'en dire bien au long ce que tu en as entendu : car lon m'a asseuré que maintz Cheualiers de nom y ont perdu leurs pas. Sur ma foy, respondit Nolson, chose que ie sache ne vous en sera celée : Le bruit cómun est que ceste Roche est ainsi apellée, à cause d'vne Damoyselle qui la peupla, laquelle fut en son temps trescurieuse d'entendre tous arts magicques, & tant en aprint, qu'elle faisoit choses amirables, & hors le commun pouuoir de nature, entre lesquelles elle y construit le plus sumptueux bastiment que lon vid onques : & depuis fit tant par son sçauoir, qu'elle attiroit d'vne longueur merueilleuse tous vaisseaux trauersans d'Yrlande à Nouergue, Sobradise, aux Isles des Ládes, ou à la profonde Isle, sans ce qu'il tust en leur pouuoir (quelquevent qui courust) d'eux destourner, ains

par con-

par contrainte forcée venoient prendre port le long de sa demeure,
d'ou ilz n'euſſent ſceu deſloger, s'il ne luy euſt pleu, ains les arreſtoit,
& malgré eux les detenoit, prenât de leurs marchandiſes ou biens, ce
que bon luy ſembloit, meſmes les Cheualiers, ſi aucuns eſtoient : leſquelz elle faiſoit apres combatre l'vn contre l'autre, iuſques bien ſouuent au mourir, à quoy elle prenoit treſgrand plaiſir. Mais comme il
auient ſouuent que ceux qui trompent autruy, ſont deceuz par eux
meſmes, celle dont ie vous parle ayant, aſſemblé vne infinité de grans
treſors du moyen qu'auez entendu, eſperant viure par ſon art, outre
le commun cours de nature, & comme ſi elle euſt commandé aux a-
ſtres : Le ſeigneur Dieu ne voulant plus ſouffrir le mal qu'elle faiſoit à
maintz qui ne l'auoient merité, luy ofuſqua l'entendement de ſorte
qu'elle qui ſouloit abuſer les plus auiſez, ce trouua trompée par vn i-
gnorant de telle ſcience, non pas d'eſprit qu'il eut bon & ſubtil, ainſi
que ie vous deſcriray. Et fut le cas tel, qu'entre tant de Cheualiers que
elle auoit arreſtez, celuy duquel ie vous parle, natif de l'Iſle de Crete,
beau, diſpos, & hardy aux armes, aagé (peult eſtre) de vingt cinq ans
fut choyſi d'elle pour luy eſtre amy, combien que de tout temps euſt
reſolu de ne s'aſſuiectir à homme, fuſt par mariage ou autrement : ſi
ſe trouua en vn inſtant ſi vaincuë d'amour, & de ſa liberté tant alie-
née, pour la bonne grace du Cheualier, que finablement il eut à ſon
commandemét le plus & meilleur d'elle, à quoy elle prenoit tel plaiſir, qu'à toutes heures continuoient à ce nouueau exercice : & voyant
le Cheualier fin, & bien auiſé, qu'à la longue il ne pourroit ſatisfaire au deſir de ceſte nouuelle amante, & qu'il pourroit tomber au hazard d'auoir à la fin d'elle quelque meſcontentement, ſe parforça de
luy monſtrer plus d'affection que iamais, à fin qu'elle eſtimaſt notá-
ment qu'il l'aymoit plus que ſoymeſmes : & ſi bien ſceut iouër ſon per
ſonnage qu'elle le creut. Lors la voyant en ces termes, luy pria auec
grande inſtáce, qu'ainſi qu'il luy portoit vne amour extreme, il peuſt
cognoiſtre en elle qu'il n'eſtoit deceu, & qu'elle l'aymoit autant ar-
demment que luy elle, comme elle luy auoit iuré & aſſeuré tant de
foys : pour teſmoignage dequoy, il la ſuplioit luy donner entiere liberté, & le remettre en pareil eſtat, qu'à l'heure qu'il print port en l'I-
ſle. Ce qu'elle luy acorda finablement, dont mal luy en print : car le
Cheualier ne tachant qu'à ce deffaire d'elle, preuoyant la mobilité &
inconſtance des femmes, eſtás vn iour deuiſans enſemble au plus haut
de la roche, ainſi qu'il l'embraſſoit & careſſoit, ſelon qu'il auoit de
couſtume, voyât le lieu & l'ocaſion propre à ſon entrepriſe, la poulſa
ſi rudemét du hault en bas, qu'elle fut briſée par pieces auant que ſon
corps euſt prins ſepulture entre les vagues, ou elle fut abſorbée. Ce fait
le Cheualier bien ayſe, trouua moyen d'emporter en ſon nauire, ce
qu'il peut

qu'il peut tirer de l'Ifle , & auec tout le peuple d'icelle , print la route
de fon païs : mais contrainte luy fut, laiffer là vn trefor enchanté , lequel on dit eftre encores en l'vne des chambres du grand palays , fans
qu'il ayt efté en la puiffance de ceux qui depuis y ont abordé, non pas
feulement de le conquerir , ains d'entrer ou il eft enfermé : encores
qu'en yuer les ferpens qui y repairent ordinairemét durant tout l'efté
y foient cachez : Et à ce que i'ay entendu les portes de cefte chambre
font continuëllement clofes , & vne efpée au trauers , d'vn des coftez
de laquelle font lettres rouges côme pur fang , & fur l'autre cofté plus
blanches que neige , qui donnent aucun indice ou tefmoignage du
nom de celuy , par lequel indubitablement cefte auanture ou prefage
doit finer, lequel tirera premieremét l'efpée mife au trauers de la ioin-
ture des deux portes iufques à la poignée : Lors elles s'ouuriront d'elles mefmes , ainfi que par la commune renommée on tient certain en
plufieurs lieux . Tout penfif eftoit Amadis , durant que Nolfon luy
contoit fes nouuelles , vne foys concluant en fon efprit (quoy qu'il en
deuft auenir) aller iufques là , & effayer de mettre fin à l'enchantemét
auquel tant de bons Cheualiers auoient failly , puis tout foudain chan-
geoit d'opinion pour le defir qui le preffoit de retourner en l'Ifle Ferme : Toutesfois à la fin delibera , puis qu'il eftoit fi auant de paffer
outre : mais il n'en fit femblant à l'heure, ains comme s'il s'en fuft peu
foucié changea propos , demandant à Nolfon , quel chemin depuis
auoit prins Galaor & fon armée. Monfieur , refpondit il , apres qu'il
eut quelques iours demouré à la radde affez pres de la roche , fit faire voille droit en la profonde Ifle, efperant d'y entrer par furprinfe:
Neantmoins ceux du païs en eurent quelque foupçon , & premier
que nous y arriuiffions , s'eftoient mis en armes , nous atendans fur le
riuage , ou ilz nous donnerent beaucoup à fouffrir auant qu'euffions
moyen de prendre terre : car l'vn des coufins du feu Roy conduyfoit
ce peuple , lequel il auoit tant animé contre nous , que ie ne viz oncques mieux combatre : Mais par la prouëffe de meffieurs Galuanes,
Galaor , & Dragonis , qui fe ietterent en l'eau iufques au col , fuyuiz
de la plus part des noftres , furent noz ennemys contraintz reculer,
& malgré eux abordafmes, non fans grand' perte de noz gens , & plus
merueilleufe boucherie des autres , qui d'effroy s'enfuyrent en la ville , & demeura leur chef & principal capitaine entre les morts . Lors
enuironnafmes la place de toutes parts, dont ilz s'efpouenterent de
forte que (fe trouuans fans conducteur) peu apres ilz demanderent à
parlementer, ce qui leur fut acordé : Et à cefte caufe deleguerent quatre d'entr'eux , qui vindrent vers le prince Galaor & les autres capitaines , auec lefquelz ilz capitulerent qu'ilz fe rendroient, pourueu
que leurs libertez & biens leur demouraffent entierement, ce qu'on
R   leur octroya

leur octroya voluntiers, & le iour mesmes entrasmes dedans la ville
& y fut (auant la semaine hors) Dragonis coronné Roy : puis ayant
receu les hommages, & le serment de fidelité, tant des gentilzhom-
mes que du peuple, messieurs Galaor & Galuanes mon maistre, voyans que leur partement ne pourroit estre si prompt qu'ilz esperoient,
m'ont depesché vers la Royne Briolanie & Madasime pour leur faire
sçauoir les bonnes nouuelles que ie vous ay recitées. Auez-vous rien
entendu (dit Amadis) de Quedragant & Bruneo ? Monsieur, respondit il, auant que ie deslogeasse du camp, aucuns suyans des Isles des
Landes, & de la cité d'Arauigne, pensans eux sauuer au Royaume de
la profonde Isle, y vindrent descendre, & par eux sceusmes que l'vn
des parens d'Arauigne, acompagné des gens du païs auoit donné vne
bataille aux nostres qui les estoient venuz assaillir : mais il auoit esté
deffait & mis en route, & depuis n'auoient entendu comme le tout s'e-
stoit passé. Nous le sçaurons (si dieu plaist) dit Grasandor, quelque autre fois plus amplemēt: & continüans leurs propos r'entrerent au chasteau de Balan, lequel Amadis vint trouuer en son lit, ne se pouuant
encores leuer, & estant eux deux seulz, luy dit qu'il auoit receu quelques nouuelles pour lesquelles il estoit contraint de partir le lendemain, le priant affectueusement que (suyuant ce qu'il auoit promis) il
fist rendre à Dariolette son mary, le vaisseau qu'il auoit amené, &
tout ce qui leur auoit esté prins, à fin qu'ilz s'en allassent en l'Isle Ferme ou il auroit plaisir, que Brauor & sa femme les acompagnassent
pour voir Oriane, & les autres Dames & Damoyselles qui y estoient,
auec lesquelles, dit Amadis, il pourra demourer iusques à ce qu'il soit
en aage de receuoir Cheualerie, estant bien certain qu'il luy sera fait
tout l'honneur & bon traitement qu'il merite pour l'amour de vous.
Seigneur Amadis, respondit le Geant si par le passé i'ay esté en deliberation de vous pourchasser mal & desplaisir, maintenant au contraire, vous ayme autant que moymesmes, m'estimant bien heureux
d'estre vostre, comme ie suis : parquoy presentement ie feray mettre
ordre à ce que vous m'auez prié, vous asseurāt sur ma foy, qu'aussi tost
que i'auray recouuert santé, ie prendray le chemin du palays d'Apolidon, ou ie vous iray trouuer & vous y feray compagnie telle qu'il vous
plaira. Ie vous en prie, dit Amadis, & au demourāt, s'il vous plaist rien
de moy, commandez: car vous serez obey. Tresaffectueusement le remercia Balan, & s'acollans l'vn l'autre, prindrent congé pour le lendemain qu'Amadis & Grasandor s'embarquerent: Mais le Geant ne vint
si tost en l'Isle Ferme comme il pensoit, & qu'Amadis esperoit, pource que depuis son partement, il fut auerty que Quedragant & Bruneo
(ayans faute de gens) tenoient encores assiegée la ville d'Arauigne:
& à ceste cause fit sonner le tabourin en ses marches, & assembla force
soldatz

ſoldars que luy meſmes y mena en perſonne , dont en ſuruint la reduction, non ſeulement de la place aſsiegée , ains de tout le païs, tant
d'Arauigne que de Sanſuegue , ainſi que vous entendrez quelques
foys. Apres doncques que les deux Cheualiers de l'Iſle Ferme furent
entrez en leur vaiſſeau , eſtans pres à leuer les ancres , Amadis pria
Nolſon luy laiſſer vne guyde pour le mener en l'Iſle de la Damoyſelle enchantereſſe ou il auoit deſir d'aller . Volontiers, reſpondit Nolſon, & moymeſmes vous y acompagneray s'il vous plaiſt, d'vne choſe tenez vous ſeur , que vous eſtes maintenant en la ſaiſon de l'année
plus propre pour voir les ſingularitez du lieu, eſtant la froydure deſia
fort eſmeuë , par laquelle les beſtes horribles & venimeuſes qui y re-
paiſent ordinairemẽt, ſont retirées en leurs troux , foſſes , & cauernes
terreſtres . Il me ſuſit dit Amadis, d'auoir l'vn de voz mariniers, que
Nolſon luy bailla, & le commandant à Dieu, print la route de l'iſle
de Mongaze, & Amadis & Graſandor droit à la roche de la Damoyſelle Enchantereſſe , auec ſi bon vent qu'ilz la peurent choyſir le ſixieſme iour d'apres , ſi haute (ce leur ſembloit) qu'elle trauerſoit les
nuës , & aprochans du port , aperceurent vne barque ancrée ioignant
la greue, ſeule & ſans garde quelconques , & eſtimans que ceux à qui
elle apartenoit fuſſent montez à mont la roche, n'en firent cas. Adonc
Amadis voulant ſeul eſprouuer l'auenture, diſt à Graſandor : Mon
compagnon, ie vous prie m'atendre icy iuſques à demain matin, que
ie pourray eſtre de retour ou plus toſt, & ſi ie gaigne d'heure le hault
ie vous feray incontinent ſigne comme ie me trouueray : mais ſi dedans trois iours vous n'auez de mes nouuelles , tenez vous ſeur que
mon entreprinſe ira treſmal. Lors ordonnez du ſurplus ainſi que bon
vous ſemblera. Comment, reſpondit Graſandor, eſtimez vous que ie
n'aye le cueur aſſez bon pour endurer tout le trauail qui pourroit e-
ſtre en ce lieu, ſpecialement eſtant en voſtre compagnie, ou le courage me croiſtroit ſi i'en auoys faute? Ie vous prometz mon grand amy
diſt Amadis (en l'acollant) qu'oncques telle choſe ne me tomba de
vous en l'eſprit , vous ayant trop cogneu en tant de bons actes , pour
vous auoir en autre eſtime, que l'vn des meilleurs Cheualiers du mõ-
de , & puis que vous trouuez bon qu'allions de compagnie , i'en ſuis
treſcontent. Adonc commanda que lon ietaſt vne plãche pour prendre terre, & deſcendirent eux deux ſeulz, armez de toutes pieces, tenans leurs eſcuz & eſpées tirées , preſtz à eux deffendre s'ilz eſtoient
aſſailliz : Ce fait commencerent à monter la roche par vn petit ſen-
tier rude & mal aysé , & tant grimperent qu'ilz trouuerent vn hermitage au dedans duquel aperceurent vne ſtatuë de bronze coron-
née, tenans en ſes deux mains(vis à vis de l'eſtomach) vne table d'attente dorée , en laquelle eſtoient grauées aucunes lettres & carracte-
R ii   res grecz

res grecz assez faciles à lire pour ceux qui entendoient la langue , encores que plus de deux cens ans au parauant elles y eussent esté inscul
pées par la Damoyselle Enchâteresse, qui fut en son temps la plus ex-
perte en art magicque qui ayt esté depuis , & fille d'vn nommé Fin-
ctor de la cité d'Arges au païs de Greçe. Or estoient les deux Cheualiers si las & hors d'aleine, qu'ilz n'en pouoient plus , parquoy s'assei-
rent sur vn siege de pierre, regardans à leur ayse ceste statuë , qui leur
sembla d'vn merueilleux artifice , mesmes la table & les carracteres,
lesquelz Amadis commença à lire comme celuy à qui il estoit aysé
pour le seiour qu'il auoit fait en la Grece, quand il combatit Landria-
gue, & disoit l'escriteau ce qui s'ensuyt : Au temps que la grand Isle
florira, & qu'en icelle s'assembleront la fleur de Cheualerie, & de beauté, estant lors dominée d'vn prince trespuissant & magnanime, sor
tira celuy auquel l'espée & les tresors enchantez sont destinez, & non
plus tost seront mis au pouuoir des personnes. Bien cogneut Amadis
que ceste auenture n'estoit pas pour luy, & qu'a son auis elle estoit reseruée pour son filz Esplandian, estant né de la plus belle du monde:
toutesfoys il s'en teut , & demanda à Grasandor s'il auoit entendu ce
qu'il lisoit. Non, respondit il: car ie ne fuz oncques en lieu ou lon parlast ce langage. Par ma foy, dist Amadis, c'est quelque prophetie bien
anticque : Lors luy declaira ce qu'elle contenoit . Ie ne sçay, dist Grasandor, pourquoy elle ayt esté predite si n'est pour vous mesmes, qui
estes filz du plus gentil prince qui onques seignit espée au costé, & de
la plus belle dame qui ayt esté de son téps, selon que i'en peu cognoistre par le reste de la beauté qui luy est demourée: Ainsi doncq' mon-
tons hardimét, veu qu'il vous seroit autant de blasme de differer, que
de presumption à quelque autre de passer plus outre, & ce ne vous dis
ie sans ocasion: car i'ay esperance voir, par vostre moyen, ce qu'autre
n'a encores veu de ce temps. Amadis se print à rire, cognoissant le zele duquel parloit Grasandor, & luy respondit: Allons doncques puis
qu'ainsi est, & gaignons le palays auant que la nuict nous surpreigne.
Ainsi sortirent de l'hermitage , & suyuirent le sentier qu'ilz trouuerent si facheux , que bien souuent force leur estoit de donner des
mains à terre, & pis encores leur auint: car le iour leur faillit, & furét
contrains (pour l'obscurité) atendre iusques au lendemain, en vne petite plaine, ou ilz se coucherent si mal à leur ayse, qu'il ne peurent onc
ques dormir: Et à ceste cause se mirent à parler de l'vsure que fortune
leur faisoit payer, par les plaisirs qu'elle leur auoit prestez en l'Isle Fer
me auec leurs amyes: Ce neantmoins (disoit Amadis) n'estoit la crain
te qu'Oriane se trouuast mal, pour la fascherie ou ie pense qu'elle est,
quoy qu'il me deust auenir, i'yrois voir le camp de Brunco, & Agraies, premier que retourner vers elle . Par ma foy , respondit Grasandor, vous

dor, vous la feriez mourir, eſtant en doute ſi vous eſtes mort ou non,
meſmes que ie leur ay promis & iuré de vous ramener le pluſtoſt que
faire ce pourra, ainſi ie vous conſeille & prie tant qu'il m'eſt poſſible,
que pour ce coup vous leur obeïſſez plutoſt qu'à voſtre deſir, puis ſelon ce que nous aprendrons apres des autres, nous les yrons trouuer,
ou enuoyrons gens s'il en ont beſoin. Encores penſay-ie de faire mieux, dit Amadis, au partir d'icy noſtre chemin s'adreſſera en l'Iſle de
l'Infante, de là ie depeſcheray vn gentil-homme vers Balan, le prier
les aller ſecourir, ce qu'il fera volontiers, & ce pendant nous yrons deuant en l'Iſle Ferme luy apreſter le logis. Ainſi paſſerent ces deux
Cheualiers la plus part de la nuyt, quelques foys dormans, quelques
foys veillans, tant que le iour ſuruint: Lors ſe leuerent & recommen-
cerent à monter, tant qu'ilz ſe trouuerent à l'entrée d'vne plaine au
mylieu de laquelle ilz virent vne grande ruyne de baſtimens antic-
ques, dont ilz s'aprocherent, iuſques à l'endroit d'vn arc de marbre,
encores aſſez entier, au deſſus duquel y auoit vne ſtatuë d'albatre, de
femme, ſi bien taillée qu'elle ſembloit viſue, tenant en ſa main droite
vne plume cóme ſi elle euſt voulu eſcrire, & à la main gauche vn roul-
leau de lettres Grecques, contenant ces motz: La certaine ſcience eſt
celle auec laquelle on profite plus deuant les dieux qu'auec les hommes, veu que l'vne eſt ſainte & l'autre vaine & inutile. Voylà bien parlé en peu de motz, dit Amadis: car ſi toute perſonne auoit cognoiſſan
ce de la grace que noſtre ſeigneur luy fait, pluſieurs s'adonneroient à
œuures vertueuſes, & fuyroient le vice qui les meine à perdition. Lors
paſſerent outre, & entrerent en vne baſſe court pleine de fragmás de
colonnes tant Yonicques, Tuſcanes que Doriques, meſmes de pluſieurs medailles anciennes & perſonnages, autrefoys ſi bien taillez,
qu'il ne ſeroit poſſible de mieux, auſquelz l'iniure du temps n'auoit
peu nuyre, qu'il n'y eut encores treſgrande aparence de leur ſingula-
rité: Et à ceſte cauſe Amadis prenoit tant de plaiſir à les contempler,
qu'il ne pouoit aſſez ſatisfaire ſon œil. Et ainſi qu'ilz tornoient de coſté & d'autre, vindrent en vne bien belle ſalle ſi richement painĉte
que c'eſtoit merueilles, au bout de laquelle aperceurent l'entrée d'vne
chambre, fermée de deux portes de pierre luyſante, au mylieu deſquelles eſtoit vne eſpée fichée ſi auant qu'elle paſſoit outre iuſques à
la croiſée, parquoy cogneurent bien que leans eſtoit le treſor & les
enchantemens dont ilz auoient ouy parler, au moyen dequoy Amadis (deliberant eſprouuer l'ouuerture) s'aprocha pour eſſayer d'auoir
l'eſpée, & vid que le pommeau & la croiſée eſtoit d'vn oz plus clair
& enflambé qu'vn rubis d'orient, ayát d'vn coſté ſept lettres grecques
rouges comme feu, & de l'autre des motz blancz cóme neige, diſans:
En vain ſe trauaillera le Cheualier qui eſſayera (quelque force ou

R iii   proueſſe

proëſſe qui ſoit en luy) d'arracher ceſte eſpée ſi n'eſt celuy qui eſt pre-
deſtiné par les lettres que la ſtatuë de bronze tient eſcrites en la table
qu'elle porte, lequel a ſur luy tous telz caracteres, que ceux qui ſont
grauez de l'autre part de ceſte poignée, comme a predit celle qui ne
fut ſeconde à nule de ſon temps pour regard de l'art magicque : Et à
ceſte ocaſion Amadis regarda plus ententiſuement qu'il n'auoit fait
ces lettres rouges, & luy ſouuint qu'Eſplandian en auoit de ſembla-
bles ſur ſon corps : parquoy ſe tint aſſeuré qu'autre que luy ne mette-
roit à fin ceſte merueille : Touteſoys il demāda à Graſandor qu'il luy
en ſembloit. Ce maiſt dieux, reſpondit il, i'entens tresbien le côtenu
des lettres blanches: mais des rouges ie ne ſçay que c'eſt. Ne moy auſſi dit Amadis, combien que ie penſe que vous & moy en auôs veu de
pareilles ſur quelqu'vn que vous cognoiſſez. Vous dites vray, reſpondit Graſandor, celles que voſtre filz aporta (ainſi que lon dit) du ven
tre de ſa mere ſont vrayement toutes telles, neantmoins ſi vous ne
men euſſiez fait ſouuenir, ie n'y euſſe iamais penſé, & pourtant ne
vous plaignez que de vous meſmes ſi vous faillez à voſtre entreprinſe : car à ce que ie puis preſumer vous auez engendré celuy qui vous
tolliſt ceſt honneur. Ainſi l'eſtimay-ie, diſt Amadis, par ce que i'ay
peu aprendre des le commencement aux tables de l'ymage de bronze. Retournons dôcques arriere, reſpondit Graſandor, & laiſſons le
reſte à paracheuer à celuy auquel la deſtinée l'a promis. Ce nous eſt
bien force, diſt Amadis, quelque regret que iaye à n'emporter ceſte
belle eſpée quād & moy. Par dieu, reſpôdit Graſandor, ſi vous l'auiez
vous en ſeriez bien empeſché, veu qu'elle ne peult eſtre ſi bône que la
voſtre ainſi comme ie penſe, & d'auantage quand ie conſidere la maniere que vous l'auez acquiſe, oncques Cheualier n'eut ſi bonne auenture ne plus agreable qu'elle vous fut lors, & ce diſoit il, pource qu'A
madis l'auoit gaignée, eſtant trouué le plus loyal & parfait amāt qui
oncques ayma, ainſi que noſtre ſecond liure vous à maintesfoys teſ-
moigné. Adonc reprindrent le chemin qu'ilz eſtoient venuz, & paſ-
ſans de rechef entre les antiquitez, Amadis s'arreſta encores pour les
regarder, & plus il s'y amuſoit, & moins trouuoit d'imperfections fuſt
aux moulures, frizes ou chapiteaux des ruynes ſemées entre les ma-
ſures, & ſi d'auenture il eſleuoit la veuë plus hault, veoit tant de ra-
courciſſemens ſinguliers aux perſonnages inſculpez, tant de muſcles
bien obſeruez, tant de perſpectiue es choſes neceſſaires, qu'à ſon auis
il y auoit plus de diuinité que de mainfacture d'homme. Et côme il eſtoit en ce plaiſir ſuruint vn Cheualier armé d'vn harnois blanc, tenāt
ſon eſpée nuë au poing, lequel aprochant d'eux les ſalüa, & eux luy,
& auſſi toſt il leur demanda s'ilz n'eſtoient pas de l'Iſle Ferme. Ouy
certes, reſpondit Graſandor, pourquoy le demandez vous? Pourtant
dit l'autre,

dit l'autre,que là bas i'ay trouué vne barque & quelques vns qui m'ôt
asseuré,que çà hault estoient montez deux Cheualiers du palays d'A-
polidon, mais ilz m'ont voulu du tout taire les noms : & pource que
i'en suis aussi,ie n'ay desir sinon de paix & amytié auec vous,m'estant
adressé casuellement en ce lieu poursuyuât vn Cheualier,qui par trom
perie m'est eschapé auecq' vne Damoyselle qu'il emmene par force.
Amy respôdit Grasandor, ie vous prie par courtoysie oster vostre armet, & nous dire vostre nom . Si vous me iurez, dit le Cheualier,que
vous estes de la cognoissance de monseigneur Amadis, & aussi de me
faire le semblable, i'en suis bien content : autrement vous me prirez
en vain . Par ma foy dit Grasandor nous sommes des meilleurs amys
qu'il ayt,& pour celà ne differez à vous faire cognoistre.Lors le Cheualier se desarma de la teste : Vous me pouez doncques maintenant
bien cognoistre,si vous estes telz que m'auez iuré. A peine eut il acheué la parole,qu'Amadis courut l'embrasser luy disant:mon frere Gan
dalin, est il possible que nostre fortune nous ayt ainsi adressez ? Bien
esbahy fut lors Gandalin se voyant caresser par personne à luy incogneuë, & ne sçauoit presumer qu'il pouuoit estre, quand Grasandor
luy dit.Comment Gandalin,mescognoissez vous ainsi Amadis? Amadis ? respondit Gandalin, est il possible . Adonc mit le genoil en terre
& malgré luy, luy baisa les mains auant qu'Amadis le peust releuer,
puis s'enquist qui l'auoit là amené.Par Dieu mes bôs seigneurs respon
dit il,le semblable de vous ay plus d'enuie de sçauoir,que vous n'auez
de moy , vous ayant laissez en lieu tant esloigné de cestuy : toutesfois
pour vous contenter ie vous en diray la pure verité . Entendez qu'ainsi que i'estois auec Bruneo & autres qui sont encores en la conqueste
des païs d'Arauigne & de Sansuegue, au retour d'vne cruelle bataille
que nous donna d'entrée le neueu du Roy,ou maintz preud'hommes
finerent leurs vies : Vn iour entre les autres entra vne Damoyselle du
Royaume de Nouergue vestue toute de noir en la tente d'Agraies luy
requerant (auecq' abondance de larmes) secours d'aucun tort qu'on
luy faisoit: Agraies la fit leuer , & seoir tout au plus pres de luy , luy
demandant la cause de sa tristesse pour y mettre remede', si iustement
se pouuoit faire. Helàs respondit elle,vous auez bien raison!car ie suis
suiette & vassale du Roy pere de ma dame Olinde vostre femme,
pour l'honneur & amytié de laquelle ie vous suplie m'estre aydant
d'aucun bon Cheualier,qui me face rendre vne mienne fille,que le seigneur de la grand'tour de la Riuie m'a tollue de fait & de force, ne
luy ayant voulu donner à femme,pource qu'il n'est si noble,ne de telle maison qu'estoit mon mary,ains de basse & seruille côdition, ayant
vsurpé la place qu'il possede sur ses voysins, qu'il en a chassez : & le
pere de ma fille estoit frere de dô Grumedan Cheualier d'honneur de
la Royne

la Royne de la grand' Bretaigne. Or n'ay ie moyen de la recouurer
sans vous, car quelque priere que i'aye sceu faire à ce meschant il me la
tousiours deniée iurant que ne l'auray de ma vie auec moy, s'il n'y est
contraint à force d'armes. Damoyselle, dit lors Agraies, que ne vous
en fait vostre Roy iustice, comme il apartient? Seigneur, respondit elle, il est tant vieil & caduc, qu'il ne peult desormais gouuerner luy, ne
autre : & ne bouge plus du lit pour son grand aage & maladie. Et celuy duquel vous vous plaignez, dit Agraies, est il loing d'icy? Non
respondit elle, en moins d'vn iour & demy, on y pourroit bien aller
par mer qui auroit le vent à propos. Lors ie me presentay pour aller
au secours de la Damoyselle : mais monseigneur Agraies n'y voulut
consentir, sinon que ie luy promisse de retourner vers luy, aussi tost
que i'aurois combatu le Cheualier sans plus entreprendre, si mon hon
neur m'en pouuoit excuser, ce que ie luy ay promis : & prenant mes
armes entray auec la Damoyselle au vaisseau qu'elle auoit amené, &
eusmes tout le iour la mer calme & paisible, tellement que le lendemain enuiron midy prinsmes terre, & me guida la Damoyselle la part
ou estoit sa fille detenuë. Adonc commençay à apeller des l'entrée
de la porte, tant qu'vn homme parla à moy par vne senestre, me demandant que ie voulois. Lors ie luy fis telle response : Tu diras à ton
maistre qu'il deliure promptement vne Damoyselle qu'il a ostée par
force à celle qui m'acompagne, ou qu'il me rende raison, pourquoy
il a ce fait, autrement homme ne sortira de leans que ie ne le mette à
mort. Par mó ame, dit celuy auquel ie parlois, voz menasses nous donnent entiere asseuráce de vous: toutesfois attendez, & vous aurez bien
tost autres nouuelles, cóme ie pense. Lors ie me retiray, & depuis n'arresta gueres que ceux de la tour ouurirent les portes, & sortit hors vn
Cheualier armé d'vnes armes iaunes, monté sur vn bon grand destrier
lequel de la longueur d'vne carriere me cria : Cheualier qui menassez
sans discretion ceux que ne cognoissez, qu'est ce que vous demandez
tant? Et ie luy respódis que ie ne le menassois ny desfiois, premier que
ie sceusse la cause pour laquelle il detenoit par force la fille de la Damoyselle qui estoit là. Et bien, dit l'autre, encores qu'elle vous eust dit
vray, qu'en seroit il? I'espere, luy respódis-ie, la venger, & la vous oster
vueillez ou non. Il y paroistra maintenant ce dit l'autre, & à l'instant
brocha le cheual des esperons, & vint de grand' roydeur contre moy
& moy droit à luy, couchans tous deux noz lances en l'arrest si bien
qu'elles vollerent en esclatz, puis mismes la main aux espées, & commença la bataille entre nous deux, qui continüa iusques enuiron les
vespres : mais à la fin estant le droit de mon costé, la victoire me demoura, de sorte que ie le tenois à mes piedz, prest à luy coupper la teste, quand il me demanda mercy, me priant de luy sauuer la vie, &
qu'il fe-

qu'il feroit ma volonté, & ie luy dis qu'il rendiſt la Damoyſelle à ſa
mere, me iurant de ne prendre iamais fille ne femme maugré elle, ce
qu'il m'acorda, & de fait faignant aller querir celle que ie demandois
rentra en ſa tour : mais il ne tarda gueres que ie le viz ſortir du coſté
de la mer, & s'embarqua ainſi armé que l'auois laiſſé, en vn eſquif a-
uec la Damoyſelle, me criant d'aſſez loing : Cheualier ne t'esbahys ſi
ie ne te tiens verité : car force d'amour me contraint à ce faire, ne pouuant viure vne ſeule heure ſans celle que i'emmeine, & puis qu'il eſt
hors de ma puiſſance me pouoir vaincre & gouuerner, ie te ſuplie ne
me donner coulpe de choſe que tu voye, & affin que toy ne ſa mere
n'ayez deſormais eſperance de plus la trouuer, voy que ie l'emmeine
en part ou tu n'en auras de ta vie nouuelles. Ce diſant ce print à ramer
& la Damoyſelle à crier & deſtordre les mains : parquoy ie fuz ſi marry, que la mort m'euſt eſté plus agreable que la vie : car la mere commença à faire vn eſtrange dueil, rompant ſes cheueux & ſes acouſtre-
mens, me reprochant qu'elle auoit trop plus receu de dommage par
moy, que du Cheualier meſmes, pource qu'eſtant ſa fille à la tour, a-
uoit touſiours fiance de la recouurer, & maintenant elle n'y eſperoit
plus rien la voyant aller en lieu incogneu, dequoy i'eſtois cauſe n'ayant executé la victoire que i'auois euë ſur le Cheualier, par laquelle
ſon remede eſtoit recouuert, & que non ſeulement ne me remercioit
du trauail que i'auois prins, ains qu'elle ſe plaindroit de moy deuant
tous autres qu'elle pourroit rencõtrer. Lors ie luy reſpondis (pour la
rapaiſer) que vrayement ie m'eſtimoys coulpable de ſon nouueau deſplaiſir : car ie deuois conſiderer, puis que le Cheualier auoit eſté deſ-
loyal enuers elle, forçant ſa fille, qu'au reſte vertu le deuoit peu acompagner, & que puis qu'ainſi eſtoit, ie iurois de iamais ne repoſer en
lieu que ie ne l'euſſe recouuert, fuſt en mer, ou en terre, & mis ſa fille
en ſes mains, pourueu qu'elle me preſtaſt la barque, & quelqu'vn de
ſes mariniers pour me guyder. Ce qu'elle m'acorda, & outré me pro-
miſt de m'atendre chez ſoy en vn chaſteau aſſez pres de là, commandant à celuy qu'elle me bailla, de prendre bien garde au deuoir que
ie ferois pour ſatisfaire à ma promoſſe : Ainſi me departiz d'elle faiſant voile, ſelon la voye qu'il me ſembloit auoir veu prendre au Cheualier, & nauiguay long téps ſans en ouyr nouuelles, ſinon que ce iour
d'huy, qui eſt le cinqieſme iour, i'ay trouué quelques peſcheurs qui
m'ont dit l'auoir veu paſſé en vn eſquif auec la Damoyſelle, & que ſelon leur auis il venoit prendre port en l'Iſle de la damoyſelle Enchan
tereſſe, ou arriué, ay trouué vn eſquif vuide, & voz gens auſſi aſſez
loing de là, auſquelz me ſuis enquis s'ilz auoient point veu mon hóme : mais ilz ne m'ont ſceu dire aucune choſe, ſinon que ce baſteau e-
ſtoit au port, premier que vous y arriuiſſiez, & tant pour ceſte oca-

S

ſion, ay-ie

sion, ay-ie prins ce chemin, croyant qu'il est quelque part caché dans ceste roche, qu'aussi pour esprouuer vne auenture que les pescheurs m'ót dit estre la hault en vn palays ruïné, & si i'y fault à tout le moins i'en pourray conter à ceux qui n'en ont ouy parler. Gandalin mon a-my, respondit Grasandor, au regard du Cheualier & de la Damoy-selle, il y pourra auoir quelque remede : mais quand à l'auenture, se seroient pas perduz pour vous. Lors luy reciterent tout ce qui leur e-stoit auenu. Dequoy Gandalin trop esbahy, luy demanda s'il auoiét point veu le Cheualier. Non, respondit Amadis, & si auons visité par deux foys toutes ces ruïnes, neantmoins voyons encores, & regardós par tout. Adonc tournerent çà, & là, tant que peu apres ilz auiserent en vn coing le Cheualier, lequel cognoissant qu'il estoit descouuert, se monstra à eux demandant qu'ilz cherchoient. Vous paillart, res-pondit Gandalin. Le Cheualier qui soudain le recogneut aux armes blanches qu'il portoit, luy dist de rechef: Par dieu Cheualier ie m'es-bahys quel plaisir vous prenez à tant me poursuyure, vous ayant asseu-ré que force d'aymer me maistrise, de sorte que ie n'ay aucune puis-sance sur moy mesmes, estát bien certain que si vous, ou quelques vns de ceste cópagnie ont esprouué la furie d'amour, que ie ne seray trou-ué de tant coupable cóme vous estimez, & pourtant faites de moy ce qu'il vous plaira: car autre que la mort ne me fera separer de ceste da-moyselle que i'ayme si ardément. Amadis qui c'estoit veu maintefois en pareille extremité cómença à auoir compassion de luy, toutefoys il luy respondit : Encores que ce que vous dites soit grandemét excu-sable, le Cheualier pourtant, qui vous cherche, ne doit differer la pro-messe qu'il a faite à la Damoyselle, autremét il pourroit estre reprins deuant tout preud'hóme. Ie le sçay bien, dit il, aussi ie suis content de me mettre à son pouoir, pourueu qu'il me face le bien de me remener vers elle, estát asseuré, s'il la prie pour moy, qu'elle sera bien contente me donner sa fille à femme, puis qu'elle me veult auoir deuant tout autre. Est il vray? dit Amadis, à la damoyselle. Et elle respódit qu'ouy combien que iusques adonc il l'auoit arrestée outre son gré, neant-moins voyant l'amour qu'il luy portoit, la force qu'il luy auoit faite par le passé, estoit oubliée, luy ayát pardonné & promis depuis ma-riage. Vrayement, dit Amadis, i'en suis tresayse, & si vous Gandalin me voulez croire, vous en ferez l'apointement enuers la mere si vous pouez. Il ne tiendra pas à moy, respondit Gandalin. Et à ceste cause, tous se mirent en chemin pour retourner au riuage de la mer : mais la nuit les surprint & coucherent en l'hermitage, puis le lendemain arri-uerent ou leurs gens les atendoient & là s'embarquerent, & ainsi que Gandalin prenoit congé, Amadis & Grasandor le prierent faire leurs recómandations à Agraies, & à leurs amys, estans par delà, les auisans

qu'ilz s'en

qu'ilz s'en retournoient en l'Isle Ferme, atendans de leurs nouuelles.
Ainsi suyuit Gandalin la routte ou la Damoyselle l'atendoit, & luy
ayant liuré sa fille, & le Cheualier trouua façon de les apointer, quelque inimytié qu'ilz eussent au parauant, mesmes la mere, laquelle fust
si tost conuertie au vouloir de sa fille, que Gandalin s'en esbahyssoit:
mais estimant la constance des femmes quasi aussi arrestée, que la
grand mer de l'Occean, ne s'en fit que rire, & les laissans paracheuer
leurs bonnes cheres, rentra en sa barque, pour aller trouuer Agraies,
lequel fut grandement ayse des bonnes nouuelles que luy aporta Gan
dalin tant de sa fortune que de la bonne santé d'Amadis & Grasandor : Toutesfois à present nous changerons propos, pour vous faire
entendre ce qui auint à ceux qui nauiguerent en l'Isle Ferme, en grande volunté de voir leurs femmes qu'ilz auoient laissées en estrange
melancolie pour leur absence.

Amadis & Grasandor sortiz de

l'Isle de la Damoyselle Enchanteresse, curét la mer si bonasse que sans
empeschement quelconque entrerent au port de l'Isle Ferme, & comme ilz montoient à mont la roche (arriuant pres le monastere qu'A-
madis auoit fait construire) trouuerent ioignant la porte vne Damoyselle vestue en deuil, & deux Escuyers auec elle tenans leurs pallefrois
par les resnes, lors ilz la saluèrent courtoisement & elle au semblable,
puis entrerent en l'eglise faire leurs oraisons, ce pendant la Damoyselle s'enquist, à l'vn des moynes de leans qu'ilz estoient. Le religieux
luy respondit, que c'estoit le seigneur de l'Isle & vn autre son compagnon. Quand la Damoyselle sceut qu'Amadis estoit la, elle l'atendit
à l'entrée de la porte, & le voyant venir vers elle s'auança, & en se
getant à ses piedz pleuroit tendrement, & luy dit, helàs seigneur A-
madis, n'estes vous pas celuy qui sçauez donner remede aux affligées comme ie suis ? certainement si ainsi n'estoit, vostre renommée
n'auroit tát de foys circuy la terre qu'elle a fait, & à ceste ocasion moy
qui ay plus d'infortune que nulle autre, viens vers vous chercher misericorde & pitié, ce disant luy print les iambes en les acolans de telle sorte qu'Amadis ne s'en pouuoit deffaire, car tant plus il taschoit
à la releuer & plus elle le pressoit de pres, parquoy il luy dit : Ie vous
prie Damoyselle me dire la cause de vostre ennuy & qui vous estes, &
encores que ie refuzasses toutes les autres Dames, si feray-ie pour vous
tout ce que ie pourray, affin de vous oster la tribulatió ou ie vous voy.
Mon nom ne sçaurez vous, respondit elle, premier que ne soys certaine que me tiendrez ce que me promettez, mais l'ocasion de ma tristes-

S ii

se pro-

stesse procede qu'estant mariée auec vn Cheualier que i'ayme de tout
mon cueur, mon malheur & le sien ont permis qu'il soit tombé es prisons du plus grand ennemy qu'il eust en ce monde, dont il est impossible qu'il sorte sans l'ayde que i'espere en vostre bonté & non d'autre, & croyez (disoit elle) que mes genoilz ne partiront iamais de terre, ny ces bras miens d'alentour de voz deux iambes, si par force ne
me contraignez, premier que ne m'ayez octroyé ce que ie vous demã-
de. Amadis cognoissant l'opiniastreté & importunité d'elle, fut merueilleusement fasché craignant obliger sa promesse, & d'entreprendre chose dont puis apres il se repentiroit tout à loysir, comme il fit, ce
nonobstant il fut si esmeu de compassion, que la voyant fondre en larmes, luy acorda ce qu'elle demãdoit, luy priant luy declarer son nom.
Lors elle luy print les mains, & maugré luy les baisa, puis adressant sa
parolle à Grasandor, luy dit: Sire Cheualier souuienne vous que monseigneur Amadis à fait ceste promesse à la femme d'Arcalaüs l'enchan
teur, lequel il tient prisonnier comme le plus grand ennemy qu'il ayt
en ce monde : Mais si dieu plaist ceste inimytié se conuertira en plus
grande amytié par l'ayde de nostre seigneur qui luy fera ceste grace.
Bien fasché fut Amadis se trouuant ainsi deceu par la tromperie de
ceste femme, & volontiers eut reuoqué la promesse qu'il auoit iurée:
mais il n'y auoit plus d'ordre, encores qu'il sceust qu'il en auiendroit
mille maux, cognoissant le naturel d'Arcalaüs: toutesfoys il n'en sçauoit malgré à sa femme qui auoit iuste raison d'employer tout son
moyen pour la saluation de son mary, ainsi que deüroit faire toute autre. Neantmoins il luy dit: Foy que ie dois a dieu, Dame, vous m'auez
trop demandé: car pour peril qui m'eust sceu auenir, ie n'eusse consen-
ty à telle chose, sans la promesse que ie vous ay faite, qui est la premiere qu'oncques i'aye octroyée à Dame ou Damoyselle ou i'aye eu regret : Ce disant monterent luy & Grasandor à cheual, commandant à
la femme d'Arcalaüs de les suyure au palays d'Apolidon : mais premier qu'ilz y entrassent, Oriane & Mabile sçeurét leur venuë. Le plaisir qu'ilz en eurent, croyez qu'il est impossible le vous descrire, tant
y a qu'elles & toutes les autres Dames & Damoyselles les allerent attendre à l'entrée du parc, & à leur arriuée ne fault douter qu'il y eut
tant de baisers & embrassemens, qu'a voir telles caresses de ces nouuel
les mariées, on eust iugé que c'estoit le premier iour que leur amytié
auoit prins certitude de leur fermeté, & auec telz embrassemens vindrent en leurs chambres ou ilz acheuerent de passer la iournée en ieux
& esbatemens qu'ilz eurent plus agreables. Et quand la nuit fut venuë
estant chascun retiré pour aller dormir, Amadis & Grasandor couchez entre les bras de leurs amyes, se mirent à payer partie des arre-
rages du temps perdu pour leur absence, puis le lendemain matin e-
stans à la

stans à la meſſe, la femme d'Arcalaüs vint de recheſſe ietter aux piedz
d'Amadis, le ſuplyant s'aquiter de la promeſſe qu'il luy auoit faite
pour ſon mary. Ce qu'il acorda, & auant ſe mettre à table, acompagné de toutes les Dames, vindrent le trouuer en ſa cage, & auoit la
barbe & les cheueux blancs comme neige, & longs iuſques ſur la cein-
ture : Or eſtoit il laid oultre meſure, grand & mal baſty, & de regard
fier & peu aſſeuré : Parquoy auſsi toſt que les Dames le virent, elles eurent toutes peur de luy, principalement Oriane qui autreſfois auoit
eſprouué ſa malice, lors qu'il l'enleua, & qu'Amadis la ſecourut ainſi
que le premier liure vous a recité, & combien qu'il aperceuſt ſa femme entre les autres, ſi n'en fit il cas, & à ceſte cauſe Amadis luy demanda s'il la cognoiſſoit. Ouy bien, reſpondit il. Prens tu plaiſir à ſa
venuë? dit Amadis. Aſſez, reſpondit il, ſi c'eſt pour mon affaire, autrement ie ne m'en ſoucie pas : car veu l'eſtat ou tu m'as tenu depuis que
ie ſuis en tes mains (ayant determiné de ſouffrir patiemment tout le
mal qui me peult ſucceder) mon cueur ia acouſtumé & reſolu en celà
fait eſtat de viure maugré toy iuſques à la mort. Et ſi pour l'amour
d'elle, dit Amadis, ie te donnois liberté, m'en ſçaurois-tu tant de gré
qu'à l'auenir que tu le recogneuſſes enuers moy ou le cas ſi offriroit?
Ouy bien, reſpondit il, ſi tu l'as enuoyé querir de ton propre mouue-
ment : mais ſi d'elle meſmes elle a fait ceſte entrepriſe, par le moyen
de laquelle tu luy ayes promis quelque choſe, ie ne t'en puis, n'y dois
rendre aucune grace, d'autant que les bonnes œuures faites par force, perdent le merite d'elles meſmes, & pourtant ie te prie me faire entendre ce qu'il en eſt. Lors Amadis luy declara comme il l'auoit trouuée au monaſtere, & la ſorte quelle l'auoit deceu, & pourchaſſé ſa deliurance. Quoy qu'il en ſoit, dit Arcalaüs, ie te diray ce que i'en penſe:
Si tu euſſes eu pitié de moy à Lubanie, lors que ie te demanday miſericorde, aſſeure toy que tout le reſte de ma vie i'en fuſſe demouré ton
obligé & parfait amy : mais à preſent que tu es contraint me laſcher,
ſans que i'en aye ennie, & moins pour priere que ie t'en aye faite, tout
ainſi que tu ne te peux excuſer de promeſſe, ainſi receüray-ie ceſte
liberté (ſi tu me la donnes) auec autant de gré que tu merites, autrement tu me reputeras bien laſche, & de peu de courage, ſi au lieu de
tant d'ocaſion que i'ay pour te haïr, ie te diſois grand mercys du
mal que tu m'as pourchaſſé. Tu m'as fait plaiſir, dit Amadis, de ne me
deſguiſer ton venin, auſsi ne dois eſtre blaſmé de ta deliurance : car
i'auois reſolu te tenir longuement en ceſte muë, eſtimant qu'il eſtoit
pluſtoſt raiſonnable te faire ſouffrir la peine que iuſtement t'eſt deuë,
que de te relaſcher pour tourmenter doreſnauät tant de gens de bien
côme tu as fait par le paſſé. Et nonobſtant puis que i'ay promis à ta fem
me, ie te renuoyray, & feray mettre en lieu de ſauueté, te priant tant
S iii   qu'il

qu'il m'est possible, combien que de fait & de volunté tu ne me pardonneras de ta vie (si tu ne me trompes) qu'aumoins tu n'exerces ta cruauté doresnauant enuers ceux qui ne te pourchasserent oncques desplaisir, ce à quoy tu dois mettre peine, pour l'honneur du seigneur qui t'enuoye le bien que tu reçois à present, & au temps que moins tu y esperois. Ie sçay bien, respondit Arcalaüs, qu'en ce qui te touchera ie prendray toute la peine & plaisir dont ie me pourray auiser pour t'endommager, quand aux autres, peult estre suyuray-ie ton conseil. Esmerueillées furent les Dames d'ouïr ce paillard parler à Amadis tant temerement, & ne tint à elles qu'il ne fust arresté : Mais il leur respondit, que le cognoissant obstiné, le remettroit souz la misericorde de nostre seigneur, & qu'au demourant il tiendroit ce qu'il auoit promis. Lors sortirent de la chambre, & pria la femme d'Arcalaüs tenir compagnie à son mary iusques au lendemain, qu'il enuoya querir Ysanie, auquel il commanda luy donner cheual & armes, & que le mettant hors de prison (luy & ses enfans) le guidassent hors les limites de l'Isle Ferme, & en telle sauueté que sa femme s'en contentast. Et ainsi le fit Ysanie, tant que luy & sa compagnie le menerent iusques en son chasteau de Valderin : Puis prenant congé de luy, Arcalaüs pour tout grands mercys, leur dit : Seigneurs, auertissez Amadis qu'il apartient seulement aux bestes cruelles d'estre mise en cage ferrée comme i'ay esté, & non aux Cheualiers tel que ie suis, & qu'il se donne garde de moy, s'il peult, pour l'esperance que i'ay de me venger promptement de luy, ce que ie feray maugré ceste vieille paillarde Vrgande la Descogneuë, à laquelle il se fie par trop. Ie croyray plustost, respondit Ysanie, que ie seray en semblable peine que i'ay esté pour te garder : Ce disant le laisserent là, & reprindrent le chemin qu'ilz estoient venuz, tant qu'ilz arriuerent en l'isle Ferme, ou peu apres arriua Dariolette, & ceux de sa compagnie, lesquelz furent les tresbien venuz : Mais à present nous changerons propos, pour vous conter ce que fit Balan depuis qu'Amadis & Grasandor l'eurent laissé en l'Isle de la tour Vermeille.

Quinze iours ou troys semai-

nes apres que les deux Cheualiers de l'Isle Ferme furent deslogez de la tour Vermeille, le Geant Balan se trouua quasi guery de ses playes, & fort pour se leuer : Parquoy commanda incontinent equiper de nouueau le nauire de Dariolette, a fin qu'elle & ceux de sa compagnie peussent plus seurement faire le voyage de l'Isle Ferme, auecq' Brauor son filz, puis leur donna à tous maintz beaux presens, & estans

embarquez

embarquez vn lundy, comme le iour poignoit, singlerent en haulte
mer, & retourna le Geant en son chasteau donner ordre à faire leuer
gens de toutes pars, pour aller secourir Agraies qui tenoit la cité d'A
rauigne assiegée, & ne tarda gueres que tout son equipage fust prest,
ses vaisseaux armez & eux tous ébarquez. Or eurent ilz vent en poupe, & si bien, que le dixiesme iour d'apres vindrent surgir ou estoit
l'armée des Cheualiers de l'Isle Ferme campée. Dequoy Galaor, Galuanes, Agraies, & les autres auertiz, mesmes que desia Balan auoit
prins terre, monterent à cheual pour aller au deuant le receuoir, auec
belle troupe de leurs gens : car ilz sçauoient desia ce qui estoit passé
entre Amadis & luy, & comme ilz s'aprochoient, s'embrasserent
l'vn l'autre, & le premier qui s'adressa à luy fut Galuanes, auquel le
geant (ne le cognoissant) demanda s'il estoit Galaor, frere d'Amadis
qu'il auoit bonne enuie de voir. Non, respondit il, ie suis Galuanes
vostre amy, & allié, s'il vous plaist. Ha à monsieur mon cousin, dit
Balan, ie n'eusse tant tardé à vous aller trouuer, & Madasime ma cousine aussi, n'eust esté l'amytié que vous auiez à celuy, qui pour lors
m'estoit trop grand ennemy : mais maintenant nous sommes tant a-
mys, que ie vous ayme d'auantage pour l'amour de luy. Tout au plus
pres estoit Galaor, lequel se presenta, disant à Balan qu'il fust le tresbien venu. Le geant sachant qu'il estoit, luy fit vne bien grande reuerance, & luy dit: Monsieur ie suis tant à monsieur vostre frere, que ie
ne sache gentil-homme au monde plus sien que moy, & vostre semblablement, & certes ie ne m'esbahys plus si vous estes tel que la renommée publie : car ie ne viz oncques personnage mieux ressembler
à autre, que vous faites à luy, & a dire vray il ny auoit autre difference, fors qu'il estoit quelque peu plus grand & Amadis plus gros. Ce
fait le conduirent au camp, & fut logé en la tente de Galuanes, qui
estoit singulierement belle & plus riche que nule des autres.

Comme

Comme estant Balan en la ten-

te de Galuanes, les principaux de l'armée le vidrent
voir, & des propos qu'ilz eurent ensemble.

Chapitre   XXXVII.

Omme vous auez entendu, le Geant Balan arriua au siege deuant la ville, d'Arauigne, ou le vindrent visiter Agraies, Quedragát, Brunco de bonne Mer, Angriote d'Estrauaux, Garuate du val
craintif, Palomir, Brian de Môiaste, & tous les autres principaux de l'armée, lesquelz apres maintz
propos qu'ilz eurent ensemble, Balan commença à leur dire : Messieurs si vous esbahissez de mon arriuée, vers vous tant à l'impourueu
moymesmes suys-ie esmerueillé de ce que i'ay cogneu estre auenu à
moy, ayant esté depuis l'aage de ma cognoissance en continüelle deliberation de mettre à mort celuy que i'ayme & estime auiourd'huy
comme moy-mesmes, & par ainsi il est indubitable que l'execution
des volontez sont plus en la main de Dieu, qu'au pouuoir de ceux
qui les pensent executer, ainsi que i'ay experimenté par moymesmes:
Car il n'y a celuy de vous (comme ie croy) qui ne me cognoisse pour
filz du vaillant & tresredouté Geant Mandafabul, seigneur de l'Isle

de la tour

de la tour Vermeille, qu'Amadis mit à mort en la bataille du Roy
Cildadan, lors qu'il se faisoit nommer le beau Tenebreux : Et d'autant que raison naturelle m'incitoit à en prendre vengeance, le contraire m'est auenu, ayant esté moymesmes vaincu & deffait par ses
mains. Lors commença à descouurir, comme son combat estoit passé
& l'ocasion pour laquelle Amadis l'estoit venu chercher iusques en
ses limites, & finablement la paix & amytié qu'ilz auoient ensemble, aussi la promesse qu'il luy auoit faite de l'aller voir en l'Isle Ferme: Mais premier dist il, ayant eu auertissement des gens que vous a-
uez perduz, tant du cómencement de ce siege que depuis, i'ay pensé vous amener tel secours que vous auez peu voir, estant deliberé ne
vous habandonner que ce païs ne soit reduyt en vostre obeyssance,
ainsi que vous l'auez entreprins. Seigneur Balan, respondit Agraies,
la mort de vostre pere est grandement excusable enuers mon cousin
Amadis, ayant fait en cela ainsi qu'ennemy fait à autre qu'il rencontre en combatant : parquoy ce n'est de merueilles si nostre seigneur
luy a aydé à maintenir son droit : Et au regard de l'aliance que vous
auez ensemble, laquelle est procedée par la victoire qu'il a euë sur
vous, ie vous asseure qu'en ceste partie vous auez tant gaigné, qu'il
n'y a Cheualier en ce camp, qui ne soit vostre en toutes les sortes que
le voudrez employer, ce que les autres presens aprouueront : dont
Balan les remercia humblement. Et pource qu'il estoit tard & heure de souper luy donnerent tous le bon soir, fors Galuanes & Galaor
qui luy tindrent compagnie. Puis venu le lendemain matin Balan
ayant desir de circuyr la ville, pour voir de qu'elle force elle estoit,
& le lieu mieux batable à son auis, luy & Galaor s'y en allerent le
plus couuertement qu'ilz peurent : Mais quand Balan eust bien con-
sideré les boulleuers d'alentour, les plates formes, & rempars de dedans, la parfondeur des fossez, & sur tout le nombre de gens qui y
estoit pour la deffendre, auec habondance de viures & municions
necessaires, il luy sembla mal aysé de la pouuoir forcer : quand Galaor luy raconta que la plus part des souldatz s'estoient bandez contre les habitans, & les habitans contre eulx, tellement (dist il) que
ceste discorde est suffisante pour causer leur entiere ruïne : ioinct que
ilz ont (cóme nous auons eu auertissement) desia le cueur tant abaissé,
qu'ilz n'osent plus faire de saillies pour les grandes pertes qu'ilz ont
receuës par cy deuant. Et d'auantage tous noz gens sont deliberez
de mourir à l'assault, ou entrer dedans: toutesfoys nous ne leur auons
voulu lascher la bride, craignans les perdre, & aussi pour l'esperance que nous auons de iour en iour, qu'ilz se rendront, atendu les rai-
sons que ie vous ay dites, mesmes que nous auons icy leur Roy prisonnier. Vrayement respondit Balan, il y a bien grande aparence,

T　　　　　neantmoins

neantmoins si vous me voulez croire nous ne les laisserons plus longuement en repos : mais des demain tenterons la fortune , pour voir
quel visage elle nous monstrera en les assaillant visuement . Et ainsi
deuisans vindrent au camp d'Agraies, & rencontrerent Enil lequel
saluant Balan luy dist : Monsieur, le prince Agraies vous suplie (puis
que vous estes si auant) que vous voyez le Roy Arauigne prisonnier
en ma tente, qui a desir de parler à vous, ainsi qu'il luy a fait sçauoir.
I'en suis bien content, respondit Balan : car parauanture ceste veuë
sera cause de quelque bon acord auecques luy. Ainsi s'en allerent eux
trois vers le Roy Arauigne, lequel ilz trouuerent auecques sa garde:
Mais aussi tost qu'il auisa, Balan mit le genoil en terre pour luy baiser les mains . Le Roy le releua luy disant qu'il fust le tresbien venu.
Et pource qu'ilz vouloient parler priuément de leurs affaires , les autres les laisserent seulz, & sortirent . Adonc Arauigne luy demanda
qu'il luy sembloit de sa fortune, & ietantvn hault souspir le cueur luy
ensla, de sorte qu'il demeura bien long temps sans pouuoir proferer
vn seul mot, puis luy dist : Helàs mon grand amy Balan , si Mandafabul vostre pere viuoit maintenant, quel desplaisir il auroit de mon
malheur ! & à dire vray les choses se font bien changées depuis sa
mort : car n'a pas encores vn an que i'estois aux termes de me voir le
plus grand Roy de l'Occident, & maintenant ie suis le plus pauure
& miserable du monde! Comment Sire, respondit Balan , il semble
que vous vous deffiez de la misericorde de Dieu ? n'est il pas en sa
puissance de vous faire tout tel que vous fustes oncques ? & si fortune
vous a desauorisé pour vn coup, sa rouë est elle clouée ou liée si fort
qu'elle ne puisse retourner au lieu ou elle vous auoit mis ? Ie vous suplie Sire, ne vous desconfortez ainsi, & prenez patience, louant dieu
de tout, & il ne vous oublira point . Ie sçay tresbien qu'il est mal aysé d'auoir telle constance, en choses si aspres & difficilles à suporter,
comme est vostre prison : & de ce ne veux-ie auoir experience, que
celle propre qui me rend le malheur qui m'est auenu d'auoir esté
vaincu de celuy mesmes qui vous a deffait : Toutesfoys considerant
que pour ennuy ou desplaisir que i'en preigne, il n'en sera autre chose, ie me suis resolu de me armer de patience, & oublier plutost l'iniure que i'ay receuë, que moymesmes . Et au reste ie seroys bien d'a-
uis, s'il estoit possible, qu'il se traitast quelque bon acord auec vous
& ces Princes, lesquelz à mon auis, y pourroient entendre, si vous
leur en faites porter parolle . Comment le pourroys-ie faire, dist le
Roy, sinon en leur quitant tout ce qu'ilz esperent conquerir sur moy
& i'ayme trop mieux mourir, portant nom de Roy prisonnier que
de coquin en liberté . Si apres estre mort, respondit Balan , on pouuoit autre foys reuocquer la vie, ie seroys bien de ceste opinion, mais
n'ayant

n'ayant chose plus chere en ce monde, nous la deuons conseruer le plus longuement qu'il nous est possible. Mon grand amy Balan, dit le Roy, faites de moy tout ainsi qu'il vous plaira, ie vous remetz entre les mains, moy, ma vie, mes biens, & mon honneur : vous priant tant qu'il m'est possible auoir mon affaire en telle recommendation, que i'espere de vous. Et pource qu'ilz virent entrer Enil, changerent propos, & peu apres Balan print congé de luy, & s'en alla trouuer Galuanes & Galaor qui l'attendoient en la tente d'Agraies, auxquelz il recita tous les propoz que luy auoit tenuz le roy Arauigne, tellement (dit il) veu la fantasie ou ie l'ay laissé, il me semble qui luy feroit quelque offre (luy remettant aucune contrée des siennes pour se retirer, & viure en liberté le surplus de sa vie) qu'il seroit content de quitter le demourant. Ce qui fut trouué bon par la compagnie, estimans beaucoup l'auis de Balan : & à dire vray, c'estoit l'vn des plus preuoyans, & prudens hommes que l'on eust sceu trouuer. Et partant luy suplierent de moyenner cest apointement auecq' Arauigne, remettant le tout en sa discretion : car ilz se commençoient à eux ennuyer de la guerre. Au moyen dequoy le iour ensuyuant il retourna vers le Roy Arauigne, auquel (apres plusieurs remonstrances qu'il luy fit) luy declara comme à sa requeste, & par son moyen il auoit tant fait enuers les Princes de l'armée, qu'ilz estoient contens luy laisser partie des Isles des Landes en toute souueraineté, ce qu'il eut agreable : cõsiderant que le meilleur seroit pour luy, demourer Roy de peu, que seigneur de rien. Et à ceste cause la ville fut rendue, & luy bailla-on quelques vaisseaux & viures, pour se retirer en l'Isle de Liconie, & le iour mesmes Bruneo fut coronné Roy auec grande magnificence : puis ayant receu les hommages & fidelitez de tous ceux du païs estans leurs armées refraischies, prindrent le chemin de la ville de Calaffan, au païs de Sansuegue : dequoy auerty le peuple de la contrée, s'assemblerent en tresgrand nombre, & apres auoir esleu aucuns des principaux d'entre eux pour leurs capitaines & conducteurs, delibererez de les attendre, & leur donner bataille, premier que d'endurer le siege, & ainsi le firent. Mais il y demoura tant de leurs gens, que ce seroit chose trop prolixe à le vous nombrer par le menu : suffise vous que le païs de Sansuegue fut conquis. Et pource qu'il n'est necessaire (suyuant nostre hystoire) vous declarer par le menu comme, & comment le tout auint, nous nous en tairons pour ceste heure, laissans là victorieux ceux de l'Isle Ferme, pour vous dire ce qui auint au Roy Lisuart, depuis son retour en la grand' Bretaigne.

T ii   Comme

Comme le Roy Lisuart estant

à la chasse, fut prins prisonnier par enchantement,
& de ce qu'il en auint.

Chapitre   XXXVIII.

Ncores que nostre hystoire ayt longuemét discon-
tinüé à vous parler du Roy Lisuart, & de ce qu'il
luy auint, depuis qu'il se fut embarqué en l'Isle Ferme, pour retourner en ses païs de la grand' Bretaigne, si m'a il semblé bon de n'oublier à vous declarer comme depuis il s'y gouuerna, estant chose
propre à nostre propos. Or escoutez doncq' Seigneurs & Dames, &
vous entendrez vne nouuelle subtilité que fortune luy apresta, pour
luy faire cognoistre le peu d'asseurance qu'il y a en ses faueurs : car à
l'heure qu'il pensoit estre plus à repos, apres tant de guerres & discordz passez que vous auez entenduz, delibera de faire long seiour
en la ville de Fenuse, pour estre lieu situé en bel air, & commode de
plusieurs ruysseaux & forestz, peuplées de toutes sortes de bestes
rousses & noires, esquelles il prenoit vn singulier plaisir : & combien
que son vieil aage ne requist plus que le repos, la volunté (pourtant)
& ma-

& magnanimité de son cueur ne luy vouloit permettre vn tel bien, regrettant d'heure à autre la grand' court qu'il souloit auoir, & les a-
uantures & combatz, qui de iour en iour y auenoient au commencement de son regne : au moyen dequoy il portoit en son esprit vne tristesse non acoustumée, qui le rendit tant melencolique & ennuyeux
qu'il se tenoit communément separé de toute compagnie, sans prendre autre passetemps, qu'auecq' vne arbaleste à aller quelquefois tuer
le Cerf, ou Cheüreul en la forest. Dont il auint qu'vn iour, ainsi
qu'il y estoit sans armes quelconques, fors son espée, acompagné de
son arbalestier à pied, entra au plus espais du boys, & d'assez loing
vit venir vers luy vne Damoyselle montée sur vn pallefroy, courant
à bride abatue, comme si elle eust esté pressée, laquelle s'aprochant
luy demanda ou elle fuyoit. Seigneur, respondit elle, ie cherche
quelqu'vn qu'il vueille secourir vne mienne sœur qu'vn trahystre meschant à arrestée icy pres, & là veult forcer. Le Roy qui en eut pitié,
luy dist qu'elle le luy monstrast. Lors prindrent le chemin qu'elle e-
stoit venuë, & allerent tant ensemble, que le Roy auisa au trauers
d'vn tailliz vn homme desarmé, qui tenoit vne Damoyselle par les
cheueux, & à force la tiroit pour la ieter par terre : mais elle luy resi-
stoit au mieux qu'elle pouuoit, criant & pleurant tendrement, qui
augmenta la colere au Roy, de sorte que trauersant hayes & buis-
sons s'aprocha d'eux, & tenant son espée nuë au poing, dit au paillard:
Laisse la Damoyselle, ou tu mourras. Cest homme faignant auoir
peur, gaigna pais au trauers des halliers, de si grand' vitesse, que pour
effort que fit le Roy, il ne le peut ataindre : car l'autre fuyoit à pied, &
le Roy à cheual, par le moyen dequoy estant empesché de l'espesseur
du boys il ne se pouuoit diligenter : Et à ceste cause mist pied à terre, & courut apres, tant qu'il trouua vne grande prayrie, au mylieu
de laquelle estoit vn pauillon dressé, ou il vit entrer le fuyard. Parquoy alla ceste part, & aprochant vint vne Damoyselle se presenter
à luy, sçauoir qu'il pourchassoit si vistement. Damoyselle, respondit
le Roy Lisuart, ceans est entré vn paillard, qui vouloit n'a-gueres forcer vne Damoyselle en ce boys, dont ie le veux chastier. Entrez, respondit elle, & s'il est tel que vous l'estimez, ie le vous liureray : car bien
enuys souffrirois-ie que lon fist tort ou iniure à quelque femme que
ce fust, ayant toute ma vie aymé honneur & courtoysie. A ceste parole s'auança le Roy : mais au premier pas qu'il fit dedans la tente,
tomba de son hault, si hors de soy qu'il perdit toute cognoissance : &
peu apres suruindrent les deux Damoyselles qu'ilz auoient laissées
derriere, lesquelles firent incontinent leuer leur pauillon, & emporter le Roy en vn nauire, qui les attendoit le long du riuage de la mer:

T iii　　　　& aussi

& aufsi toſt firent voile, ſans que nul s’aperceuſt de leur menée. Or
n’auoit peu l’arbaleſtier ſuyure le Roy, ains eſtoit demouré derriere,
allant apres au mieux qu’il pouuoit, & quand il trouua ſon cheual ſans
luy, oncques homme ne fut plus eſperdu, doutant de ce qui eſtoit a-
uenu, parquoy ſe miſt à le chercher de toutes parts : mais il n’en peut
ouyr vent ne voye : & à ceſte cauſe tout deſconforté qu’il eſtoit, voyant la nuit aprocher, reprint le chemin de la ville, & ſans parler à
perſonne entra en la chambre de la Royne, à laquelle il fit entendre
comme le Roy Liſuart l’auoit laiſſé, & que depuis ne ſçauoit qu’il e-
ſtoit deuenu. La Royne bien esbahye, ne ſceut qu’elle deuint, & tomba du hault de ſoy eſuanouye. Adoncq’ ſes femmes bien empeſchées,
la delacerent, & firent en ſorte qu’elle reuint peu apres à ſoy : Lors
enuoya querir le Roy Arban & Cendil de Ganote, auxquelz elle recita tout ce que le veneur luy auoit conté : Mais de peur de l’eſmou-
uoir d’auantage, ne firent cas, luy remonſtrans que, peult eſtre, il s’e-
ſtoit perdu dedans la foreſt, qui eſtoit longue & eſpeſſe, & qu’en brief
elle en pourroit auoir nouuelles. Ouy mais, dit la Royne, que me reſ-
pondez vous, que ſon cheual à eſté trouué habandonné? Ma dame, dit
le Roy Arban, il eſt vray ſemblable qu’il s’eſt mis à pied, ne pouant
trauerſer les halliers ou il s’eſtoit mis. Ceſte parole reconforta quelque peu la Royne : Toutesfois eux penſoient bien le contraire de ce
qu’ilz luy diſoient : & à ceſte cauſe faiſans ſemblant d’aller à quelques
affaires, retournerent au logis prendre leurs armes, & auertirent
aucuns des autres Cheualiers qui eſtoient là, pour les ſuyure & entrer en la queſte du Roy. Ce qu’ilz firent, mais ce fut en vain, car ilz
n’en peurent auoir nouuelles : & ainſi demoura la Royne iuſques au
lendemain matin, que Grumedan & Giontes retournans de quelque
voyage, la vindrent voir. Adonc leur demanda s’ilz n’auoient point
rencontré le Roy. Non ma dame, reſpondirent ilz, & ſi ne ſçauions
pas qu’il fuſt perdu, quand aucuns de ceſte ville nous l’ont conté, &
ſommes deliberez aller apres. Sur mon Dieu, dit elle, ie me ſens ſi eſ-
perduë, que force m’eſt de vous ſuyure : car de demourer ainſi ſeule, ie
mourrois de trop grand’ triſteſſe, au moins ſi nous le trouuons, mon
ennuy en ſera plus brief, autrement i’auray plaiſir d’endurer le mal
& le trauail qui m’en auiendra, pluſtoſt que me tenir icy. Adoncq’
enuoya querir deux pallefrois, ſur l’vn deſquelz elle monta, & la femme de Brandoyuas ſur l’autre, & entrerent en la queſte du Roy, auec
les deux Cheualiers, allans de village en village, mais ilz n’en pouuoient auoir nouuelles : & le troyſieſme iour enſuyuant rencontrerent le Roy Arban tant triſte, & ſon cheual ſi las, qu’il ne ſe pouuoit
ſouſtenir. Lors la Royne luy demanda s’il auoit rien aprins du Roy.
Ma dame,

Madame, respondit il, i'en sçay tout autant que quand ie vous laissay
fors que ie me doute qu'il a esté prins & emmené hors de ce païs par
quelque trahyson: & sur mon Dieu long temps a que i'ay preueu cest
accident, & que s'il m'eust voulu croire, il n'en fust ainsi auenu: mais
quelque chose que iamais ie luy aye sceu dire, & suplier de n'aller ain
si seul par ces forestz esgarées & fascheuses, il n'en a voulu rien faire.
Et comme il vouloit dire plus outre, la Royne tomba esuanouye de
dessus son cheual. Parquoy Grumedan mettant promptement pied
à terre la releua, & tint entre ses bras, tant que la parole luy fust reue-
nuë, & qu'elle commença à ieter vn hault souspir disant : Trompeuse
& espouuentable fortune! esperance des miserables! cruelle ennemye
des prosperans! Ay-ie maintenant ocasion de me louer de toy? car si
au temps passé tu m'as fait Dame de beaucoup de Royaumes, obeye
& honorée de tant de peuple, & sur tout mariée à vn puissant & vertueux Roy: En vn seul momét me le faisant perdre, tu m'as osté tout
le surplus de mon bien, veu que de luy seul despend ma ioye, mon
honneur, & ma vie: & partant ie cognois bien que tu t'esbas à me faire payer l'interest de mes plaisirs que tu m'as autresfois prestez. Mais
pourquoy, me plains-ie de toy, ayant de si long temps aperceu &
cogneu, que c'est ta façon de faire? au fort la mort mettra fin à tout ce
que tu sçaurois inuenter pour me nuyre, & ayant ceste esperance, ie
me conforteray, & auray la victoire de toymesmes. Ainsi estoit la
triste Royne pleurant & lamentant, auec telle angoisse, que ceux qui
estoient à l'entour d'elle ne pouuoient ouurir la bouche pour la reconforter, tant leur faisoit de pitié, mesmes quelque foys regardant
Grumedan d'vn œil piteux, luy disoit: Helàs Grumedan! si onques
vous me fistes seruice, à present que ie me trouue habandonnée de
toute esperance pour iamais recouurer plaisir, ie vous prie auancer la
fin de mon ennuy, par quelque prompte mort, que i'auray trop plus
agreable receuoir de voz mains, que viure d'auantage en langueur
comme ie fais! Mais Grumedan pour luy destourner ceste fantasie, la
reconfortoit au mieux qu'il pouuoit: Toutesfois elle ne prenoit rien
en payement, ains renforçoit son dueil de plus en plus:au moyen dequoy luy & ceux de sa compagnie, trouuerent façon de l'emporter
au prochain village, & manderent incontinent en la ville querir ses
Medecins, qui la trouuerent tant foyble, & son entendement si debilité, qu'ilz douterent grandement de sa guarison : Neantmoins ilz
y pourueurent de si grande diligence, que dedans deux iours, elle
commença à se recognoistre, & demanda Grumedan, lequel apres
plusieurs propoz qu'ilz eurent ensemble, il luy dist:Sur ma foy, Madame, vous auez tort de prendre ainsi les choses au pis, veu que ie
vous ay ouy cent foys reciter que la vertu de prudence ne peult estre

cogneuë

cogneuë en la personne, sinon d'autant qu'elle est solicitée d'ennuy
& d'afliction : ainsi doncques le conseil que vous souliez donner aux
autres, vous est maintenant plus que necessaire . Est ce du iourd'huy
que vous sçauez fortune auoir deux filles, l'vne apellée par plusieurs
bonne, & l'autre mauuaise ? Si la bonne vous a acompagné iusques à
present, & que la mauuaise vous visite en son lieu, armez vous de con
stance, & prudence, pour vous deffendre contre elle , & vous verrez
qu'à la fin elle s'ennuyra de vous suyure, & vous habandonnera, autrement ie preuoy deux accidens prochains & irreparables en vostre
endroit : l'vn de la perdition de vous mesmes, & l'autre celle du Roy
si à son retour il vous trouuoit morte. De dire qu'il soit perdu, se sont
paroles : car il ne peult estre si bien caché qu'il ne soit veu , & que lon
n'en ayt bien tost nouuelles, soit en ces païs, ou ailleurs : ou sa prison
& captiuité ne pourra estre si forte, que par l'ayde de voz suietz, & la
faueur de voz amys & aliez , il ne soit deliuré , & bien tost si Dieu
plaist : Et par ainsi ie vous suplie, madame, que laissant à part les choses qui vous sont plus dómageables , vous remparez de nouueau conseil & confort, pour paruenir à ce qui sera necessaire en ce regard. La
Royne prenant bien ces remonstrances, creut Grumedan : Et à ceste
cause delibera d'enuoyer vers Amadis Brandoyuas, pour luy faire
entendre la perte du Roy, & les affaires ou elle se trouuoit, & par luy
luy escriuit la lettre qui s'ensuyt.

La lettre de

La lettre de la Royne Brisene à Amadis.

MOnsieur mon filz, si par le passé l'estat du Roy Lisuart vostre pere a esté defendu & augmenté par vostre moyen, il est mieux saison que iamais de vous employer (voyant la ruïne qui luy est apareillée) pour le garder & conseruer en son entier: car puis quelque temps, aucuns de ses ennemys (comme il est vray semblable) l'ont emmené & emprisonné, sans que nul de nous puisse sçauoir ou, ny pourquoy: qui me fait estimer que sans ocasion de plus grande entreprinse, ilz n'ont premedité ceste trahyson. Et pour autant que la chose vous touche (apres moy) plus qu'à autre, ie vo' en ay bien voulu auertir par Brandoyuas present porteur, qui a le tout veu & entendu: & lequel vous dira l'ennuy & fascherie ou ie suis, mieux que ie ne le vous sçaurois escrire: parquoy ie vous prie le croire comme moy-mesmes, & auiser au surplus. Ceste lettre escrite & baillée à Brandoyuas, print le chemin vers Amadis & la Royne & ceux de sa compagnie droit à Londres: à fin de mettre ordre à ses affaires, & assembler son conseil. Or entendez que peu apres, les nouuelles de la perte du Roy coururent tant çà & là, que Quedragant, Bruneo, & les autres estans en Sansuegue en furent auertiz. Lesquelz considerans le dommage qui pourroit auenir à Amadis, si quelque reuolte se faisoit en la grand'Bretaigne, delibererent de l'aller trouuer en l'Isle Ferme, & faire ce qu'il leur commanderoit: Et à ceste cause ayans assis garnisons de toutes pars, s'embarquerent par si bon vent, qu'ilz prindrent port au chasteau d'Apolidon, le iour mesmes que Brandoyuas y arriua. Et comme Amadis reconfortoit Oriane, pour les nouuelles qu'elle auoit receuës, on le vint auertir de la descente des Cheualiers, mais ne voulant laisser la Princesse seule, pria Grasandor aller au deuant, & leur dire l'ocasion qui le gardoit de ne partir de là: Ce qu'il fit, & les trouua desia en chemin. Adoncq' leur recita ce qu'il auoit charge de par Amadis, les priant que pour ce iour ilz l'excusassent s'il ne les voyoit, mais le lendemain matin il les viendroit trouuer. Et pour autant que l'affaire pour laquelle ilz estoient venuz requeroit diligence, entreren en conseil, & deuant tous fut apellé Brandoyuas, lequel leur recita amplement, ce que par cy deuant vous auez entendu de la perte du Roy, & le piteux estat ou il auoit laissé la Royne. Au moyen dequoy apres plusieurs opiniós debatues, finablemét fut resolu qu'ilz se mettroient tous en queste tant par mer que par terre, esperans que fortune ne leur seroit moins fauorable, qu'elle auoit esté par le passé. Et à peine eurent ilz fait ceste deliberation, qu'vn de leurs Escuyers leur vint dire, qu'vne Dame estoit sortie de la grand'Serpente, & qu'à son auis c'estoit Vrgande la Descogneuë. Si c'est elle, respódit Amadis

V	tout

tout noftre cas ira bien . Lors fortirent pour aller au deuant,& la rencontrerent quafi à l'entrée du parc , montée fur vn pallefroy que ces
deux Nains conduyfoient par les refnes, & le premier qui s'adreffa à
elle fut Galaor,lequel la falüa,& les autres femblablement.Et eftât au
mylieu d'eux,leur dift : Or çà, ne vous auois-ie pas autresfois predit,
que ie vous retrouuerois affemblez en ce lieu pour quelque affaire qui
vous eftoit lors incogneuë?Oy ma dame,refpôdit Galaor,il m'en fouuient tresbien,& à ma dame Oriane aufsi, laquelle aura grand plaifir
de voftre arriuée.Aufsi fuis-ie venuë en partie pour la recôforter.Lors
entrerent au palays , & fut defcenduë de cheual , & conduicte en la
chambre de la Princeffe , laquelle vint fe ietter à fes piedz aufsi toft
qu'elle l'auifa : & pleurant à chaudes larmes , luy dift : Helàs ma Dame, vous qui fçauez les chofes futures , ainfi que les prefentes, comme
n'auez-vous peu donner ordre au malheur du Roy mon pere qui eft
tant voftre amy ! Mais ie voy bien puis que vous luy auez failly , que
fon affaire eft iremediable.Ma dame,refpondit Vrgande,ie vous prie
ne vous defconforter ainfi:ne fçauez-vous que tant plus les perfonnes
font apellées es grands eftatz , tant plus font elles fubiettes à receuoir
les grandes tribulations?car encores que nous foyons tous d'vne mefme maffe , tous obligez aux vices & pafsions , egaux à la mort , le feigneur tout puiffant nous a faitz diuers en biens de ce monde , aux vns
donnant auctorité,aux autres le vaffelage & fubiection : aux vns pau-
ureté & mifere , aux autres abondance & profperité,le tout comme il
luy plaift. Et pourtant,ma dame,compaffant les grâds biens que vous
auez euz,auec le mal & ennuy ou vous eftes : la douleur & trifteffe a-
uec voz plaifirs & paffetemps paffez , vous n'aurez caufe de tant vous
plaindre , ains deuez remercier noftre Seigneur eftant tel fon plaifir.
Quant au Roy voftre pere,ie fçauois de long temps ce qui luy eftoit à
auenir, toutesfois ie n'y pouuois mettre remede : car ainfi il eftoit ordonné de la prefcience de Dieu:Lequel permettra auec le temps,qu'il
retournera en fes païs autant content qu'il fut oncques . Puis adreffant
fa parole à Amadis & autres qui eftoient là, leur dift:Quand ie party
dernierement de cefte compagnie , ie vous affeuray tous, qu'au temps
qu'Efplandian deüroit receuoir l'ordre de cheualerie,ie vous trouuerois en ce lieu.Et à cefte caufe,tant pour tenir promeffe àvous & à luy,
que pour vous ofter du trauail ou vous voulez entrer , ie fuis venuë,
comme vous voyez , vous auifant que fi tous les viuans du iourd'huy
ne les autres qui naiftrôt cy apres,auoient entrepris de trouuer le Roy
Lifuart,& le tirer du lieu ou il eft,ilz y perdroient certainement leurs
peines.Et pourtant ie vous côfeille vous deporter de ce qui eft promis
à autre,vous priant au demourant que vous tous foyez mes hoftes en
la grand' Serpente,auec Efplâdian,Talanque,Manely,le Roy deDace
& Ambor

& Ambor filz d'Angriote, & prefentement donnez ordre d'enuoyer
querir voz cheuaux: car l'heure nous preffe. Lors ne luy ofant contredire firent ce qu'elle leur commandoit, & donnans tous le bon foir à
Oriane, l'acompagnerent au riuage de la mer, ou ilz trouuerent vne
barque, qui les porta iufques au lieu ou la grande ferpente eftoit ar-
reftée, & entrans dedans, laiffa tous les Cheualiers en vne grande fal-
le, & print auec elle Efplandian & fes compagnons qu'elle mena en
vne chapelle pour veiller, ainfi que c'eftoit la couftume auât que d'e-
ftre armé Cheualier, puis retourna vers les autres, lefquelz elle fit
mettre à table: car le fouper eftoit preft, & furent tresbien feruiz. Et
eftans les tables leuées, les pria d'aller tenir côpagnie à ceux qui veil-
loient. Adonc elle & fes deux parentes Solice & fa feur les fuyuoient,
Portant Vrgande vn haubert fort noir, Solice vn armet femblable, &
la tierce vn efcu de mefme couleur. Et combien que tous autres Cheualiers eftoient armez pour le commencement de harnoys blancs, fi
voulut elle faire ceftuy different des autres comme vous entendrez:
Puis aufsi toft qu'elle fut rentrée en la chapelle apella Efplandian &
luy dift: Bien heureux Damoyfel, voicy vn acouftremét que ie veux
que vous portez, pour tefmoignage de la force en laquelle voftre cueur fera dorefenauant enuelopé, tenant quant à elle du naturel du
Roy voftre grand pere. Et aufsi affin qu'ilz vous fouuienne, que tout
ainfi que les autres qui font faitz Cheualiers receuoient ceft honneur
auec armes blâches & pollies en figne de ioye & allegereffe, ceftes noi
res & mal fourbies vous font vouées, pour vous ramenteuoir fouuent
l'ennuy & tribulation, en laquelle font tous voz ennemys pour le pre
fent. Adonc elles trois l'armerent de pied en cap, hors mis l'efpée,
puis demanda à Amadis qu'il luy en fembloit. Par ma foy madame
s'il auoit vne efpée, il feroit en poinct fe me femble pour bien fe deffendre, fi on l'affailloit. Vous fçauez, dit Vrgande aufsi bien ou mieux
qu'autre de cefte troupe ou elle luy eft gardée paffé à deux cens ans,
& l'auez peu voir en la roche de la Damoyfelle Enchantereffe, qui la
luy a deftinée. Et par ainfi il eft force qu'il aille luy-mefmes la conquerir, vous affeurant qu'il en fera tant d'armes qu'il obfcurcira do-
refnauant la lumiere des autres, qui fouloit luyre par leurs prouëffes
& renommée en tous les endroitz de la terre. Et ainfi côme elle acheuoit cefte parole furuindrent quatre autres Damoyfelles portans cha-
cunes d'elles vn acouftrement de cheual, & vnes armes toutes blanches comme neige, ayant au mylieu vne croix noire, defquelles elles
armerent les quatre autres Damoyfelz. Ce pendant Efplandian eftoit
à genoux deuant l'autel, fupliant deuotement noftre feigneur que
fon plaifir fuft de luy donner la grace & moyen d'acomplir les chofes
qui luy eftoient deftinées, tant pour la deliurance du roy Lifuart, que

V ii   autres

autres entreprinses qu'il esperoit faire à son honneur & gloire . Ainsi
demourerent les Chcualiers toute nuyt en oraison iusques au lendemain matin, qu'vn nain bossu & contrefait monta au plus hault de la
serpente , sonnant de telle force auec vn cor que l'Isle en retentist de
toutes pars , & coururent les Dames au tours du palays d'Apolidon
pour regarder que ce pouuoit estre . A l'heure Vrgande sortit de la
chapelle auec ceux qui auoient veillé la nuyt, lesquelz elle conduit
tout au plus pres du nain . Et à l'instance suruindrent six autres Damoyselles vestues de noir, tenant chacune d'elles vne trompe dorée
à la main. Puis Vrgande apella Balan & luy dit, Amy Balan tout ainsi que nature vous a preferé à tous ceux de vostre lignage vous rendant ennemy de vice pour ensuyure vertu & raison : Aussi veux-ie
vous preferer (pour l'amytié que ie sçay qu'Amadis vous porte & à
tout autre Cheualier de ceste troupe) vous faisant receuoir auiour-
d'huy vn tel honneur qu'autre qui ayt esté par deuãt vous, ou soit viuant a present, à peu ou pourroit auoir, cest que ie veux que de vostre
main, Esplandian (qui sera estimé le meilleur Cheualier du monde)
reçoiue l'ordre de Cheualerie . Balan craignant desplaire à Amadis,
& aux autres s'en excusa treshonnestement. Mais à la fin ilz l'en prierent tous, parquoy il print Esplandian par la main , luy demandant
s'il vouloit estre Cheualier , ouy bien s'il vous plaist respondit le Damoysel . Adonc luy donna l'acolée, puis luy chaussa l'esper on droit
luy disant, Ie prie à Dieu mon enfant qu'il vous face tel que chacun à
l'esperance. Ce fait Vrgande apella Amadis & luy dit, auisez s'il vous
plaist commander quelque chose à vostre filz : car il fault qu'il deslo-
ge presentement , & à ceste cause Amadis le tira à part & luy dist.
Mon filz au temps que i'arriuay en Grece, ie fuz receu & grandement
honnoré de l'Empereur , lequel depuis m'a secouru tant qu'il ne sera
iour de ma vie que ie ne m'en tienne fort obligé à luy. Et pource qu'il
me souuient qu'entre les promesses que ie fis lors , ie iuray à la belle
Leonorine sa fille, l'vne des plus sages & gracieuses princesses du mõ-
de , mesmes à la Royne Menoresse & autres Dames & Damoyselles
de sa compagnie, que si ie n'auoys moyen retourner vers elles ie leur
enuoyrois vn Cheualier de ma lignée pour les seruir . Et pour autant
que ie ne suis en disposition de ce faire ie vous commande qu'aussi
tost que vous aurez deliuré le roy Lisuart vous allez m'acquiter enuers elles . Et à fin que soyez cogneu, portez cest anneau qui me fut
donné pour enseigne. Esplandian mit le genoil en terre , & promist
de ny faillir : mais ce ne fut si tost comme l'vn & l'autre esperoient:
car premier qu'il y arriuast il passa maintz grans perilz pour l'amour
de ceste belle Dame, la renommée de laquelle le rendit tant sien (sans
l'auoir veuë) qu'il en cuyda mourir ainsi que quelque foys venant à

propos

propos il vous sera descrit. Adonc Vrgande l'apella & luy dist. Mon
filz il fault que vous dónez cheualerie à ces quatre voz compagnons,
lesquelz auant peu de iours vous pourront bien rendre l'honneur
que vous leur ferez. Esplandian obeissant au commandement d'Vrgande leur donna à tous l'acollée & chaussa l'esperon. Puis les six
Damoyselles commencerent à sonner leurs trompes si doucement,
que tous ces seigneurs & les cinq Cheualiers nouueaux mesmes demourerent endormis, sans aucun sentiment. Et sur ce point la serpente se mist à ietter par la bouche & narines telle fumée, que de long
temps on ne vid qu'obscurité en la mer. Mais peu apres (ne sçait on
comme) les Cheualiers de l'Isle Ferme se trouuerent tous au parc de
Apolidon bien estónez qui les auoit là aportez & plus encores qu'e-
stoit deuenu la serpente & les cinq Cheualiers nouueaux, & ce que
plus les esbahit ainsi qu'Amadis s'esueilloit trouua vn escriteau en sa
main contenant ce qui s'ensuyt. Vous autres Roys & Cheualiers qui
estes en l'Isle Ferme, retournez en voz païs prendre repos, & contentez voz espritz, laissant la gloire & pris des armes à ceux qui com-
mencent à monter au hault de la muable rouë de fortune, vous contentant de la faueur qu'elle vous a fait iusques icy. Et toy Amadis de
Gaule qui (depuis le iour que le roy Perion ton pere te fit Cheualier à
la requeste de ton Oriane) as vaincu maintz Cheualiers & Geantz
braues & cruelz, eschapant tant de perilz ou tu tes trouué, suffise toy
de l'heur que tu as eu, & plus qu'autre qui ayt esté deuant toy, aprens
maintenant à gouster les ciropz & amertumes que les principautez &
dominations atirent à elles: car ilz te sont apareillez, & ainsi qu'en
tes ieunes ans as longuement fait estat de simple Cheualier errant, &
secouru maintz qui en auoient necessité, semblablement à ceste heure que tu es entre les grans biens, auras plus que tu neuz oncques besoin d'estre aydé pour les grans affaires ou tu te trouueras, regrettant
maintesfoys ta premiere façon de viure & ton nain seul sur qui tu a-
uois commandement. Ayant doncques tous leu & releu ceste lettre
entrerent en contestation s'ilz suyueroient le conseil d'Vrgande ou
non. Mais finablemét Amadis fut d'auis que lon la deuoit croire leur
remonstrans les choses veritables qu'elle leur auoit predites. Et pourtant (dit il à Galaor) il me semble que pour le mieux vous & Galuanes deuez aller vn tour en la grand' Bretaigne voir la Royne, & luy
faire entendre ce qu'Vrgande nous a promis de la deliurance du Roy
dont elle aura tresgrand ioye, puis selon que vous me manderez,
Mon cousin Agraies, Balan & moy yrons apres vous, & vous messieurs qui auez fait tant de belles conquestes (dist il aux autres) retournez en prendre plus ample possession & receuoir le fruyt de voz
labeurs. Ce qu'ilz eurent tous agreable, emmenát quand & eux leurs

V iii　　　　femmes

femmes des le lendemain qu'ilz prindrent congé d'Amadis, d'Oriane, & autres qui demeurent en l'Isle Ferme ou nous les laisserons, faisant fin de ce quatriesme liure, atendant que le cinq soit mis en lumiere.

Fin du Quatriesme liure d'Amadis de Gaule, fait par le Seigneur
des Essars. N. de Herberay.

Sur la deuise d'Acuerdo Oluido.

Pour destourner celuy qui ayme
A n'aymer point celle que i'ayme.

Puis que ne pouez paruenir
Au bien ou tant vous aspirez
Oubliez tost le souuenir
Par lequel trop vous empirez.

Souuienne vous que cest oubly
Vous causera vn long repos,
Car amour seul m'a estably
Pour la seruir à tous propos.

A elle suis du tout voué,
De l'oublier doncq' vous souuienne,
Car vous serez desauoué
De seruir celle qui est mienne.

Plus tost la mer sera tarie,
Sans feu & sans arc cupido
Qu'en son amour iamais varie
Mon prompt Acuerdo Oluido.

Acuerdo Oluido.

De Herberay noble sieur des Essars,
Ton Amadis tous autres Romans passe:
Et qui le lit de voir apres se passe,
Les Lancelotz, les Tristans, les Froissars.

A vn t'humilie.